池田華陽会御書

現代語訳

池田大作先生監修

創価学会女子部教学室編

池田大作先生・香峯子夫人

はじめに

このたび、池田大作先生、奥さまの創価女子会館初訪問《はつほうもん》、ならびに「女子部　永遠の五指針」発表十周年の佳節《かせつ》を記念し、池田先生に御監修《ごかんしゅう》いただき、女子部教学室編『池田華陽会　御書　現代語訳』を発刊《はっかん》する運《はこ》びとなりました。

本書は、「女子部時代に学ぶ　池田華陽会　御書三十編」のうち、五大部《ごだいぶ》を除《のぞ》く二十五編の現代語訳をまとめたものです（※五大部の現代語訳は、創価学会教学部編が既刊《きかん》）。

「池田華陽会　御書三十編」は、御書全集の中から五大部《ごだいぶ》をはじめ、女性門下《もんか》や苦難《くなん》と戦う門下への激励《げきれい》のお手紙など三十編が、信仰の土台を築《きず》く女子部時代に学ぶべき御書として選定《せんてい》され、二〇一一年に発表されました。

以来、戸田先生、池田先生から贈《おく》られた「女子部は教学で立て」「世界一の生命哲学を学ぶ」との永遠の指針を胸に、日本をはじめ、世界中の華陽姉妹が〝御書三十編〟の研鑽《けんさん》に励《はげ》み、行学《ぎょうがく》の二道《にどう》にまい進《しん》しています。

池田先生は、創価女子会館を訪問《ほうもん》された際、「世界一の生命哲学を学ぶ」の指針を通し、次のように激励《げきれい》してくださいました。

「人間の究極《きゅうきょく》の偉《えら》さは、いかなる法を持《たも》ち、いかなる哲学を学び、実践《じっせん》し抜いたかで決まる。『世界一の生命哲学』を持った皆さん方《がた》は、『世界一の充実《じゅうじつ》した高貴《こうき》な青春』を、そして『世界一の価値《かち》ある勝利の人生』を歩みゆく方々《かたがた》なのである」(『華陽の誓《ちか》い』)

この師匠《ししょう》の期待を胸に、一人一人が女子部時代に徹《てっ》して信行学《しんぎょうがく》に挑《いど》み、御書根本の幸福勝利の人生を開《ひら》きゆくための一助《いちじょ》になれば幸《さいわ》いです。

最後に、編集・校正《こうせい》・デザインの全般《ぜんぱん》にわたってご尽力《じんりょく》いただきました全《すべ》ての方々《かたがた》に、この場をお借りして心より御礼《おんれい》申し上げます。

二〇一九年一月

創価学会女子部教学室

目次

装幀　伊田優子

一、本書は、「女子部時代に学ぶ 池田華陽会 御書三十編」のうち、五大部を除く二十五編の現代語訳です（創価学会教学部監訳）。二十五編のうち、十四編は、「創価新報」連載「女子部時代に学ぶ 池田華陽会御書三十編 現代語訳」（二〇一七年八月下旬号〜二〇一八年十二月上旬号）を加筆・修正して収録しました。

一、『新編 日蓮大聖人御書全集』（創価学会版、第二七五刷）に対応するページ数を、現代語訳本文の上段に数字で示しました。

一、法華経の引用は、『妙法蓮華経並開結』（創価学会版、第二刷）を（法華経〇〇㌻）と表記しました。

一、文中の注は（＝　）と記しました。

一、説明が必要と思われる語句には「＊」を付け、各御書の終わりに、「語句の解説」を設けました。なお、既出の語句の場合は、その参照ページを記しました。

一生成仏抄《いっしょうじょうぶつしょう》

（御書三八三ページ～三八四ページ）

本抄について

　本抄《ほんしょう》は、御執筆《ごしっぴつ》の年次や宛先《あてさき》は不明ですが、建長《けんちょう》7年（1255年）に著《あらわ》され、富木常忍《ときじょうにん》に与えられたと伝えられています。日蓮大聖人《にちれんだいしょうにん》の仏法の根幹である「唱題行《しょうだいぎょう》」の意義を、法理と実践の面から明かされています。

　題号《だいごう》の「一生成仏《いっしょうじょうぶつ》」とは、凡夫《ぼんぷ》がこの一生のうちに成仏するということです。

　一生成仏《いっしょうじょうぶつ》の要諦《ようてい》は、全《すべ》ての人々に本来具《そな》わっている妙理を、自身の生命の中に見ることにあります。大聖人《だいしょうにん》は、その妙理こそ「南無妙法蓮華経」であると示され、深い信心と持続の唱題によって、仏《ほとけ》の境涯《きょうがい》をあらわしていくことができると教えられています。

無限《むげん》の過去から繰《く》り返されてきた生と死の苦しみを断《た》ち切って、今この人生で間違《まちが》いなく最高の覚《さと》りを得《え》ようと思うならば、必ず「衆生本有《しゅじょうほんぬ》の妙理《みょうり》（＝あらゆる人々に仏《ほとけ》の生命が本来的に具《そな》わっている、という不思議《ふしぎ》な真実）」を自身の生命に見ていくべきです。

「衆生本有《しゅじょうほんぬ》の妙理《みょうり》」とは妙法蓮華経のことです。

ゆえに、妙法蓮華経と唱えれば「衆生本有《しゅじょうほんぬ》の妙理《みょうり》」を自身の生命に見ていることになるのです。

（妙法蓮華経を明かした経典《きょうてん》である法華経《ほけきょう》は）*経文《きょうもん》の言葉も、説《と》かれた法理《ほうり》も、真実で正しい「諸経《しょきょう》の王《おう》」であるので、*経文の文字はそのまま実相《じっそう》（＝真実の姿《すがた》）であり、実相はそのまま妙法です。

ただ、究極《きゅうきょく》のところ、「*一心法界《いっしんほうかい》という真理《しんり》（＝一念三千《いちねんさんぜん》の法門《ほうもん》）」を説《と》き表《あらわ》している教えを妙法と名付けるゆえに、妙法を明かした、この法華経《ほけきょう》を諸仏《しょぶつ》の智慧《ちえ》というのです。

「一心法界《いっしんほうかい》の真理《しんり》」についていえば、十界《じっかい》の*三千諸法《さんぜんしょほう》における*依報《えほう》も*正報《しょうほう》も、*色法《しきほう》も*心《しん》法《ぽう》も、*非情《ひじょう》の草木も、また大空も国土も、どれ一つとして除《のぞ》かず、微塵《みじん》も残さず、全《すべ》てを自身の一念《いちねん》の心に収《おさ》め入《い》れていく。また、この一念の心が宇宙の隅々《すみずみ》にまで行き渡《わた》っていく。そうして広がった世界を万法《ばんぽう》（＝諸法）というのです。この法理《ほうり》を覚知《かくち》することを「一心法界」ともいうのです。

ただし妙法蓮華経と唱え持《たも》っているといっても、もし、自身の生命の外に法があると思ったならば、それはまったく妙法ではなく、粗雑《そざつ》な法です。粗雑な法は、法華経《ほけきょう》ではありません。法華経ではないので、*方便《ほうべん》の教えであり、*仮《かり》の教えです。方便であり、仮の教えであるならば、成仏《じょうぶつ》へ、真っすぐに至《いた》る道ではないのです。成仏へ、真っすぐに至る道でないので、*何度も繰《く》り返し生まれ、長遠《ちょうおん》の時間をかけた修行を経《へ》ても成仏できるわけではないため、一生成仏はついにかなうことはありません。

ゆえに、妙法と唱え蓮華《れんげ》と読む時は、自身の一念《いちねん》を指して妙法蓮華経と名付けているのだ、と深く信心を起こしなさい。

釈尊《しゃくそん》が一生の間に説《と》いた膨大《ぼうだい》な教えの全《すべ》ても、*三世十方《さんぜじっぽう》のあらゆる仏《ほとけ》や菩薩《ぼさつ》たちも、全て自身の心の外にあるとは、決して思ってはなりません。

従《したが》って、仏《ほとけ》の教えを習い実践するといっても、自身に具《そな》わる仏性《ぶっしょう》を見ていかなければ、まったく生と死の苦しみを離《はな》れることはできないのです。

もし、心の外に成仏《じょうぶつ》への道を求めて、あらゆる修行を実践したとしても、それは、例《たと》えば貧《まず》しさに苦しんでいる人が、昼夜、隣人《りんじん》の財産を数えても、わずかな利益《りえき》すらも得《え》られないようなものです。

それゆえ、*妙楽《みょうらく》が*天台《てんだい》の教えについて、「*もし心を見なければ重罪《じゅうざい》を滅《めっ》することはできない」と述《の》べ、もし自身の心を見なければ、計《はか》り知れない苦しみの修行になると断《だん》じているのです。

ゆえに、自分の心の外に成仏《じょうぶつ》の道を求めるような人を「仏法を学んでいながら、かえって*外道《げどう》と同じになる」と厳《きび》しく批判《ひはん》されているのです。

そのことを『摩訶止観《まかしかん》』には、「仏教を学んでいながら、かえって外道《げどう》と同じ考え方《かた》に陥《おちい》っている」と述《の》べられています。

従《したが》って、仏《ほとけ》の名を唱え、経巻《きょうかん》を読み、華《はな》を供《そな》え、香《こう》をたくことまでも、全《すべ》て自分自身の一念《いちねん》に功徳《くどく》、*善根《ぜんこん》として納《おさ》まっていくのだ、と信心を起こしていきなさい。

このこと（＝仏法の一切が自身の心にあると捉《とら》えていくべきこと）から浄名経《じょうみょうきょう》の中では、「諸仏《しょぶつ》の覚《さと》りの境地《きょうち》を衆生《しゅじょう》の心の働《はたら》きに求めるならば、*衆生即菩提《しゅじょうそくぼだい》、*生死即涅槃《しょうじそくねはん》である」と明かしています。

また、「人々の心がけがれれば、その人々が住む国土もけがれ、人々の心が清《きよ》ければ国土も清い」とあります。

すなわち、清《きよ》らかな国土といっても、けがれた国土といっても、国土が二つ別々にあるのではなく、ただそこに住む私たちの心の善悪《ぜんあく》によって違《ちが》いが現《あらわ》れると説《と》かれているのです。

衆生《しゅじょう》といっても仏《ほとけ》といっても、またこれと同じです。迷《まよ》っている時には衆生と名付け、悟《さと》った時には仏と名付けるのです。

例《たと》えば、曇《くも》っている鏡《かがみ》も磨《みが》いたならば、輝《かがや》く玉のように見えるようなものです。今の私たち凡夫《ぼんぷ》においても、無明《むみょう》という迷《まよ》いの生命は、磨いていない鏡のようなものです。これを磨くなら、必ず本来のあるべき真実の姿《すがた》が輝く明鏡《みょうきょう》となるのです。

深く信心を奮《ふる》い起こして、日夜《にちや》、朝夕《あさゆう》に、また怠《おこた》ることなく自身の生命を磨《みが》きなさい。

では、どのようにして磨けばよいのでしょうか。ただ南無妙法蓮華経と唱えること、これが磨くということなのです。

そもそも「妙《みょう》」とは、どのような意味でしょうか。

それはただ、自身の一念《いちねん》の心が不思議《ふしぎ》であることを「妙《みょう》」というのです。不思議とは、心で思い描《えが》いたり理解しきることもできず、また、言葉で表《あらわ》しきることもできないということです。

従《したが》って、瞬間《しゅんかん》瞬間起こっている自身の一念《いちねん》の心を見つめてみると、「有《あ》る」と言おうとすれば、それには色も形もなく、また、「無《な》い」と言おうとすれば、さまざまに心は起こってきます。「有る」と考えるべきでもないし、「無い」と考えるべきでもありません。「有《う》」か「無《む》」かの二つの言葉では表《あらわ》せず、「有」か「無」かの二つの考えでも理解できないのです。

（一念《いちねん》の心とは）「有《う》」「無《む》」のどちらでもなく、しかも、「有」か「無」のいずれかの姿《すがた》をとるという、「*中道一実《ちゅうどういちじつ》の妙体《みょうたい》」（＝二つの極端《きょくたん》の立場を包《つつ》んだ普遍究極《ふへんきゅうきょく》の真理《しんり》そのもの）であり、不思議《ふしぎ》なその「心」のあり方《かた》を「妙《みょう》」と名付けるのです。

また、この「妙なる心」を名付けて「法」ともいうのです。この法門《ほうもん》の不思議《ふしぎ》を譬喩《ひゆ》で表《あらわ》すために、具体的な事柄《ことがら》になぞらえて「蓮華《れんげ》」*と名付けます。ある瞬間《しゅんかん》の心を妙《みょう》と分かったならば、さらに転《てん》じて、別の瞬間の心もまた妙法であると分かることを「妙経《みょうきょう》」というのです。

つまり法華経《ほけきょう》は、善《ぜん》であれ悪《あく》であれ、一瞬《いっしゅん》一瞬に起こる一念《いちねん》の心を指して、これが妙法蓮華経そのものであると説《と》き宣《の》べている「諸経《しょきょう》の王《おう》」なので、（どのような人々も、自身の生命が妙法蓮華経であると覚《さと》ることによって直《ただ》ちに成仏《じょうぶつ》できるゆえに）成仏に至《いた》る真っすぐな道というのです。

この趣旨《しゅし》（＝妙法蓮華経が自身の生命の法であるとの趣旨）を深く信じて妙法蓮華経と唱えれば、一生成仏《いっしょうじょうぶつ》はまったく疑《うたが》いありません。

ゆえに、経文《きょうもん》には「私（＝釈尊《しゃくそん》）の死後には、まさしく、この法華経《ほけきょう》を受持《じゅじ》すべきである。この人が仏道《ぶつどう》を成就《じょうじゅ》することは間違《まちが》いない」（如来神力品《にょらいじんりきほん》第21、趣意《しゅい》）と述《の》べられています。

決して、不審《ふしん》に思ってはなりません。くれぐれも、一生成仏《いっしょうじょうぶつ》の信心を貫《つらぬ》いていきなさい。南無妙法蓮華経、南無妙法蓮華経。

日蓮《にちれん》　（花押《かおう》）*

【語句の解説】

経文《きょうもん》の言葉も、説《と》かれた法理《ほうり》も、真実で正しい「諸経《しょきょう》の王《おう》」　御書本文は「文理《もんり》真正《しんしょう》の経王《きょうおう》」。妙法蓮華経を示した経典《きょうてん》である法華経《ほけきょう》は、説《と》かれた一つひとつの経文の言葉そのものも、その言葉が表《あらわ》そうとしている法理も、ともに真実で正しく、諸経の王の位置にあること。「経王」は、釈尊《しゃくそん》の説いた一切《いっさい》の経典の中で万人《ばんにん》の成仏《じょうぶつ》を説き明かした最高の存在ということ。

経文《きょうもん》の文字はそのまま実相《じっそう》　御書本文は「文字《もんじ》即《そく》実相」。法華経の文字がそのまま仏《ほとけ》の覚《さと》った真実、ありのままの真実の姿《すがた》（実相）を表《あらわ》すものであること。

一心法界《いっしんほうかい》という真理《しんり》　一心と法界が一体不二《いったいふに》であること。一念《いちねん》の生命に三千の諸法《しょほう》（あらゆる物事《ものごと》）が具《そな》わっているとする一念三千の法《ほう》門《もん》をいう。「一心」は一念（一瞬《いっしゅん》に働《はたら》く衆生《しゅじょう》の心）。「法界」は衆生が住んで感じている世界全体のこと。万法《ばんぽう》（森羅万象《しんらばんしょう》）がわが心に納《おさ》まり、わが心が万法に広がるという、心と宇宙の不可思議《ふかしぎ》な関係をいう。

三千諸法《さんぜんしょほう》　この世界を構成するあらゆる物事《ものごと》（諸法）を、三千にまとめたもの。森羅万象《しんらばんしょう》、世界の全《すべ》て。

依報《えほう》　正報《しょうほう》　報とは果報《かほう》のことで、過去の行為の報《むく》いをいう。この報い（果報）を受ける主体である衆生《しゅじょう》の心身を正報といい、正報のよりどころとなる環境・国土を依報という。

色法《しきほう》　心法《しんぽう》　「色法」は物質・肉体面の働《はたら》き。「心法」は、心の働き。

非情《ひじょう》の草木　「非情」とは、心を持たないもの、喜怒哀楽《きどあいらく》などの情がないもの。草木・国土・山河《さんが》などが非情の存在。

方便《ほうべん》　仏《ほとけ》が衆生《しゅじょう》を教える上で、真実に導《みちび》くために設《もう》ける巧《たく》みな手段、教えのこと。

仮《かり》の教え　御書本文では「権門《ごんもん》」。権教《ごんきょう》の法門《ほうもん》。仏《ほとけ》が衆生《しゅじょう》を実教《じっきょう》（覚《さと》りの真実の教え）に導《みちび》き入れるために、衆生の受容能力《じゅようのうりょく》に応じて説《と》いた仮の教え。

何度も繰《く》り返し生まれ、長遠《ちょうおん》の時間をかけた修行　御書本文では「多生曠劫《たしょうこうごう》の修行」。何回もこの世に生まれては死に、死んではまた生まれる、というようにいくつもの劫《こう》（長遠の期間）を経《へ》て修行すること。歴劫《りゃっこう》修行のこと。

三世十方《さんぜじっぽう》のあらゆる仏《ほとけ》や菩薩《ぼさつ》たち　過去から未来に至《いた》る、全宇宙の仏・菩薩。「三世」は、過去世・現在世・未来世。「十方」は、東・西・南・北・東北・東南・西北・西南の八方《はっぽう》に上・下を加えた十の方角。

妙楽《みょうらく》　７１１年〜７８２年。湛然《たんねん》のこと。天台《てんだい》宗《しゅう》の中興《ちゅうこう》の祖《そ》。天台大師《だいし》の著作《ちょさく》に対する注釈《ちゅうしゃく》書《しょ》『法華玄義釈籤《ほっけげんぎしゃくせん》』『法華文句記《ほっけもんぐき》』『止観輔行伝弘決《しかんぶぎょうでんぐけつ》』などを著《あらわ》し、天台教学を整備《せいび》した。

天台《てんだい》　５３８年〜５９７年。智顗《ちぎ》のこと。中国の陳《ちん》・隋《ずい》にかけて活躍《かつやく》した僧《そう》で、中国天台宗《てんだいしゅう》の事実上の開祖《かいそ》。智者大師《ちしゃだいし》とたたえられる。『法華文句《ほっけもんぐ》』『法華玄義《げんぎ》』『摩訶止観《まかしかん》』を講述《こうじゅつ》し、法華経《ほけきょう》を宣揚《せんよう》するとともに、一念三千《いちねんさんぜん》の法門《ほうもん》を説《と》いた。

もし心を見なければ重罪《じゅうざい》を滅《めっ》することはできない　仏法上の「重罪」とは、無明《むみょう》が原因で起こる正法誹謗《しょうほうひぼう》の罪《つみ》を指す。この罪を消すには、自身の心を見つめ、成仏《じょうぶつ》への直道《じきどう》（真っすぐな道《みち》）となる妙法の修行に励《はげ》むしかない。

外道《げどう》　仏教以外のインドの教え。また、それを信じる者。古代からの伝統宗教である、いわゆるバラモン教の思想や、釈尊《しゃくそん》と同時代に興隆《こうりゅう》していた新興《しんこう》の諸思想を含《ふく》む。

善根《ぜんこん》　安楽《あんらく》の果報《かほう》を招《まね》く因《いん》となる善行《ぜんぎょう》のこと。根が草木《そうもく》を生長《せいちょう》させていく力《ちから》を持つことになぞらえて善根という。

衆生即菩提《しゅじょうそくぼだい》　迷《まよ》いの凡夫《ぼんぷ》がその身のままで仏《ほとけ》の覚《さと》りを得《え》ること。「菩提」は仏の覚り。この場合の「衆生」は迷いの凡夫。

生死即涅槃《しょうじそくねはん》　生死の苦しみを味わっているその身《み》に涅槃（覚《さと》りを得《え》た平安《へいあん》な境地《きょうち》）が開かれること。

中道一実《ちゅうどういちじつ》の妙体《みょうたい》　「中道」とは、真理《しんり》に適《かな》っていることで、二つの極端《きょくたん》な立場に縛《しば》られず、また、二つの極端な立場をも包《つつ》んだ高次元《こうじげん》の立場に立つこと。「妙体」は、真理を体現《たいげん》した妙なる実体《じったい》。偏《かたよ》りのない完全な仏《ほとけ》の覚《さと》りである、唯一無二《ゆいいつむに》の真実の妙法そのもの。

蓮華《れんげ》　ハスのこと。ハスは花と果実《かじつ》が同時に成長する。それゆえ法華経《ほけきょう》で明かされた「因果《いんが》倶時《ぐじ》」のたとえとして用《もち》いられる。果実は（因果の）果である仏界《ぶっかい》を象徴《しょうちょう》し、花は因である九界《きゅうかい》を象徴する。

花押《かおう》　模様化《もようか》された自筆《じひつ》の署名《しょめい》。

如説修行抄《にょせつしゅぎょうしょう》

（御書五〇一ページ〜五〇五ページ）

本抄について

本抄《ほんしょう》は、日蓮大聖人《にちれんだいしょうにん》が文永《ぶんえい》10年（1273年）5月、52歳《さい》の時に流罪地《るざいち》の佐渡《さど》・一谷《いちのさわ》（佐渡市市野沢《いちのさわ》）で認《したた》められたお手紙です。

題号《だいごう》の「如説修行《にょせつしゅぎょう》」とは、「仏《ほとけ》の説《せつ》の如《ごと》く修行する」との意味です。「仏の説」とは、「釈尊《しゃくそん》の説」との意味であり、大聖人門下《もんか》の立場としては「末法《まっぽう》の御本仏《ごほんぶつ》である大聖人の説」と拝《はい》します。

本抄御執筆《ほんしょうごしっぴつ》の当時、大聖人《だいしょうにん》は流罪《るざい》の身であり、大聖人門下《もんか》への弾圧《だんあつ》も、いよいよ激《はげ》しさを増《ま》し、弟子の中には疑《うたが》いを起こして退転《たいてん》する者も多くいました。

本抄《ほんしょう》で大聖人《だいしょうにん》は、法華経《ほけきょう》の経文《きょうもん》通りの大難《だいなん》に遭《あ》いながら折伏《しゃくぶく》を実践する大聖人とその弟子たちこそが、末法《まっぽう》における真実の如説修行《にょせつしゅぎょう》の人であると示され、いかなる難に遭おうと退転《たいてん》せず、信心を貫《つらぬ》き通すよう励《はげ》まされています。

よくよく考えてみると、末法広宣流布《まっぽうこうせんるふ》の時に、生《せい》をこの国土に受け、この法華経《ほけきょう》を信じる人には、釈尊《しゃくそん》がいた時代よりも「釈尊の存命中《ぞんめいちゅう》でさえ反発《はんぱつ》し敵対《てきたい》する者が多い（*猶多怨嫉《ゆたおんしつ》）」（法師品《ほっしほん》第10）の難《なん》が激《はげ》しく起こると経文《きょうもん》に明らかです。

その理由は、釈尊《しゃくそん》がいた時代、人々を教え導《みちび》く師匠は仏《ほとけ》でした。弟子もまた偉大な菩薩《ぼさつ》や*阿羅漢《あらかん》でした。人界《にんかい》や天界《てんかい》の衆生《しゅじょう》、出家《しゅっけ》・在家《ざいけ》の男女、*竜《りゅう》や夜叉《やしゃ》などの八部衆《はちぶしゅ》たちに対してであっても、釈尊は機根《きこん》を整《ととの》え、長期にわたって教え導いた上で法華経《ほけきょう》を聞かせました。それでもなお、反発《はんぱつ》や敵対《てきたい》が多かったのです。

まして末法《まっぽう》の今の時は、説《と》くべき法が示され、それを信受《しんじゅ》すべき機根《きこん》の人々が現《あらわ》れ、法《ほ》華経《けきょう》を流布《るふ》する時が来たといっても、その法を説く師を見てみれば凡夫《ぼんぷ》です。弟子もまた、「仏法の中において争《あらそ》いが絶《た》えず、釈尊《しゃくそん》の正しい教えが見失《みうしな》われる（*闘諍堅固《とうじょうけんご》　白法隠没《びゃくほうおんもつ》）」（大集経《だいじっきょう》）という時代における、貪《むさぼ》り・瞋《いか》り・愚《おろ》かの三毒《さんどく》が盛《さか》んな悪人たちです。そのため、人々は善《よ》い師から遠ざかり、悪い師の方に近づくのです。その上、真実の法華経の「如説《にょせつ》修行（＝仏《ほとけ》の説いた教え通りに修行すること）の行者《ぎょうじゃ》」として行動する師であり、弟子であるならば、*三類《さんるい》の敵人《てきじん》が必ず現れます。

そうであるからこそ、「この法華経《ほけきょう》を聞き、信心を始めた日から覚悟《かくご》を決めるべきである。法華経に『まして、釈尊《しゃくそん》が亡《な》くなった後は、なおさら多くの反発《はんぱつ》や敵対《てきたい》を受ける（況《きょう》滅度後《めつどご》）』（法師品《ほっしほん》第10）と説《と》かれる通り、三類《さんるい》の敵人《てきじん》による大難《だいなん》が激《はげ》しいであろう」と言ってきたのです。

ところが、私の弟子たちの中にも、以前からそう聞いておきながら、いざ大小の難《なん》が起こってくると、今になって初めて気付いたかのように驚《おどろ》き、肝《きも》をつぶして、信心を破《やぶ》ってしまった者がいたのです。かねてから言っておいたではありませんか。

経文《きょうもん》を第一として、「釈尊《しゃくそん》の存命中《ぞんめいちゅう》でさえ反発《はんぱつ》し敵対《てきたい》する者が多い。まして、釈尊が亡《な》くなった後は、なおさらである、なおさらである（猶多怨嫉《ゆたおんしつ》　況滅度後《きょうめつどご》　況滅度後）」（法師品《ほっしほん》第10）と朝夕繰《あさゆうく》り返し教えてきたのは、このことなのです。私が、*ある時は住む所を追われ、*ある時は刀傷《かたなきず》を受け、また幕府《ばくふ》から二度の処罰《しょばつ》を受けて伊豆《いず》や佐渡《さど》に流罪《るざい》にされたのを見たり聞いたりしても、今になって初めて驚《おどろ》くべきことではありません。

問《と》う。「如説《にょせつ》修行の行者《ぎょうじゃ》」は「現世《げんぜ》では安穏《あんのん》な境涯《きょうがい》となる（現世安穏）」（薬草喩品《やくそうゆほん》第5）はずです。どういう理由で三類《さんるい》の強敵《ごうてき》が盛《さか》んに現《あらわ》れるのでしょうか。

答える。釈尊《しゃくそん》は法華経《ほけきょう》のために、当時、*九つの大難《だいなん》に遭《あ》いました。また過去の*不軽菩薩《ふきょうぼさつ》は、法華経のために、杖《つえ》で打たれ、瓦礫《がれき》を投げつけられる難を受けました。竺《じく》の道生《どうしょう》は蘇《そ》山《ざん》に追放《ついほう》され、法道三蔵《ほうどうさんぞう》は顔に焼《や》き印《いん》を押され、師子尊者《ししそんじゃ》は頸《くび》をはねられ、*天台大師《てんだいだいし》は*南《なん》三北七《さんほくしち》の僧《そう》から敵視《てきし》され、*伝教《でんぎょう》大師は*南都六宗《なんとろくしゅう》の僧に憎《にく》まれました。

これらの仏《ほとけ》・菩薩《ぼさつ》・偉大な聖人《しょうにん》たちは皆、法華経《ほけきょう》の行者《ぎょうじゃ》でありながら、しかも大難《だいなん》に遭《あ》ったのです。これらの人々を「如説《にょせつ》修行の人」と言わなければ、一体《いったい》どこに「如説修行の人」を探《さが》し求めるというのでしょうか。

ましてや今の世は、「闘諍堅固《とうじょうけんご》　白法隠没《びゃくほうおんもつ》」（大集経《だいじっきょう》）の時代である上、国も荒《すさ》み、王や臣下《しんか》、民も悪人ばかりで、正法《しょうほう》に背《そむ》いて、邪法《じゃほう》・邪師《じゃし》をあがめ重んじているので、国土に悪鬼《あっき》が乱《みだ》れ入《い》って、*三災七難《さんさいしちなん》が盛《さか》んに起こっているのです。

このような時に日蓮《にちれん》が仏《ほとけ》の命令を受けてこの国土に生まれたことこそ、時の不運《ふうん》です。しかし、法王《ほうおう》である仏の命令に背《そむ》くことはできないので、経文《きょうもん》のままに、*実教《じっきょう》で権教《ごんきょう》を破《やぶ》る戦《いくさ》を起こし、忍耐《にんたい》の鎧《よろい》を着て、妙法の剣《つるぎ》を携《たずさ》え、法華経《ほけきょう》全巻の肝要《かんよう》である妙法蓮華経の五字の旗《はた》を掲《かか》げて、「権教には真実が説《と》かれていない（未顕真実《みけんしんじつ》）」（無量義経《むりょうぎきょう》）との弓《ゆみ》を構《かま》え、「きっぱりと権教を捨てよ（正直捨権《しょうじきしゃごん》）」との矢《や》を弦《つる》にかけ、*大白牛車《だいびゃくごしゃ》に乗って、権教の門を一気《いっき》に打ち破《やぶ》り、あちらへ押しかけ、そちらへ押し寄せ、念仏《ねんぶつ》・真言《しんごん》・禅《ぜん》・律《りつ》などの*八宗《はっしゅう》・十宗《じっしゅう》の敵人《てきじん》を攻《せ》めたところ、ある者は逃《に》げ、ある者は退《しりぞ》き、あるいは捕《と》らえられた者は私の弟子となりました。また、立ち向かってくる者には反撃《はんげき》し、攻め落としてきましたが、敵は多勢《たぜい》です。ただ一人法王の命令を受けた私の味方はわずかばかりです。今に至《いた》るまで、戦はやむことがありません。

「法華経《ほけきょう》の折伏《しゃくぶく》は、権教《ごんきょう》の理《り》を打ち破《やぶ》る（法華《ほっけ》折伏　破権門理《はごんもんり》）」（『法華玄義《ほっけげんぎ》』）との金言《きんげん》であるので、ついに権教を信じる者を一人も残さず攻《せ》め落として法王《ほうおう》の門下《もんか》とし、国中の全《すべ》ての人々が、最高の成仏《じょうぶつ》の教えを信じ、妙法だけが独《ひと》り盛《さか》んになった時、全ての人々が同じく、南無妙法蓮華経と唱えるなら、吹く風は枝を鳴らさず、雨は優しく降《ふ》って土を砕《くだ》かず、時代は*伏羲《ふっき》・神農《しんのう》の時代のような理想の世となって、今世《こんぜ》では不幸な災難《さいなん》を払い、長《ちょう》寿《じゅ》の方法を得《え》て、人も法もともに不老不死《ふろうふし》という道理が現実となる時を、皆それぞれご覧《らん》なさい。「現世安穏《げんぜあんのん》」（薬草喩品《やくそうゆほん》第5）という経文《きょうもん》に何の疑《うたが》いもないのです。

問《と》う。「如説《にょせつ》修行の行者《ぎょうじゃ》」というのは、どのように信じる人をいうのでしょうか。

答える。今の世の日本国中の人々は皆、一様《いちよう》に「如説《にょせつ》修行の人というのは『全《すべ》ての経《きょう》は成仏《じょうぶつ》に至《いた》るための教えである』と示されているのだから、どの法も全て法華経《ほけきょう》であって、勝劣《しょうれつ》・浅深《せんじん》はあるわけがない。念仏《ねんぶつ》を唱えるのも、真言《しんごん》を持《たも》つのも、禅《ぜん》を修行するのも、そのほかあらゆる経や仏《ほとけ》・菩薩《ぼさつ》の名を持って唱えるのも、全て法華経の修行であると信じるのが如説修行の人と言えるのである」などと思っています。

私は言う。「それ（＝全《すべ》ての経《きょう》が成仏《じょうぶつ》の教えであると信じることが如説《にょせつ》修行であるとする考え）は間違《まちが》いである」と。突《つ》き詰《つ》めていえば、仏法を修行するに当たっては、人の言葉を用《もち》いてはいけません。ただ仏《ほとけ》の金言《きんげん》を仰《あお》いで、守るべきです。私たちの根本の師である釈尊《しゃくそん》は、覚《さと》りを得《え》たその時から、法華経《ほけきょう》を説《と》こうと考えられていました。しかし衆生《しゅじょう》の法華経を受け入れる能力が未熟《みじゅく》だったので、まず権教《ごんきょう》である方便《ほうべん》の教えを四十年余《あま》りの間説《と》いて、その後に真実である法華経を説かれたのです。

そして、法華経《ほけきょう》の序論《じょろん》である無量義経《むりょうぎきょう》で、権教《ごんきょう》と実教《じっきょう》の境界《きょうかい》*を指し示し、方便《ほうべん》と真実とを立て分けられました。経文《きょうもん》に「如来《にょらい》は方便の巧《たく》みな力《ちから》をもって、四十年余《あま》りの間は種々の教えを説《と》いてきたが、未《いま》だ真実を顕《あらわ》していない（以方便力《いほうべんりき》　四十余年《しじゅうよねん》　未顕真実《みけんしんじつ》）」（無量義経）とあるのがこのことです。

大荘厳菩薩《だいしょうごんぼさつ》などの八万の菩薩たちは、釈尊《しゃくそん》が真実の教えを説《と》くためにまず権教《ごんきょう》を説き施《ほどこ》し（＝施権《せごん》）、その後、権教は真実を説くための手段であったと明かし（＝開権《かいごん》）、最後にその権教を廃《はい》して真実を説いたこと（＝廃権《はいごん》）などの意義を十分に心得《こころえ》て納得《なっとく》した上で、「法華経《ほけきょう》以前の*歴劫《りゃっこう》修行などと説く諸経《しょきょう》では、結局は最高の覚《さと》りを得ることができない（終不得成無上菩提《じゅうふとくじょうむじょうぼだい》）」（無量義経《むりょうぎきょう》）と言い切ったのです。

その後に、あらゆる経《きょう》の中心である法華経《ほけきょう》に至《いた》って、釈尊《しゃくそん》が「仏《ほとけ》は長い間、方便《ほうべん》の法を説《と》いた後、必ず真実を説くであろう（世尊法久後《せそんほうくご》　要当説真実《ようとうせつしんじつ》）」（方便品《ほうべんぼん》第２）と説いたのをはじめとして、「ただ成仏《じょうぶつ》のための唯一《ゆいいつ》の教え（＝法華経）だけがあり、二つの教えもなく、また三つの教えもない。仏の方便の説を除《のぞ》く（無二亦無三《むにやくむさん》　除仏方便説《じょぶつほうべんせつ》）」（同）「きっぱりと仮《かり》の教えを捨てて（正直捨方便《しょうじきしゃほうべん》）」（同）、さらに、「法華経以外の経文《きょうもん》の一偈《いちげ》をも受けてはならない（不受余経一偈《ふじゅよきょういちげ》）」（譬喩品《ひゆほん》第３）と戒《いまし》められたのです。

これ以後は、「ただ一つ成仏《じょうぶつ》のための教えだけがある（唯有一仏乗《ゆいういちぶつじょう》）」（化城喩品《けじょうゆほん》第7）と説《と》かれた妙法だけが、全《すべ》ての人々を仏《ほとけ》にする偉大な法であり、法華経《ほけきょう》以外の諸経《しょきょう》では、わずかな功徳《くどく》すらも得《え》られるはずがないのです。

ところが、末法《まっぽう》の今の僧《そう》たちは、どの経《きょう》も仏《ほとけ》が説《と》いた教えなので、どれでも成仏《じょうぶつ》できるだろうと思って、ある者は真言《しんごん》、ある者は念仏《ねんぶつ》、あるいは禅宗《ぜんしゅう》・三論《さんろん》・法相《ほっそう》・倶舎《くしゃ》・成《じょう》実《じつ》・律《りつ》などの諸宗《しょしゅう》や諸経《しょきょう》をそれぞれが勝手に信じているのです。

このような人のことを、経文《きょうもん》には「もし、人々がこの経を信じないで誹謗《ひぼう》するならば、その人々はあらゆる世間《せけん》の仏種《ぶっしゅ》を全《すべ》て断《だん》じてしまうであろう。（中略）その人は命が終わった後、阿鼻地獄《あびじごく》に入《はい》るだろう（若人不信《にゃくにんふしん》　毀謗此経《きぼうしきょう》　即断一切《そくだんいっさい》　世間仏種《せけんぶっしゅ》　乃至其人命終《ないしごにんみょうじゅう》　入阿鼻《にゅうあび》獄《ごく》）」（譬喩品《ひゆほん》第3）と定《さだ》められています。

これらの規範《きはん》を明確な手本として、少しも違《たが》えることなく、「ただ成仏《じょうぶつ》のための教えだけがある（唯有一乗法《ゆいういちじょうほう》）」（方便品《ほうべんぽん》第2）と信じるのが、如説《にょせつ》修行の人であると、仏《ほとけ》は定《さだ》められています。

非難《ひなん》して言う。そのように、方便《ほうべん》であり仮《かり》の教えである諸経《しょきょう》や諸仏《しょぶつ》を信じることが、全《すべ》て法華経《ほけきょう》を行《ぎょう》じているなどと言うのなら、確かにそれは間違《まちが》いでしょう。それでは、ただ法華経一経に限って、経文《きょうもん》通り五種*の修行に励《はげ》み、安楽行品*《あんらくぎょうほん》のように修行する人は、如説《にょせつ》修行の行者《ぎょうじゃ》というべきではないでしょうか。

答える。一般的にも、仏道《ぶつどう》修行をする者は、摂受《しょうじゅ》*・折伏《しゃくぶく》の二つの修行があることを知らなければなりません。全《すべ》ての経《きょう》や論《ろん》も、この二つに収《おさ》まります。そうであるならば、国中の諸宗《しょしゅう》の僧《そう》らは仏法をあらあら学んでいるといっても、時に適《かな》う修行法を知らないのです。

春夏秋冬、四季《しき》はそれぞれに変化します。夏は暑く、冬は寒く、春には花が咲き、秋には実《み》がなるのです。春に種を蒔《ま》いて秋に収穫《しゅうかく》します。秋に種を蒔いて春に収穫しようとして、どうしてできるでしょうか。極寒《ごっかん》の時は厚い衣服《いふく》が役に立ちます。しかし猛暑《もうしょ》の夏には何の役にも立たないではありませんか。涼風《りょうふう》は夏にこそ役に立ちますが、冬には何の役にも立たないではありませんか。

仏法もまたそれと同じです。小乗教《しょうじょうきょう》が広まって功徳《くどく》がある時もあり、権大乗教《ごんだいじょうきょう》が広まって功徳がある時もあり、実教《じっきょう》が広まって成仏《じょうぶつ》できる時もあるのです。

正法《しょうほう》・像法《ぞうほう》の二千年間は、小乗教《しょうじょうきょう》・権大乗教《ごんだいじょうきょう》が広まる時です。末法《まっぽう》の初めの五百年は、成仏《じょうぶつ》への教えを完全に説《と》いた法華経《ほけきょう》だけが広宣流布《こうせんるふ》する時です。この末法の時は、経文《きょうもん》に「闘諍堅固《とうじょうけんご》　白法隠没《びゃくほうおんもつ》」（大集経《だいじっきょう》）と説かれているように、権教《ごんきょう》と実教《じっきょう》が入《い》り乱《みだ》れている時です。

敵がいる時は、刀《かたな》や棒《ぼう》や弓矢《ゆみや》を持つべきです。敵がいない時は、弓矢や刀は何の役に立つでしょうか。今の時は、権教《ごんきょう》がそのまま実教《じっきょう》の敵となっています。成仏《じょうぶつ》のための唯一《ゆいいつ》の教え（＝法華経《ほけきょう》）が広まる時は、権教があって敵となって、法の正邪《せいじゃ》が紛《まぎ》らわしければ、実教の立場から権教の誤《あやま》りを責《せ》めるべきです。これを摂受《しょうじゅ》・折伏《しゃくぶく》という二つの修行の中では、法華経の「折伏」というのです。

天台《てんだい》が「法華経《ほけきょう》の折伏《しゃくぶく》は、権教《ごんきょう》の理《り》を打ち破《やぶ》る（法華《ほっけ》折伏　破権門理《はごんもんり》）」（『法華玄義《ほっけげんぎ》』）と述《の》べているのは、誠《まこと》に理由のあることでしょう。それなのに、摂受《しょうじゅ》である安楽行品《あんらくぎょうほん》に説《と》かれる四つの修行を、今の時に実践するならば、それは冬に種を蒔《ま》いて春に収穫《しゅうかく》を得《え》ようとするようなものではないでしょうか。鶏《にわとり》は、夜明けに鳴くので役に立ちます。日暮《ひぐ》れに鳴けば「化《ば》け物《もの》」です。

権教《ごんきょう》と実教《じっきょう》とが入《い》り乱《みだ》れている時に、法華経《ほけきょう》の敵《かたき》を責《せ》めずに山林《さんりん》に閉じこもり、摂受《しょうじゅ》を修行しているのは、まさしく、法華経修行の時を見失《みうしな》った「化《ば》け物《もの》」ではないでしょうか。

では、末法《まっぽう》の今の時に、まさしく法華経《ほけきょう》の折伏《しゃくぶく》の修行を、一体《いったい》誰が経文《きょうもん》に説《と》かれた通りに実践してきたでしょうか。

誰人であっても、「法華経《ほけきょう》以外の諸経《しょきょう》は、無得道《むとくどう》の教えであり、堕地獄《だじごく》の根源《こんげん》である。ただ法華経だけが成仏《じょうぶつ》の法である」と、声も惜《お》しまずに叫《さけ》んで、諸宗《しょしゅう》の「人」と「法」をともに折伏《しゃくぶく》してごらんなさい。三類《さんるい》の強敵《ごうてき》が現《あらわ》れることは疑《うたが》いがありません。

私たちの根本の師である釈尊《しゃくそん》は、生涯《しょうがい》の中で八年の間、法華経《ほけきょう》を説《と》いて権教《ごんきょう》を破折《はしゃく》されました。天台大師《てんだいだいし》は三十年余《あま》り、伝教《でんぎょう》大師は二十年余り、そして今、日蓮《にちれん》は二十年余りの間、権教の理《り》を破折してきました。その間に受けた大難《だいなん》は数知れません。釈尊が受けた九つの大難に及《およ》ぶか及ばないかはさておいて、恐《おそ》れ多いことですが、天台も伝教も法華経ゆえの日蓮が受けたような大難に遭《あ》うことはありませんでした。

彼らはただ悪口を言われ、反発《はんぱつ》や敵対《てきたい》を受けただけです。日蓮《にちれん》は、二度の処罰《しょばつ》を受けて伊豆《いず》と佐渡《さど》に流罪《るざい》され、竜《たつ》の口《くち》でも頸《くび》を斬《き》られそうになり、小松原《こまつばら》の法難《ほうなん》では頭に刀傷《かたなきず》などを受けました。そのほかに悪口を言われ、弟子たちを流罪され牢《ろう》に入れられたりしました。また、在家《ざいけ》の弟子は、領地《りょうち》を没収《ぼっしゅう》され、主君から追放《ついほう》されました。これらの大難《だいなん》には、＊竜樹《りゅうじゅ》や天台《てんだい》、伝教《でんぎょう》もどうして及《およ》ぶでしょうか。

従《したが》って、如説《にょせつ》修行の法華経《ほけきょう》の行者《ぎょうじゃ》には、三類《さんるい》の強敵《ごうてき》が必ず競《きそ》い起こると知りなさい。ゆえに、釈尊《しゃくそん》が亡《な》くなった後の二千年余《あま》りの間で、如説修行の行者は、釈尊・天台《てんだい》・伝教《でんぎょう》の三人はさておいて、末法《まっぽう》に入ってからは日蓮《にちれん》ならびにその弟子たちだけなのです。私たちを如説修行の者と言わなければ、釈尊・天台・伝教らの三人も如説修行の人とはならないのです。＊提婆《だいば》・瞿伽利《くぎゃり》・＊善星《ぜんしょう》・弘法《こうぼう》・慈覚《じかく》・智証《ちしょう》・善導《ぜんどう》・＊法然《ほうねん》・＊良観房《りょうかんぼう》らがかえって法華経の行者と言われ、釈尊・天台・伝教・日蓮とその弟子たちは、念仏《ねんぶつ》・真言《しんごん》・禅《ぜん》・律《りつ》などの行者となってしまうでしょう。法華経が方便《ほうべん》・仮《かり》の教えと言われて、念仏などの諸経《しょきょう》が反対に法華経（＝正しい教え）となってしまうではありませんか。

たとえ東が西になり西が東になろうとも、大地が生《は》えている草木とともに飛び上がって天となり、天の太陽と月と星がともに落ちてきて地面となることがあったとしても、どうしてこのような道理（＝念仏《ねんぶつ》などの諸経《しょきょう》が法華経《ほけきょう》となる転倒《てんとう》）があるでしょうか。あるはずがありません。

なんと哀《あわ》れなことでしょう。今、日本国の全《すべ》ての人々は、日蓮《にちれん》とその弟子たちが三類《さんるい》の強敵《ごうてき》に責《せ》められて大きな苦しみに遭《あ》っているのを見て、喜び笑っていますが、「昨日は人の上、今日はわが身の上」なのです。日蓮とその弟子たちの苦しみは、あたかも霜《しも》や露《つゆ》が日の光に消えるまでのようにわずかな間にすぎません。

このたび、成仏《じょうぶつ》がかなって仏《ほとけ》の住む国土に住んで、*自受法楽《じじゅほうらく》（＝自《みずか》ら法楽を受く）する時、私たちを嘲笑《ちょうしょう》していたあなたたちは、*阿鼻地獄《あびじごく》の底に堕《お》ちて大きな苦しみに遭《あ》うのです。その時私たちは、どんなにあなたたちを、哀《あわ》れに思うことでしょう。あなたたちは私たちをどんなにうらやましく思うことでしょう。一生が過ぎゆくのは、わずかな間であるから、どんなに強敵が重なろうとも、決して退《しりぞ》く心を起こしてはなりません。恐《おそ》れる心を起こしてはなりません。
たとえ頸《くび》を鋸《のこぎり》で引き切り、胴《どう》をひしほこ*で突《つ》き、足に枷《かせ》をはめられ錐《きり》でもまれても、命が続いている限りは、南無妙法蓮華経、南無妙法蓮華経と唱えに唱え抜いて死ぬならば、釈迦《しゃか》・多宝《たほう》・十方《じっぽう》の諸仏《しょぶつ》は、霊山会《りょうぜんえ》でお約束されたことなので、たちまちのうちに飛んで来て、手を取り肩に担《かつ》いで霊山へと走ってくださるのです。その時は、二聖《にしょう》（＝薬王菩薩《やくおうぼさつ》・勇施菩薩《ゆぜ》）・二天《にてん》（＝毘沙門天王《びしゃもんてんのう》・持国天王《じこくてんのう》）・十羅刹女《じゅうらせつにょ》*は法華経受持《ほけきょうじゅじ》の者を助け護《まも》り、諸天善神《しょてんぜんじん》は天蓋《てんがい》をさしかけて旗《はた》を立て、私たちを守護《しゅご》して、功徳《くどく》に満ちた仏国土《ぶっこくど》へと必ず送ってくださるのです。なんとうれしいことでしょうか、なんとうれしいことでしょうか。

文永《ぶんえい》十年（＝1273年）五月　日

日蓮《にちれん》　在御判《ざいごはん》*

わが弟子たちへ

この手紙は身から離《はな》すことなく、常に読んでいきなさい。

【語句の解説】

猶多怨嫉《ゆたおんしつ》　法華経法師品《ほけきょうほっしほん》第10の文《もん》。同品に「而《しか》も此《こ》の経《きょう》は、如来《にょらい》の現《げん》に在《いま》すら猶怨嫉多《なおおんしつおお》し。況《いわ》んや滅度《めつど》して後《のち》をや」（法華経362ページ）とある。この法華経を説《と》く時は釈尊《しゃくそん》の存命中《ぞんめいちゅう》でさえ、なお怨嫉（反発《はんぱつ》・敵対《てきたい》）が多いのだから、ましてや釈尊が入滅《にゅうめつ》した後においては、より多くの怨嫉を受けるのは当然であるとの意。

阿羅漢《あらかん》　仏《ほとけ》の別名の一つ。後に声聞《しょうもん》の修行の階《かい》位《い》の最高の第4とされ、その最高の覚《さと》りの境《きょう》地《ち》を指すようになった。

竜《りゅう》や夜叉《やしゃ》などの八部衆《はちぶしゅ》たち　御書本文は「八部・人非人等《にんぴにんとう》」。「八部」とは、仏法を守護《しゅご》する8種類の諸天《しょてん》や鬼神《きじん》。法華経譬喩品《ほけきょうひゆほん》第3などにある。天竜八部《てんりゅうはちぶ》ともいう。「人非人」とは、人と、人に似ているが人とは違《ちが》うとされる想像上の衆生《しゅじょう》。

闘諍堅固《とうじょうけんご》　白法隠没《びゃくほうおんもつ》　大集経《だいじっきょう》の文《もん》。仏《ほとけ》の教えの中の論争《ろんそう》が絶《た》えず、正法《しょうほう》が見失《みうしな》われてしまう時代。

三類《さんるい》の敵人《てきじん》　三類の強敵《ごうてき》のこと。釈尊《しゃくそん》の滅後《めつご》の悪世《あくせ》に法華経《ほけきょう》を弘通《ぐつう》する者に迫害《はくがい》を加える人々。法華経勧持品《かんじほん》第13に説《と》かれる。これを妙楽大師湛然《みょうらくだいしたんねん》が『法華文句記《ほっけもんぐき》』で、3種に分類した。①俗衆増上慢《ぞくしゅぞうじょうまん》（仏法に無智《むち》な在家《ざいけ》の迫害者）、②道門《どうもん》増上慢（出家《しゅっけ》の迫害者）、③僭聖《せんしょう》増上慢（迫害の元凶《げんきょう》となる高僧《こうそう》）の三つ。

ある時は住む所を追われ　御書本文は「或《あるい》は所を・をわれ」。日蓮大聖人《にちれんだいしょうにん》が、建長《けんちょう》5年（1253年）4月の立宗宣言《りっしゅうせんげん》の時に、清澄寺《せいちょうじ》を追われ、文応《ぶんおう》元年（1260年）、松葉ケ谷《まつばがやつ》の法難《ほうなん》で草庵《そうあん》に襲撃《しゅうげき》を受けるなど、たびたび住居《じゅうきょ》を追われたこと。

ある時は刀傷《かたなきず》を受け　御書本文は「或《あるい》は疵《きず》を蒙《こうむ》り」。文永《ぶんえい》元年（1264年）11月、大聖人《だいしょうにん》は東条景信《とうじょうかげのぶ》の率《ひき》いる念仏信奉者《ねんぶつしんぽうしゃ》から襲撃《しゅうげき》を受けた。この時額《ひたい》に刀傷を受け、左手を折られた。

九つの大難《だいなん》　御書本文は「九横《くおう》の大難」。釈尊《しゃくそん》が存命中《ぞんめいちゅう》に受けた九つの大難のこと。経典《きょうてん》により若干《じゃっかん》の相違《そうい》がある。提婆達多《だいばだった》が釈尊を恨《うら》んで殺《ころ》そうとし、霊鷲山《りょうじゅせん》から釈尊を目がけて大石を落としたところ、小片《しょうへん》が散って釈尊の足の親指《おやゆび》を傷つけ血《ち》を出したこと（出仏身《すいぶっしん》血《けつ》）、提婆達多にそそのかされ、父王を幽閉《ゆうへい》して新王となった阿闍世王《あじゃせおう》が、釈尊を殺そうとして凶暴な象《ぞう》を放《はな》ったこと（阿闍世王が酔《すい》象《ぞう》を放つ）など。

不軽菩薩《ふきょうぼさつ》　法華経常不軽菩薩品《ほけきょうじょうふきょうぼさつほん》第20に説《と》かれる常不軽菩薩のこと。釈尊《しゃくそん》の過去世における修行の姿《すがた》の一つ。威音王仏《いおんのうぶつ》の像法《ぞうほう》の末の時代に仏道《ぶつどう》修行をし、自《みずか》らを迫害《はくがい》する人々に対してさえ、必ず成仏《じょうぶつ》できるという言葉、「我《われ》は深く汝等《なんだち》を敬《うやま》い、敢《あ》えて軽慢《きょうまん》せず。所以《ゆえん》は何《いか》ん、汝等は皆菩薩の道《どう》を行《ぎょう》じて、当《まさ》に作仏《さぶつ》することを得《う》べければなり」（法華経557ページ。鳩《く》摩羅什《まらじゅう》の漢訳では二十四文字なので「二十四文字の法華経」という）を唱えながら、出会った全《すべ》ての人を礼拝《らいはい》したが、増上慢《ぞうじょうまん》の人々から迫害された。この修行が成仏の因《いん》となったと説かれる。増上慢とは、まだ覚《さと》りや徳《とく》を体《たい》得《とく》していないのに、体得したと思って慢心《まんしん》を起こし、他より優《すぐ》れていると思うこと。

天台大師《てんだいだいし》　※本書20ページ「天台」参照

南三北七《なんさんほくしち》　中国・南北朝時代にあった仏教の教《きょう》判《はん》（経典《きょうてん》の判定）に関する10人の学説のこと。

長江《ちょうこう》（揚子江《ようすこう》）流域の南地の3師と、黄河《こうが》流域の北地の7師がいた。天台大師《てんだいだいし》智顗《ちぎ》が『法《ほっ》華玄義《けげんぎ》』巻10上で分類したもの。

伝教大師《でんぎょうだいし》　767年あるいは766年〜822年。最澄《さいちょう》のこと。日本天台宗《てんだいしゅう》の開祖《かいそ》。比叡山《ひえいざん》（後の延暦寺《えんりゃくじ》、滋賀県大津市）を拠点《きょてん》として修行し、その後、唐《とう》に渡り天台教学《きょうがく》と密教《みっきょう》を学ぶ。帰国後、法華経《ほけきょう》を根本とする天台宗を開創《かいそう》し、法華経の一仏乗《いちぶつじょう》の思想を宣揚《せんよう》した。

南都六宗《なんとろくしゅう》　御書本文は「六宗」。奈良時代までに日本に伝わった仏教の六つの学派《がくは》。三論《さんろん》・成実《じょうじつ》・法相《ほっそう》・倶舎《くしゃ》・華厳《けごん》・律《りつ》の六宗。

三災七難《さんさいしちなん》　正法《しょうほう》に背《そむ》き、また正法を受持《じゅじ》する者を迫害《はくがい》することによって起こる災害《さいがい》。

実教《じっきょう》で権教《ごんきょう》を破《やぶ》る戦《いくさ》　御書本文は「権実二教《ごんじつにきょう》のいくさ」。権教と実教の間の戦い。権教とは、仏《ほとけ》が衆生《しゅじょう》を実教に導《みちび》き入れるために、衆生の受容《じゅよう》能力に応じて説《と》いた仮《かり》の教えのこと。実教とは、仏が自《みずか》らの覚《さと》りをそのまま説いた真実の教えのこと。権教をよりどころとする諸《しょ》宗《しゅう》が、実教に対して反発《はんぱつ》・敵対《てきたい》する謗法《ほうぼう》の教《きょう》義《ぎ》を立てたのに対して、日蓮大聖人《にちれんだいしょうにん》は権教の諸宗を破折《はしゃく》する言論戦を展開された。

大白牛車《だいびゃくごしゃ》　白い牛に引かれ七宝《しっぽう》で飾《かざ》られた大きな車。法華経譬喩品《ほけきょうひゆほん》第3に説《と》かれる「三車火《さんしゃか》宅《たく》の譬《たと》え」に登場する。法華経に説かれる一《いち》仏乗《ぶつじょう》の教えをたとえたもの。

八宗《はっしゅう》・十宗《じっしゅう》　南都《なんと》六宗に天台《てんだい》・真言《しんごん》を加えて「八宗」といい、八宗に浄土《じょうど》・禅《ぜん》を加えて「十宗」という。

伏羲《ふっき》・神農《しんのう》の時代のような理想の世　御書本文は「羲農《ぎのう》の世」。「羲農」とは、伏羲と神農をいう。中国古代の伝説上の帝王《ていおう》で三皇《さんこう》のうちの2人。その治世《ちせい》は平和で繁栄《はんえい》したとされる。

境界《きょうかい》を指し示し　御書本文では「はうじ《榜示》を指《さし》て」。立《た》て札《ふだ》を掲《かか》げて示すこと。ここでは権《ごん》教《きょう》と実教《じっきょう》の境界を示す無量義経《むりょうぎきょう》の「四十余《よ》年《ねん》、未顕真実《みけんしんじつ》」（法華経29ページ）の文を境界の立て札にたとえている。

歴劫修行《りゃっこう》　成仏《じょうぶつ》までに極《きわ》めて長い年月をかけて修行をすること。歴劫とはいくつもの劫（長《ちょう》遠《おん》な時間の単位）を経《へ》るとの意。

五種の修行　法華経法師品《ほけきょうほっしほん》第10に説《と》かれている法華経の五つの修行法のこと。①受持《じゅじ》（経文《きょうもん》を受持すること）、②読《どく》（経文を見ながら読むこと）、③誦《じゅ》（経文を暗唱《あんしょう》すること）、④解《げ》説《せつ》（化他《けた》のために法を説くこと）、⑤書写《しょしゃ》（経文を書き写《か》《うつ》すこと）。

安楽行品《あんらくぎょうほん》のように修行する　御書本文は「安楽行品の如《ごと》く修行せん」。法華経《ほけきょう》安楽行品第14に説《と》かれる四安楽行《しあんらくぎょう》の修行のこと。文殊師利《もんじゅしり》菩薩《ぼさつ》が悪世《あくせ》で妙法蓮華経を修行する方法を問《と》うたのに対し、釈尊《しゃくそん》が身《しん》・口《く》・意《い》・誓願《せいがん》の4種の安楽行を説き、これによって初心の人が妙法蓮華経を弘通《ぐつう》し修行することを示した。

摂受《しょうじゅ》・折伏《しゃくぶく》の二つの修行　御書本文は「摂折《しょうしゃく》二門」。摂受・折伏は仏法弘通《ぐつう》に用《もち》いられる化《け》導法《どうほう》を立て分けたもの。摂受は相手の主張の違《ちが》いを容認《ようにん》しつつ、次第《しだい》に誘引《ゆういん》して正法《しょうほう》に入らせる方法。折伏とは相手の邪義《じゃぎ》・邪法《じゃほう》を破《は》折《しゃく》して正法に伏《ふく》させる化導法のこと。

竜樹《りゅうじゅ》　正法《しょうほう》時代のインドで仏教を広めた正師《しょうし》。

提婆《だいば》　提婆達多《だった》のこと。釈尊《しゃくそん》の従弟《いとこ》で、最初は釈尊に従《したが》って出家《しゅっけ》するが、慢心《まんしん》を起こして敵《てき》対《たい》し、釈尊に種々の危害《きがい》を加えたり教団の分《ぶん》裂《れつ》を企《くわだ》てたりした。その悪行《あくぎょう》ゆえに生きながら地獄《じごく》に堕《お》ちたという。

善星《ぜんしょう》　善星比丘《びく》。釈尊存命中《しゃくそんぞんめいちゅう》の出家者《しゅっけしゃ》の一人。

一説《いっせつ》に釈尊の出家以前の子とされる。出家して仏道《ぶつどう》修行に励《はげ》み、欲界《よっかい》の煩悩《ぼんのう》を断《だん》じて、四《し》禅《ぜん》を得《え》たので四禅比丘という。後に釈尊の教えを誹謗《ひぼう》し、無間地獄《むけんじごく》に生まれたとされる。

法然《ほうねん》　１１３３年～１２１２年。日本浄土宗《じょうどしゅう》の開祖《かいそ》。代表著作《ちょさく》の『選択集《せんちゃくしゅう》（選択本願念仏《ほんがんねんぶつ》集《しゅう》）』では、法華経《ほけきょう》をも含《ふく》む一切の経典《きょうてん》の教えを捨て閉《と》じ閣《さしお》き抛《なげう》てと排除《はいじょ》し、もっぱら念仏を唱えることによって往生《おうじょう》を願《ねが》うべきであると説《と》いた。

良観《りょうかん》　１２１７年～１３０３年。鎌倉中期の真《しん》言律宗《ごんりっしゅう》（西大寺流律宗《さいだいじりゅう》）の僧《そう》・忍性《にんしょう》のこと。良観房《ぼう》、極楽寺《ごくらくじ》良観とも呼ばれる。幕府要人《ばくふようじん》に取り入って非人《ひにん》組織を掌握《しょうあく》し、その労働力を使って公共事業を推進《すいしん》するなど、種々の利《り》権《けん》を手にした。文永《ぶんえい》８年（１２７１年）の夏、日蓮大聖人《にちれんだいしょうにん》との祈雨《きう》の勝負に敗《やぶ》れたことを恨《うら》んで、幕府要人に大聖人への迫害《はくがい》を働きかけた。それが大聖人に竜《たつ》の口《くち》の法難《ほうなん》・佐渡《さど》流罪《るざい》をもたらす大きな要因《よういん》となった。

自受法楽《じじゅほうらく》　法楽とは仏《ほとけ》の覚《さと》りを享受《きょうじゅ》する最高絶対の幸福のこと。妙法の功徳《くどく》を自身で享受することをいう。

阿鼻地獄《あびじごく》　無間《むけん》地獄と同じ。苦しみが間断《かんだん》なく襲《おそ》ってくるとして「無間」と漢訳《かんやく》された。五《ご》逆罪《ぎゃくざい》や謗法《ほうぼう》といった最も重い罪《つみ》を犯《おか》した者が生まれる最悪の地獄。八大《はちだい》地獄のうち第８で最下層にあり、この阿鼻地獄には、鉄《てつ》の大地と７重の鉄城《てつじょう》と７層の鉄網《てつもう》があるとされる。

ひしほこ　ひしとは、両岐《ふたまた》の鉄に柄《え》をつけた武器。鉾《ほこ》とは、もろ刃《は》の剣《けん》に柄をつけた武器をいう。

十羅刹女《じゅうらせつにょ》　法華経陀羅尼品《ほけきょうだらにほん》第26で、法華経を受《じゅ》持《じ》する者を守ることを誓《ちか》った10人の女性の鬼神《きじん》。

在御判《ざいごはん》　日蓮大聖人《にちれんだいしょうにん》の自筆《じひつ》の署名《しょめい》（花押《かおう》）があったことを示す表記。

顕仏未来記《けんぶつみらいき》

（御書五〇五ジペー～五〇九ジペー）

本抄について

本抄《ほんしょう》は日蓮大聖人《にちれんだいしょうにん》が、文永《ぶんえい》10年（1273年）閏《うるう》5月、流罪地《るざいち》の佐渡《さど》・一谷《いちのさわ》（佐渡市市野沢《いちのさわ》）で認《したた》められたものです。

題号《だいごう》の「顕仏未来記《けんぶつみらいき》」（仏《ほとけ》の未来記を顕《あらわ》す）とは、「未来を予見《よけん》し、記《しる》した仏の言葉を実現する」という意味です。「仏の未来記」とは、釈尊《しゃくそん》の未来記を指しますが、本抄《ほんしょう》の元意《がんい》は〝末法《まっぽう》の御本仏《ごほんぶつ》としての大聖人《だいしょうにん》の未来記〟を明かされることにあります。

釈尊《しゃくそん》の未来記《みらいき》とは、本抄《ほんしょう》の冒頭《ぼうとう》で引用されている法華経薬王菩薩本事品《ほけきょうやくおうぼさつほんじほん》第23の経文《きょうもん》を指します。本抄では、この釈尊の未来記を実現したのは、大聖《だいしょう》人《にん》ただお一人であることが示されます。その上で、大聖人御自身の未来記として、南無妙法蓮華経の大法《だいほう》が全世界に広宣流布《こうせんるふ》することが明かされます。

仏道修行者《ぶつどうしゅぎょうしゃ》　日蓮《にちれん》　これを考える

法華経《ほけきょう》の第七巻には「私（＝釈尊《しゃくそん》）の死後、*後《のち》の五百年に、この法華経を全世界に広宣《こうせん》流布《るふ》して断絶《だんぜつ》させてはならない」（薬王菩薩本事品《やくおうぼさつほんじほん》第23）と説《と》かれています。

私（＝日蓮《にちれん》）は一度は嘆《なげ》いて言う。

今は釈尊《しゃくそん》が亡《な》くなった後、すでに二千二百二十年余《あま》りがたっています。どのような罪業《ざいごう》によって、仏《ほとけ》がいた時代に生まれず、また、*正法《しょうほう》時代の四依《しえ》の人（＝*迦葉《かしょう》・阿難《あなん》や*竜樹《りゅうじゅ》・天《てん》親《じん》）や*像法《ぞうほう》時代の*天台《てんだい》・*伝教《でんぎょう》らにも会えなかったのでしょうか、と。

また一度は喜んで言う。

どのような福運《ふくうん》があって、後《のち》の五百年に生まれて、この薬王品《やくおうぼん》の真実の文《もん》を拝見《はいけん》することができるのでしょうか、と。

釈尊《しゃくそん》がいた時代に生まれたとしても、利益《りやく》はありません。前四味《ぜんしみ》（＝法華経《ほけきょう》以前の諸経《しょきょう》）の教えが説《と》かれていた時の人は法華経を聞くことがないからです。

正法《しょうほう》・像法《ぞうほう》時代に生まれたとしても、また意味がありません。*南三北七《なんさんほくしち》の諸宗《しょしゅう》、ならびに華厳宗《けごんしゅう》・真言宗《しんごんしゅう》などの学者は、法華経《ほけきょう》を信じませんでした。

天台大師《てんだいだいし》は「後《のち》の五百年、すなわち*末法《まっぽう》の初めから遠く未来にわたって、妙法が流布《るふ》し、全《すべ》ての人々がその功徳《くどく》に潤《うるお》うだろう」（『法華文句《ほっけもんぐ》』）と説《と》いています。これは広宣流布《こうせんるふ》の時を指しているのでしょうか。

伝教大師《でんぎょうだいし》は「正法《しょうほう》・像法《ぞうほう》時代はほとんど過ぎ去《さ》り、末法《まっぽう》の時代が、すぐそこまで近づいている」（『守護国界章《しゅごこっかいしょう》』）と述《の》べています。これは妙法が流布《るふ》する末法の初めに生まれることを願《ねが》い求めた言葉なのです。

生まれ合わせた時代によって、身に具《そな》わる果報《かほう》の優劣《ゆうれつ》を論《ろん》ずるならば、日蓮《にちれん》は正法《しょうほう》時代の竜樹《りゅうじゅ》・天親《てんじん》を超《こ》えているだけでなく、像法《ぞうほう》時代の天台《てんだい》・伝教《でんぎょう》にも勝《すぐ》れているのです。

問《と》う。後《のち》の五百年に生まれたのは、あなた一人に限りません。それなのに、どうして特にこのことを喜んでいるのでしょうか。

答える。法華経《ほけきょう》の第四巻には「釈尊《しゃくそん》の存命中《ぞんめいちゅう》でさえ、なお反発《はんぱつ》し敵対《てきたい》する者が多い。まして釈尊が亡《な》くなった後はなおさらである（猶多怨嫉《ゆたおんしつ》　況滅度後《きょうめつどご》）」（法師品《ほっしほん》第10）と説《と》かれています。

天台大師《てんだいだいし》は「法師品《ほっしほん》に、（釈尊《しゃくそん》の存命中《ぞんめいちゅう》でも法華経《ほけきょう》を弘《ひろ》めるのは困難《こんなん》である。）まして未来はなおさらである、とある。そのことが示す道理は、釈尊が亡《な》くなった後の衆生《しゅじょう》は教化《きょうけ》し難《がた》いというところにある」（『法華文句《ほっけもんぐ》』）と述《の》べています。

*妙楽大師《みょうらくだいし》は「（天台《てんだい》大師は）『道理は教化《きょうけ》し難《がた》いというところにある（理在難化《りざいなんげ》）』といっている。この道理を明かす本意は、釈尊《しゃくそん》が亡《な》くなった後の衆生《しゅじょう》を教え導《みちび》くことは難《むずか》しいと知らせることにある」（『法華文句記《ほっけもんぐき》』）と述《の》べています。

妙楽《みょうらく》の弟子の智度法師《ちどほっし》は「一般に『良薬《りょうやく》、口に苦《にが》し』というようなものである。この法華経《ほけきょう》は五乗《ごじょう》（＝人《にん》・天《てん》・声聞《しょうもん》・縁覚《えんがく》・菩薩《ぼさつ》）それぞれが執着《しゅうちゃく》する教えを打ち破《やぶ》って、仏《ほとけ》の究極《きゅうきょく》にして唯一《ゆいいつ》の教えを明らかにしている。ゆえに、六道《ろくどう》の煩悩《ぼんのう》にとらわれた凡夫《ぼんぷ》を退《しりぞ》け、声聞・縁覚・菩薩の聖人《しょうにん》たちを呵責《かしゃく》し、*大乗教《だいじょうきょう》を排《はい》し*小乗教《しょうじょうきょう》を打ち破るのである。（中略）そのために、このような破折《はしゃく》された教えに執着する者たちは一人も残らず、法華経を弘《ひろ》める者に対して仏道《ぶつどう》修行を妨《さまた》げる難《なん》を起こすのである」などと述《の》べています。

伝教大師《でんぎょうだいし》は「妙法流布《るふ》の時代を論《ろん》ずれば、つまり、像法《ぞうほう》時代の終わり、末法《まっぽう》の初めであり、地域を論ずれば、唐《とう》という国の東、鞨羯《まっかつ》という国の西（＝日本）である。教えを受ける人々を考えれば、つまり、*五濁《ごじょく》の衆生《しゅじょう》であり、その時は争《あらそ》いの絶《た》えない時代である。経《きょう》文《もん》に『釈尊《しゃくそん》の存命中《ぞんめいちゅう》でさえ反発《はんぱつ》し敵対《てきたい》する者が多い。まして、釈尊が亡《な》くなった後は、なおさらである（猶多怨嫉《ゆたおんしつ》　況滅度後《きょうめつどご》）』（法師品《ほっしほん》第10）と説《と》かれているが、この言葉には、確かに理由がある」（『法華秀句《ほっけしゅうく》』）と説いています。

この伝教大師《でんぎょうだいし》が書き残した文《もん》は、それを著《あらわ》した伝教自身の時代のことを言っているように見えるが、その本意は、末法《まっぽう》の初めである今の時を指しています。「正法《しょうほう》・像法《ぞうほう》時代はほとんど過《す》ぎ去《さ》り、末法の時代がすぐそこまで近づいている」との伝教大師の解釈《かいしゃく》は、実に意味深いのです。

法華経《ほけきょう》には「（後《のち》の五百年の広宣流布《こうせんるふ》の時には）*悪魔・魔民《まみん》・諸天《しょてん》・竜《りゅう》・夜叉《やしゃ》・鳩槃荼等《くはんだとう》が、さまざまな災《わざわ》いをなすだろう」（薬王菩薩本事品《やくおうぼさつほんじほん》第23）と説《と》かれています。

この文《もん》の中でいう「等《とう》」については、この法華経《ほけきょう》にさらに「*あるいは夜叉《やしゃ》、あるいは羅《ら》刹《せつ》、あるいは餓鬼《がき》、あるいは富単那《ふたんな》、あるいは吉遮《きっしゃ》、あるいは毘陀羅《びだら》、あるいは犍駄《けんだ》、あるいは烏摩勒伽《うまろぎゃ》、あるいは阿跋摩羅《あばつまら》、あるいは夜叉吉遮《やしゃきっしゃ》、あるいは人吉遮《にんきっしゃ》」（陀羅尼品《だらにほん》第26）とあります。この文は、過去世に四味三教《しみさんきょう》（＝爾前《にぜん》の諸経《しょきょう》）や*外道《げどう》、人《にん》・天《てん》などの法を修行して、その結果、今世《こんぜ》に悪魔・諸天《しょてん》・諸人《しょにん》などとして生まれてきた者が、完全で真実の教えである法華経《ほけきょう》を弘《ひろ》める行者《ぎょうじゃ》を見聞きして、仏道《ぶつどう》修行を妨《さまた》げる難《なん》を引き起こすという原理を説《と》いています。

疑《うたが》って言う。正法《しょうほう》と像法《ぞうほう》の二つの時代を末法《まっぽう》と比《くら》べてみると、時も衆生《しゅじょう》の機根《きこん》も、ともに正法・像法時代は末法よりもずっと勝《すぐ》れています。それなのに、どうしてその正法・像法時代の勝れた「時」と「機」を捨てて、ひたすら、今の末法の時を指すのでしょうか。

答える。仏《ほとけ》の本意は測《はか》り難《がた》く、私（＝日蓮《にちれん》）もいまだ仏の本意を体得《たいとく》していません。

しかし、試《ため》しに一つの定義《ていぎ》を立てて、小乗教《しょうじょうきょう》に基《もと》づいて、正法《しょうほう》・像法《ぞうほう》・末法《まっぽう》の三時の違《ちが》いを考えてみれば、正法の千年間は、「教《きょう》」*「行《ぎょう》」「証《しょう》」の三つが完全に備《そな》わっていました。像法の千年間には「教」と「行」のみが備わり、「証」はありません。末法においては「教」だけが残っており、「行」も「証」もありません。

法華経《ほけきょう》に基《もと》づいてこのことを探求《たんきゅう》してみると、正法《しょうほう》時代の千年間に「教《きょう》」「行《ぎょう》」「証《しょう》」の三つを完全に備《そな》えていたのは、釈尊《しゃくそん》がいた時代に法華経に縁《えん》を結《むす》んだ者でしょうか。その人が、その後、正法時代に生まれてきて、小乗《しょうじょう》の「教」と「行」を縁として、小乗の「証」を得《え》たのです。

像法《ぞうほう》時代においては、釈尊《しゃくそん》がいた時代での法華経《ほけきょう》への結縁《けちえん》がわずかで薄《うす》いので、小乗《しょうじょう》では「証《しょう》」を得《え》ることはなく、このような人は*権大乗《ごんだいじょう》を縁として全宇宙の清《きよ》らかな国土に生まれるのです。

ところが、末法《まっぽう》の時代においては、権大乗《ごんだいじょう》と小乗《しょうじょう》には、人々に「証《しょう》」をもたらす利益《りやく》はありません。小乗には、「教《きょう》」だけは残っていますが「行《ぎょう》」「証」はありません。権大乗には、「教」「行」のみがあって、*冥益《みょうやく》、顕益《けんやく》の「証」がありません。

その上、正法《しょうほう》・像法《ぞうほう》時代に立てられた権大乗《ごんだいじょう》と小乗《しょうじょう》という二つの宗《しゅう》は、次第《しだい》に末法《まっぽう》に入ってくると自宗《じしゅう》の教えに執着《しゅうちゃく》する心がいよいよ強盛《ごうじょう》になり、小乗をもって大乗を批判《ひはん》し、*権教《ごんきょう》をもって*実教《じっきょう》を打ち破《やぶ》り、国中に謗法《ほうぼう》の者がほとんど満ちあふれるのです。

そのため、仏教が原因で悪道《あくどう》に堕《お》ちる人は、大地の塵《ちり》の数よりも多く、正法《しょうほう》を修行して成仏《じょうぶつ》する人は、爪《つめ》の上に乗るわずかばかりの土よりも少ないのです。

このような時代に当たって、諸天善神《しょてんぜんじん》はその謗法《ほうぼう》の国を捨て去《さ》り、ただ邪天《じゃてん》や邪鬼《じゃき》などがいて、王とその臣下《しんか》、僧《そう》、尼《あま》らの心身に入り込んで、法華経《ほけきょう》の行者《ぎょうじゃ》の悪口を言わせたり、謗《そし》り辱《はずかし》めさせたりする時なのです。

そうではあっても、釈尊《しゃくそん》の亡《な》くなった後において四味《しみ》・三教《さんきょう》などへの邪《よこしま》な執着心《しゅうちゃくしん》を捨て、真実の大乗《だいじょう》の教えである法華経《ほけきょう》に帰依《きえ》するなら、諸天善神《しょてんぜんじん》ならびに地涌《じゆ》の菩薩《ぼさつ》などは、法華経の行者《ぎょうじゃ》を守護《しゅご》するでしょう。この人はこれらの守護の力《ちから》を得《え》て、*本門《ほんもん》の本尊である妙法蓮華経の五字を全世界に広宣流布《こうせんるふ》させていくでしょう。

例《たと》えば、威音王仏《いおんのうぶつ》の像法《ぞうほう》時代に*不軽菩薩《ふきょうぼさつ》が「私は深くあなたたちを尊敬する。……」(常不軽菩薩品第20《じょうふきょうぼさつほん》)などの「二十四文字の法華経《ほけきょう》」を、その国土に広宣流布《こうせんるふ》して、国中の人から杖《つえ》や棒《ぼう》で打たれるなどの大難《だいなん》を招《まね》いたようなものです。

不軽菩薩《ふきょうぼさつ》の二十四文字の法華経《ほけきょう》と、この妙法蓮華経の五字と、その言葉は違《ちが》っていても、その根本の意味は同じです。

不軽菩薩《ふきょうぼさつ》の出現《しゅつげん》した威音王仏《いおんのうぶつ》の像法《ぞうほう》時代の末《まつ》と、今の末法《まっぽう》の初めとは、(ともに正法《しょうほう》が滅《ほろ》びている悪世《あくせ》であるという点で)まったく同じです。

かの不軽菩薩《ふきょうぼさつ》は*初随喜《しょずいき》の人であり、日蓮《にちれん》は*名字《みょうじ》の凡夫《ぼんぷ》です(法華経《ほけきょう》の修行を始めたばかりの最初の位《くらい》であるという点で等《ひと》しいのです）。

疑《うたが》って言う。一体《いったい》何を根拠《こんきょ》として、あなた（＝日蓮《にちれん》）が末法《まっぽう》の初めの法華経《ほけきょう》の行者《ぎょうじゃ》であるということを知ることができるのでしょうか。

答える。法華経《ほけきょう》に「まして釈尊《しゃくそん》が亡《な》くなった後は、なおさら多くの反発《はんぱつ》や敵対《てきたい》を受ける（況滅度後《きょうめつどご》）」（法師品《ほっしほん》第10）と説《と》かれています。また、「仏法に無智《むち》な多くの人々がいて、法華経の行者《ぎょうじゃ》の悪口を言ってののしり、刀《かたな》や杖《つえ》で打つだろう」（勧持品《かんじほん》第13）と。また「たびたび追放《ついほう》されるだろう（数数見擯出《さくさくけんひんずい》）」（同）と。また「全世界の人々が反発することが多くて、信じることがなかなかできない（一切世間多怨難信《いっさいせけんたおんなんしん》）」（安楽行品《あんらくぎょうほん》第14）と。また「杖や棒《ぼう》で打ち、瓦礫《がれき》を投げつけるだろう」（常不軽菩薩品《じょうふきょうぼさつほん》第20）と。また「悪魔・魔民《まみん》・諸天《しょてん》・竜《りゅう》・夜叉《やしゃ》・鳩槃荼《くはんだ》等《とう》が、さまざまな災《わざわ》いをなすだろう」（薬王菩薩本事品《やくおうぼさつほんじほん》第23）などと述《の》べられています。

この法華経《ほけきょう》の明鏡《みょうきょう》に照らして、仏《ほとけ》の言葉を信じさせるために、日本国中の王と臣下《しんか》、在家《ざいけ》・出家《しゅっけ》の男女の様子を見てみると、経文《きょうもん》の通りに彼らから迫害《はくがい》を受けているのは私

（＝日蓮《にちれん》）のほかには一人もいない。

時を論《ろん》ずれば、今が末法《まっぽう》の初めであることは、はっきりしています。それなのに、もし日蓮《にちれん》がいなければ、仏《ほとけ》の言葉は偽《いつわ》りとなるでしょう。

非難《ひなん》して言う。あなた（＝日蓮《にちれん》）は大慢心《だいまんしん》の法師《ほっし》で、その慢心ぶりは*大天《だいてん》よりもひどく、*四禅比丘《しぜんびく》をも超《こ》えていると思うが、いかがだろうか。

答える。あなたが日蓮《にちれん》をさげすむ重罪《じゅうざい》こそ、*提婆達多《だいばだった》が犯《おか》した罪《つみ》よりもひどく、無垢論《むくろん》師《じ》の罪をも超《こ》えています。

私（＝日蓮《にちれん》）の言葉は大慢心《だいまんしん》のように聞こえるかもしれないが、仏《ほとけ》の未来記《みらいき》を助け、釈《しゃく》尊《そん》の言葉が真実であることを明らかにするためです。

しかしながら、日本国中で日蓮《にちれん》を除《のぞ》いて、誰を取り上げて法華経《ほけきょう》の行者《ぎょうじゃ》ということができるでしょうか。あなたこそ、法華経の行者である日蓮を謗《そし》ろうとして、仏《ほとけ》の未来記《みらいき》を偽《いつわ》りにする者です。まさに大悪人ではありませんか。

疑《うたが》って言う。釈尊《しゃくそん》の未来記《みらいき》があなた（＝日蓮《にちれん》）に当てはまっていることは分かりました。

ただし、日本だけでなくインドや中国などにも法華経《ほけきょう》の行者《ぎょうじゃ》がいるのではないでしょうか。

答える。*四天下《してんげ》（＝全世界）の中に二つの太陽はありえません。*四海《しかい》の内側《うちがわ》（＝国内）にどうして二人の国主《こくしゅ》（＝法華経《ほけきょう》の行者《ぎょうじゃ》）がいるでしょうか。

疑《うたが》って言う。どうしてそれ（＝インドや中国に法華経《ほけきょう》の行者《ぎょうじゃ》がいないこと）が、あなたに分かるのですか。

答える。月は、西から出て東を照らす（＝最初、西の空に出て輝《かがや》き、その後、日々、出る位置が次第《しだい》に東へ移動していく）。太陽は、東から出て西の方角を照らす。仏法もまたこれと同じです。正法《しょうほう》・像法《ぞうほう》の時には西から東へ向かい、末法《まっぽう》の時には東から西に伝わっていくのです。

妙楽大師《みょうらくだいし》は「すでに仏法の中心の国*（＝インド）で仏法が失《うしな》われたために、仏法を*四方《しほう》の国々に求めているということではないか」（『法華文句記《ほっけもんぐき》』）と指摘《してき》しています。これは、現在のインドに仏法がないという証拠《しょうこ》となる文《もん》です。

また中国においては、宋《そう》の高宗皇帝《こうそうこうてい》の時、北方《ほっぽう》の異民族《いみんぞく》が宋の首都である東京開封府《とうけいかいほうふ》を占領《せんりょう》してから現在に至《いた》るまで百五十年余《あま》りの歳月《さいげつ》がたっており、すでに仏法も王法《おうほう》*もともに滅《ほろ》んでしまいました。

中国の経典《きょうてん》を納《おさ》める蔵《くら》には、今では小乗《しょうじょう》の経典はまったくなくなっており、大乗《だいじょう》の経典も、そのほとんどを失《うしな》ってしまいました。そこで、日本から寂照《じゃくしょう》らが少しばかりの経典を中国へ渡しました。しかし中国では、仏法を持《たも》ち伝えていく人がいなかったので、それはちょうど木*や石の像《ぞう》に法衣《ほうえ》を着せ、鉢《はち》を持たせたようなもので、何の役にも立ちませんでした。

それゆえ、遵式《じゅんしき》は「仏法は、初めは西のインドから伝わってきたが、それはちょうど月が西から東へと移っていったようなものである。今、再《ふた》び仏法が東の日本から帰ってきたが、それはちょうど東から太陽が昇《のぼ》るようなものである」などと述《の》べています。

これらの妙楽大師《みょうらくだいし》や遵式《じゅんしき》の言葉によれば、インドや中国において、すでに仏法が失《うしな》われていることは、明確です。

問《と》う。インドや中国に仏法がないことは分かりました。しかし、四天下《してんげ》の内《うち》、南の閻浮提《えんぶだい》を除《のぞ》く、東・西・北の三洲《さんしゅう》に仏法がないというのは、何を根拠《こんきょ》に知ることができるのでしょうか。

答える。法華経《ほけきょう》の第八巻に「仏《ほとけ》が亡《な》くなった後において、閻浮提《えんぶだい》の内《うち》に広く法華経を流布《るふ》させて、断絶《だんぜつ》させてはならない」（普賢菩薩勧発品第28《ふげんぼさつかんぼっぽん》）と説《と》かれています。＊この経文《きょうもん》の「内」という字は、東・西・北の三洲《さんしゅう》を除《のぞ》くということを意味している文なのです。

問《と》う。釈尊《しゃくそん》の未来記《みらいき》はよく分かりました。それでは、あなたの未来記はどのようなものですか。

答える。釈尊《しゃくそん》の未来記《みらいき》にのっとってこれを考えてみると、今はすでに後《のち》の五百年の初め、すなわち末法《まっぽう》の初めに相当《そうとう》しています。末法に弘《ひろ》まるべき仏法は、必ず東の国土にある日本から出現《しゅつげん》するはずです。その前兆《ぜんちょう》として、必ずや正法《しょうほう》・像法《ぞうほう》時代に起きた以上の天《てん》変地異《ぺんちい》があるでしょう。

いわゆる釈尊《しゃくそん》の御生誕《ごせいたん》の時、また最初の説法《せっぽう》の時、そして亡《な》くなる時には、良いことも悪いこともともに、それ以前にも以後にも起こったことのない大きな前兆《ぜんちょう》がありました。

仏《ほとけ》は聖人《しょうにん》の中でも根本の存在です。さまざまな経典《きょうてん》の文《もん》を見ると、仏の御生誕《ごせいたん》の時には、五色の光が四方《しほう》にあまねく行き渡《わた》って、夜でも昼のように明るくなりました。仏《ほとけ》が亡《な》くなる時には、十二の白い虹《にじ》が南北に渡《わた》ってかかり、太陽は光を失《うしな》ってしまい闇《やみ》夜《よ》のように暗《くら》くなりました。

その後、正法《しょうほう》・像法《ぞうほう》時代の二千年の間に、仏教やそれ以外の教えの聖人《しょうにん》たちが生まれたり亡《な》くなったりしましたが、釈尊《しゃくそん》の時の大きな前兆《ぜんちょう》には及《およ》びませんでした。

ところが、去《さ》る正嘉《しょうか》の年（＝1257年）以降《いこう》から今年（＝文永《ぶんえい》10年〈1273年〉）に至《いた》るまでの間に、大地震《おおじしん》が起こったり、大天変《だいてんぺん》があったりして、それらは、あたかも釈尊《しゃくそん》が生まれる時、亡《な》くなる時の前兆《ぜんちょう》のようでした。

まさに知るべきです。仏《ほとけ》のような聖人《しょうにん》がお生まれになるだろうと。

（文永《ぶんえい》元年〈1264年〉には）夜空一面を覆《おお》い尽くすような大彗星《だいすいせい》が出ました。これは一体《いったい》、どの国王や臣下《しんか》の出現《しゅつげん》の前兆《ぜんちょう》ということができるでしょうか。

また（正嘉《しょうか》年間の）大地震《おおじしん》により大地が三度も揺《ゆ》れ動《うご》いて傾《かたむ》き大地が裂《さ》けました。これは一体《いったい》、どの聖人《しょうにん》や賢人《けんじん》が当てはまるでしょうか。

まさにこれらは、世間《せけん》一般の事柄《ことがら》に関わる吉凶《きっきょう》の前兆《ぜんちょう》ではなく、ただひとえに偉大な仏法の興廃《こうはい》に関わる大きな前兆と知るべきです。

天台《てんだい》は「雨の激《はげ》しさを見て（雨を降《ふ》らす）竜《りゅう》が大きいことを知り、蓮《はす》の花が盛《さか》んに咲き誇《ほこ》っているのを見てその池が深いことを知る」（『法華文句《ほっけもんぐ》』）と説《と》いています。妙楽《みょうらく》は「智慧《ちえ》のある人は物事《ものごと》の起こりを知り、蛇《へび》は蛇自身のことを知っている」（『法華文句記』）と述《の》べています。

日蓮《にちれん》は、この道理（＝末法《まっぽう》に広宣流布《こうせんるふ》を実現する法華経《ほけきょう》の行者《ぎょうじゃ》が現《あらわ》れること）を知り、妙法を弘《ひろ》めてからすでに二十一年になります。日々災《わざわ》いが競《きそ》い、月々に難《なん》が起こりましたが、特にこの二、三年の間には、死罪《しざい》にまで及《およ》ぼうとしました。今年、今月にも、万が一にも死を免《まぬか》れようのない身です。

世間《せけん》の人よ、私の言葉に疑《うたが》いがあるならば、詳《くわ》しいことは私の弟子に尋《たず》ねなさい。

なんと幸せなことでしょうか。（難《なん》を受けることによって）この一生のうちに、無限《むげん》の過去から重ねてきた謗法《ほうぼう》の罪《つみ》を消滅《しょうめつ》できるとは。

なんと喜ばしいことでしょうか。いまだお会いしていない教主釈尊《きょうしゅしゃくそん》にお仕《つか》えすることができるとは。

願《ねが》わくは、私を迫害《はくがい》する国主《こくしゅ》たちを最初に成仏《じょうぶつ》へ導《みちび》こう。私を助ける弟子たちのことを釈尊《しゃくそん》に申し上げよう。私を生んだ亡《な》き父母らには、自分が生きているうちに、この大善《だいぜん》の功徳《くどく》を差し上げよう。

しかし今、夢のようではありますが〝宝塔品《ほうとうほん》の心〟が分かりました。

この品《ほん》には、「もし須弥山《しゅみせん》に手を伸《の》ばして、他の無数《むすう》の仏国土《ぶっこくど》の向こうに投げ置いたとしても、これもまだ難《むずか》しいことではない。（中略）もし仏《ほとけ》の亡《な》くなった後、悪い時代にこの法華経《ほけきょう》を説《と》くことは、それこそ難しいことである」（見宝塔品《けんほうとうほん》第11）と説かれています。

伝教大師《でんぎょうだいし》は「浅い教えは易《やさ》しく、深い教えは難《むずか》しいとは、釈尊《しゃくそん》による判定《はんてい》である。浅い教えを捨てて深い教えを採用することは、仏《ほとけ》の心である。天台《てんだい》大師は、釈尊に従《したが》い、法華《ほっけ》宗《しゅう》に力《ちから》を添《そ》えて中国に宣揚《せんよう》し、比叡山《ひえいざん》の一門《いちもん》（=伝教の一門）は天台のあとを受け継《つ》いで、法華宗に力を添えて日本に弘《ひろ》める」（『法華秀句《しゅうく》』）と述《の》べています。

安房国《あわのくに》（=千葉県南部）の日蓮《にちれん》は、恐《おそ》れ多いことですが、釈尊《しゃくそん》・天台《てんだい》・伝教《でんぎょう》の三師《さんし》のあとを受け継《つ》いで、法華宗《ほっけしゅう》に力《ちから》を添《そ》えて末法《まっぽう》に流通《るつう》するのです。

それゆえ、三師《さんし》に一人（＝日蓮《にちれん》）を加えて*「三国四師《さんごくしし》」と名付けるのです。南無妙法蓮華経・南無妙法蓮華経。

文永《ぶんえい》十年（＝1273年）*閏《うるう》五月十一日

僧《そう》　日蓮《にちれん》これを記《しる》す

【語句の解説】

後《のち》の五百年　御書本文は「後の五百歳」。末法《まっぽう》の初めの時代のこと。大集経《だいじっきょう》では釈尊《しゃくそん》の滅後《めつご》を500年ずつ五つの時期に区分し、第5の500年は、仏《ほとけ》の教えの中の論争《ろんそう》が絶《た》えず正しい教えが見失《みうしな》われてしまう（闘諍堅固《とうじょうけんご》　白《びゃく》法隠没《ほうおんもつ》）時であると説《と》かれている。

正法《しょうほう》　像法《ぞうほう》　末法《まっぽう》　仏《ほとけ》の滅後《めつご》の時代を正法・像法・末法の三つに区分する。正法とは、仏の教えが正しく行《おこな》われる時期。像法とは、仏の説《と》いた教えが形骸化《けいがいか》した時代。末法とは、仏の滅後、その教えの功力《くりき》が消滅《しょうめつ》する時期をいう。

迦葉《かしょう》・阿難《あなん》　ともに釈尊《しゃくそん》の声聞《しょうもん》の十大弟子《じゅうだいでし》の一人。迦葉は、頭陀《ずだ》（欲望を制《せい》する修行）第一といわれた。釈尊の教団を支え、釈尊滅後《めつご》の教団の中心となった。釈尊の言行《げんこう》を経典《きょうてん》として集成《しゅうせい》したとされる。阿難は、釈尊の侍者《じしゃ》として多くの説法《せっぽう》を聞き、多聞《たもん》第一とされる。釈尊の従弟《いとこ》にあたる。

竜樹《りゅうじゅ》・天親《てんじん》　正法《しょうほう》時代のインドで仏教を広めた正師《しょうし》。

天台《てんだい》　※本書20ページ参照

伝教《でんぎょう》　※本書38ページ「伝教大師」参照

南三北七《なんさんほくしち》　※本書37ページ参照

妙楽大師《みょうらくだいし》　※本書20ページ「妙楽」参照

大乗教《だいじょうきょう》（経）　小乗教《しょうじょうきょう》（経）　大乗とは「大きな優《すぐ》れた乗り物」を意味する。大乗仏教は、紀元前後から釈尊《しゃくそん》の真意を探究し既存《きそん》の教説《きょうせつ》を再解釈《さいかいしゃく》するなどして制作された大乗経典《きょうてん》に基《もと》づき、利他《りた》の菩薩道《ぼさつどう》を実践し、成仏《じょうぶつ》を目指す。小乗とは、「劣《おと》った乗り物」を意味し、大乗仏教の立場から既存の教説を批判《ひはん》していう言葉。特に、自《みずか》ら覚《さと》りを得《え》ることだけに専念する声聞《しょうもん》・縁覚《えんがく》の二乗《にじょう》を批判してこのように呼ばれた。

五濁《ごじょく》　生命の濁《にご》りや劣化《れっか》の様相《ようそう》を5種に分類したもの。法華経方便品《ほけきょうほうべんぽん》第2に説《と》かれる。劫濁《こうじょく》（時代の濁り）、煩悩濁《ぼんのうじょく》（貪《とん》・瞋《じん》・癡《ち》・慢《まん》・疑《ぎ》の煩悩に支配されることによる濁り）、衆生《しゅじょう》濁《じょく》（個々《ここ》の衆生の濁り）、見濁《けんじょく》（思想《しそう》の濁り）、命濁《みょうじょく》（寿命《じゅみょう》が短くなること）の五つ。

「悪魔・魔民《まみん》・諸天《しょてん》・竜《りゅう》・夜叉《やしゃ》・鳩槃荼等《くはんだとう》」「あるいは夜叉、あるいは羅刹《らせつ》、あるいは餓鬼《がき》、あるいは富単那《ふたんな》、あるいは吉遮《きっしゃ》、あるいは毘陀《びだ》羅《ら》、あるいは犍駄《けんだ》、あるいは烏摩勒伽《うまろぎゃ》、あるいは阿跋摩羅《あばつまら》、あるいは夜叉吉遮《やしゃきっしゃ》、あるいは人吉《にんきっ》遮《しゃ》」　命を害《がい》し、善事《ぜんじ》を妨《さまた》げ功徳《くどく》を奪《うば》う魔、魔《ま》王《おう》の眷属《けんぞく》（従者《じゅうしゃ》）、悪鬼《あっき》の類《たぐ》い。

外道《げどう》　※本書20ページ参照

「教《きょう》」「行《ぎょう》」「証《しょう》」　教とは、仏《ほとけ》が説《と》いた教法《きょうほう》。行とは、その教法によって立てた実践・修行。証とは、教・行によって証得《しょうとく》される果徳《かとく》。

権大乗《ごんだいじょう》　大乗のうち権教《ごんきょう》（＝仮《かり》の教え）である教え、経典《きょうてん》。

冥益《みょうやく》、顕益《けんやく》の「証《しょう》」　目には見えないが、知らないうちに得《え》ている利益《りやく》と、はっきりと目に見える形で現《あらわ》れる利益。

権教《ごんきょう》（経）　実教《じっきょう》（経）　御書本文は、「権《ごん》」「実《じつ》」。権教（経）とは、仏《ほとけ》が衆生《しゅじょう》を実教に導《みちび》き入れるために、衆生の受容《じゅよう》能力に応じて説《と》いた仮《かり》の教え、経典《きょうてん》。実教（経）とは、仏が自《みずか》らの覚《さと》りをそのまま説いた真実の教え、経典のこと。

本門の本尊《ほんもん》　万人成仏《ばんにんじょうぶつ》の根本の法である南無妙法蓮華経であり、それが直《ただ》ちに図顕《ずけん》された曼《まん》荼羅《だら》の御本尊のこと。

不軽菩薩《ふきょうぼさつ》　※本書37ページ参照

初随喜《しょずいき》　随喜とは歓喜《かんき》すること。仏《ほとけ》の滅後《めつご》に法《ほ》華経《けきょう》を聞いて歓喜の心を起こす修行の最初の位《くらい》。

名字の凡夫《みょうじのぼんぷ》　名字即《そく》という、法華経《ほけきょう》を修行する初期の境地《きょうち》にいる凡夫のこと。

大天《だいてん》　摩訶提婆《まかだいば》。釈尊滅後《しゃくそんめつご》200年（一説に100年）ごろの僧《そう》。彼が阿羅漢《あらかん》にも煩悩《ぼんのう》が起こるなどといった阿羅漢を低く見る説（五《ご》事《じ》）を唱えたことで、激《はげ》しい論争《ろんそう》が起こったと伝えられていた。

四禅比丘《しぜんびく》　※本書39ページ「善星」参照

提婆達多《だいばだった》　※本書39ページ「提婆」参照

四天下《してんげ》　古代インドの世界観で、世界の中心にある須弥山《しゅみせん》の麓《ふもと》の四方《しほう》の海にある四大洲《しだいしゅう》のこと。南の閻浮提《えんぶだい》、東の弗婆提《ほつばだい》、西の瞿耶尼《くやに》、北に欝単越《うったんのつ》の四大洲があるとする。ここでは全世界ということ。

四海の内側《しかいのうちがわ》　御書本文は「四海の内」。須弥山《しゅみせん》の麓《ふもと》の四方《しほう》の海のこと。ここでは国内の意。

仏法の中心の国　御書本文は「中国」。ここでは仏教の中心地という意味でインドを指している。

四方の国々《しほう》　御書本文は「四維《しい》」。西北、西南、東北、東南の四隅《よすみ》をいう。すなわち、ここでは、四方八方へ仏法を求めるという意味を表《あらわ》すためにこの語を用《もち》いている。

王法《おうほう》　王の施《ほどこ》す法令《ほうれい》や政治・社会制度、または国家そのものを指す。主に、仏法との対概念《ついがいねん》として用《もち》いられる。

木や石の像《ぞう》**に法衣**《ほうえ》**を着せ、鉢**《はち》**を持たせたようなもの**　御書本文は「木石《もくせき》の衣鉢《えはつ》を帯持《たいじ》せるが如《ごと》し」。たとえ仏法を渡《わた》しても、仏法を持《たも》ち伝えていく人がいなければ、ちょうど木像《もくぞう》や石《せき》像《ぞう》に法衣を着せて、鉢を持たせているようなもので、真実の仏法は存在しないことをいう。

この経文《きょうもん》の「内《うち》」という字は、東・西・北の三《さん》洲《しゅう》を除《のぞ》くということを意味している文なのです

御書本文は「内の字は三州《さんしゅう》を嫌う文なり」。古代インドの世界観で、仏法に有縁《うえん》の地とされている南の閻浮提《えんぶだい》に妙法を流布《るふ》することを指しているという意味。この閻浮提以外の三つの大陸は仏法に無縁《むえん》であることを示されている。

三国四師《さんごくしし》　インド・中国・日本の3国に出現《しゅつげん》して法華経《ほけきょう》を弘通《ぐつう》した4人の師のことで、インドの釈尊《しゃくそん》、中国の天台大師智顗《てんだいだいしちぎ》、日本の伝教《でんぎょう》大師最澄《だいしさいちょう》と日蓮大聖人《にちれんだいしょうにん》をいう。

閏《うるう》五月　御書本文は「後《のち》の五月」。文永10年（1273年）は、閏月《うるうづき》として、5月が2回続いた。閏月とは、旧暦が1カ月を28日と固定したので、季節を調整するために、ある月が終わったあとに、続いてもう一度繰《く》り返す同じ月を設けたこと。

種種御振舞御書《しゅじゅおふるまいごしょ》

（御書九〇九ジペー～九二五ジペー）

本抄について

本抄《ほんしょう》は、日蓮大聖人《にちれんだいしょうにん》が建治《けんじ》2年（1276年）に身延《みのぶ》（山梨県南巨摩郡《みなみこまぐん》）で著《あらわ》され、光日房《こうにちぼう》に与えられたとされていましたが、詳細は不明です。大聖人御自身のお振《ふ》る舞《ま》いが記《しる》された本抄は、文永《ぶんえい》5年（1268年）、蒙古《もうこ》（モンゴル帝国《ていこく》、元《げん》）から国書が届き、大聖人が「立正安国論《りっしょうあんこくろん》」で述べられた「他国侵逼難《たこくしんぴつなん》」（他国からの侵略《しんりゃく》）の予言が現実のものとなったことから書き起こされます。

そして、文永《ぶんえい》8年（1271年）の竜《たつ》の口《くち》の法難《ほうなん》、佐渡流罪《さどるざい》。佐渡での塚原《つかはら》問答《もんどう》、「開目抄《かいもくしょう》」の御執筆《ごしっぴつ》。さらに文永11年（1274年）、佐渡流罪を許《ゆる》され鎌倉に戻られてからの国主諫暁《こくしゅかんぎょう》、身延入山《みのぶにゅうざん》へと至《いた》る不惜身命《ふしゃくしんみょう》の御闘争《ごとうそう》がつづられています。

去《さ》る文永《ぶんえい》五年（＝1268年）の閏《うる》正月十八日に、西の異民族《いみんぞく》・大蒙古国《だいもうこここく》から、日本国を襲《おそ》うという国書が届きました。

日蓮《にちれん》が去《さ》る文応《ぶんおう》元年（＝1260年）に考えた立正安国論《りっしょうあんこくろん》の予言が今、少しも違《たが》わず的中《てきちゅう》したのです。この立正安国論は、＊白楽天《はくらくてん》の『新楽府《しんがふ》』よりも優《すぐ》れ、仏《ほとけ》（＝釈尊《しゃくそん》）の未来記にも劣《おと》るものではありません。末法《まっぽう》の世に、これ以上の不思議《ふしぎ》があるでしょうか。

賢王《けんおう》や聖主《せいしゅ》の治《おさ》める世であるなら日本第一の顕彰《けんしょう》を授《さず》かり、存命中《ぞんめいちゅう》に＊大師号《だいしごう》をも贈《おく》られるべきです。必ずや意見を求められ、幕府《ばくふ》の軍事《ぐんじ》の評議《ひょうぎ》にも参加し、調伏《じょうぶく》の祈りなども命じられるだろうと思ったのに、何の音沙汰《おとさた》もなかったので、その年の暮《く》れの十月に十一通の書状（「十一通御書」＊）を書いて、各所へ注意を促《うなが》しました。

国に賢人《けんじん》などでもいるなら「不思議《ふしぎ》なことである。これは、まったくただごとではない。＊天照太神《てんしょうだいじん》と＊八幡大菩薩《はちまんだいぼさつ》が、この僧《そう》（＝日蓮《にちれん》）に託《たく》して日本国が助かるようにご配慮《はいりょ》されたのではないか」と思われるべきなのに、そうではなくて、ある者は（大聖人《だいしょうにん》の書状を持って行った）使《つか》いの者に悪口《あっこう》し、ある者は嘲《あざけ》り、ある者は受け取りもせず、ある者は返事もなく、ある者は返事はよこしたが、上の者にそれを伝えもしませんでした。これは、まったくただごとではありません。

たとえ日蓮《にちれん》の身の上のことであったとしても、国主《こくしゅ》の側《がわ》にあって政治を行《おこな》うような人々は、取り次《つ》いでこそ*政道《せいどう》の法《ほう》なのです。

まして、このことは、国主《こくしゅ》にとっての重大事《じゅうだいじ》が起ころうとしているだけでなく、それぞれの身に当たって、大きな嘆《なげ》きが起こるようなことなのです。それなのに、用《もち》いないどころか、悪口《あっこう》まで浴《あ》びせるとは、あまりのことです。

これはひとえに、日本国の全《すべ》ての人々が、一人も残らず皆、法華経《ほけきょう》の強敵となって、長年を経《へ》たので、大きな罪《つみ》が積《つ》もり、*大鬼神《だいきじん》がそれぞれの身に入《はい》った上に、蒙古国《もうここく》の国書に正念《しょうねん》を抜かれて狂《くる》ったからです。

例《たと》えば、殷《いん》の紂王《ちゅうおう》は、比干《ひかん》という者が諫《いさ》めたところ、それを用《もち》いずに殺《ころ》して、その死体の胸を割《さ》いて辱《はずかし》め、結局、周《しゅう》の文王《ぶんおう》の子・武王《ぶおう》に滅《ほろ》ぼされました。呉王《ごおう》は伍子胥《ごししょ》の諫《いさ》めを用《もち》いず、反対に自害《じがい》させました。その結果、呉王は越王《えつおう》の勾践《こうせん》の手によって滅《ほろ》ぼされました。

日蓮《にちれん》は、この幕府《ばくふ》の人々も、彼らのようになるだろうと、ますますふびんに感じて、名をも惜《お》しまず、命をも捨てる覚悟《かくご》で盛《さか》んに主張《しゅちょう》しました。すると、風が強いほど波が大きくなるように、竜《りゅう》が大きいほどそれが降《ふ》らす雨も激《はげ》しいように、いよいよ日蓮に敵対《てきたい》し、ますます憎《にく》んで*御評定《ごひょうじょう》で協議《きょうぎ》しました。「頸《くび》をはねるべきか、鎌倉を追放《ついほう》するべきか、弟子などは所領《しょりょう》のある者は所領を取り上げて頸を斬《き》れ、あるいは牢《ろう》に入《い》れて責《せ》めよ、あるいは流罪《るざい》にすべきである」などなど。

日蓮《にちれん》は喜んで言う。

「（難《なん》があることは）初めから覚悟《かくご》していたことです。*雪山童子《せっせんどうじ》は半偈《はんげ》のために身を投げ与え、常啼菩薩《じょうたいぼさつ》は法を求めて身を売り、善財《ぜんざい》童子は火の中に入り、*楽法梵志《ぎょうぼうぼんじ》は自分の皮を剝《は》いで紙とし、*薬王《やくおう》菩薩は臂《ひじ》を焼《や》いて灯明《とうみょう》とし、*不軽《ふきょう》菩薩は杖《つえ》や木で打たれ、師子尊者《ししそんじゃ》は頸《くび》を斬《き》られ、提婆《だいば》菩薩は仏教以外の教えを信じる者に殺《ころ》されました。これらは、どのような時の修行であったかと考えてみると、*天台大師《てんだいだいし》は『（どのような修行をするかは）時に適《かな》うべきである』（『法華文句《ほっけもんぐ》』）と書き、弟子の章安《しょうあん》大師は『（摂受《しょうじゅ》・折伏《しゃくぶく》の）取捨《しゅしゃ》は時によって適切《てきせつ》に選《えら》び、一方に偏《かたよ》ってはならない』（『涅槃経疏《ねはんぎょうしょ》』）と記《しる》しています。法華経《ほけきょう》は一法であるけれども、人々の機根《きこん》に従《したが》い、時によって、その修行の方法はさまざまに違《ちが》いがあるのです。

釈尊《しゃくそん》が記《しる》して言うには『私の死後、正法《しょうほう》・像法《ぞうほう》の二千年が過ぎて末法《まっぽう》の初めに、この法《ほ》華経《けきょう》の肝心《かんじん》である題目の五字だけを弘《ひろ》める者が出現《しゅつげん》するであろう。その時には、悪王や悪《あく》僧《そう》らが大地の塵《ちり》の数よりも多くいて、ある者は大乗教《だいじょうきょう》、ある者は小乗教《しょうじょうきょう》などでもって競《きそ》おうとする。しかし、この題目の行者《ぎょうじゃ》に責《せ》められるので、在家《ざいけ》の信徒《しんと》らを仲間に引き入れて、ある者は悪口《あっこう》し、ある者は打ち、ある者は牢《ろう》に入れ、ある者は所領《しょりょう》を取り上げ、ある者は流罪《るざい》、ある者は頸《くび》をはねるべきである、などと言う。それでも題目の行者が退転《たいてん》せずに題目の五字を弘《ひろ》めるようなら、これらの迫害者《はくがいしゃ》たちは、国主《こくしゅ》は同士討《どうしう》ちを始め、餓鬼《がき》のように互《たが》いに身を食《く》らい、後には他国から攻《せ》められるに違《ちが》いない。これは、ひとえに、＊梵《ぼん》天《てん》・＊帝釈《たいしゃく》・＊日天《にってん》・月天《がってん》・＊四大天王《しだいてんのう》などが、法華経の敵《かたき》である国を他国から責めさせるのである』と説《と》かれているではありませんか。

それぞれ、わが弟子と名乗《なの》る人々は、一人も臆《おく》する心を起こしてはいけません。（大難《だいなん》の時に）親のことを思ったり、妻子《さいし》を思ったり、所領《しょりょう》を気にしてはいけません。計《はか》り知れないほどの過去から、親や子のため、所領のために命を捨てたことは大地の塵《ちり》の数よりも多い。しかし、法華経《ほけきょう》のためには、いまだ一度も命を捨てていません。過去世に法華経をずいぶん修行したけれども、このような大難が起きると、退転《たいてん》して修行をやめてしまったのです。それは例《たと》えば、湯《ゆ》を沸《わ》かしておきながら水の中に入《い》れ、火を起こすのに途中《とちゅう》でやめて火を得《え》られないようなものです。それぞれ、覚悟《かくご》を決めなさい。この身を法華経に換《か》えるのは、石を黄金《おうごん》に換え、糞《ふん》を米に換えるようなものです。

釈尊《しゃくそん》が亡《な》くなった後、二千二百二十年余《あま》りの間、*迦葉《かしょう》・阿難《あなん》ら、馬鳴《めみょう》・*竜樹《りゅうじゅ》ら、南岳《なんがく》・天台《てんだい》ら、*妙楽《みょうらく》・*伝教《でんぎょう》らでさえ、弘《ひろ》めることがなかった法華経《ほけきょう》の肝心《かんじん》であり、あらゆる仏《ほとけ》の眼目《がんもく》である妙法蓮華経の五字が、末法《まっぽう》の初めに全世界に広まっていく前兆《ぜんちょう》として、日蓮《にちれん》が先駆《さきが》けしたのです。

わが弟子《でし》たちは、二陣、三陣と続いて、迦葉《かしょう》・阿難《あなん》にも勝《すぐ》れ、天台《てんだい》・伝教《でんぎょう》にも超《こ》えていきなさい。わずかばかりの小島《こじま》（＝日本）の国主《こくしゅ》などが脅《おど》すのにおじけづいては、閻魔王《えんまおう》の責《せ》めを受けた時にはどうするのでしょうか。仏《ほとけ》の御使《おんつか》いであると名乗《なの》りを上げておきながら臆《おく》するのは、話にもならない人々です」と、弟子たちに説《と》き聞かせたのです。

こうしているうちに、念仏者《ねんぶつしゃ》や*持斎《じさい》・*真言師《しんごんし》らは、自身の智慧《ちえ》は（日蓮《にちれん》に）及《およ》ばず、（日蓮を訴《うった》えた）訴状《そじょう》も失敗《しっぱい》に終わったので、（*良観《りょうかん》は）上流階級《じょうりゅうかいきゅう》の女性や、故時頼殿《ことときよりどの》の夫人《ふじん》たちに取り入《い》って、さまざまな作り話を吹き込みました。

「（日蓮《にちれん》は）『*故最明寺入道殿《こさいみょうじにゅうどうどの》（＝北条時頼《ほうじょうときより》）や*極楽寺入道殿《ごくらくじにゅうどうどの》（＝北条重時《しげとき》）のことを無間地獄《むけんじごく》に堕《お》ちた』と言い、『（この人たちが建立《こんりゅう》した）建長寺《けんちょうじ》・寿福寺《じゅふくじ》・極楽寺・長楽寺《ちょうらくじ》・大仏寺《だいぶつじ》などを焼《や》き払え』と言い、『*道隆上人《どうりゅうしょうにん》や良観《りょうかん》上人らの頸《くび》をはねよ』と言っています。御評定《ごひょうじょう》では何の処置《しょち》がなくても、日蓮の罪《つみ》は免《まぬか》れがたいでしょう。ただし以上のことは〝間違《まちが》いなく言ったのか〟と本人を呼びつけて、尋《たず》ねられた方がよいでしょう」ということで、（文永8年〈1271年〉9月10日に）召喚《しょうかん》されたのです。

（その席上《せきじょう》）奉行人《ぶぎょうにん》（＝*平左衛門尉頼綱《へいのさえもんのじょうよりつな》）が「訴《うった》えは以上の通りである」と言ったので、（日《にち》蓮《れん》は）「以上のことは、一言も違《たが》わず言いました。ただし、最明寺殿《さいみょうじどの》や極楽寺殿《ごくらくじどの》について地獄《じごく》へ堕《お》ちたと言ったというのは偽《いつわ》りで、この（＝謗法《ほうぼう》によって地獄に堕ちるという）法門《ほうもん》は、最明寺殿や極楽寺殿がご存命《ぞんめい》の時から言ってきたことです。

結局この一連のことは、この国を思って言っていることであるから、世を安穏《あんのん》に保《たも》とうと思われるなら、あの諸宗《しょしゅう》の法師《ほっし》たち（＝道隆《どうりゅう》や良観《りょうかん》ら）を呼び出して、この日蓮《にちれん》と対決《たいけつ》させてお聞きなさい。それをせず、法師たちに代《か》わって、日蓮を理不尽《りふじん》に罪《つみ》に問《と》うようなら、この国に後悔《こうかい》することが起こるでしょう。

日蓮《にちれん》が幕府《ばくふ》の処罰《しょばつ》を受けるなら、仏《ほとけ》の御使《おんつか》いを用《もち》いないことになるでしょう。その結果、梵天《ぼんてん》・帝釈《たいしゃく》、日天《にってん》・月天《がってん》、四大天王《しだいてんのう》のおとがめがあって、日蓮を遠流《おんる》や死罪《しざい》にした後の百日、一年、三年、七年の内に、自界叛逆難《じかいほんぎゃくなん》（＝内乱《ないらん》）といって、この北条家《ほうじょうけ》の御一門《ごいちもん》に同士討《どうしう》ちが始まるでしょう。その後は、他国侵逼難《たこくしんぴつなん》（＝他国からの侵略《しんりゃく》）といって四方《しほう》から、特に西から攻《せ》められるでしょう。その時、後悔《こうかい》するでしょう」と平左衛門尉《へいのさえもんのじょう》に申し付けたけれども、平左衛門尉は、＊太政入道《だいじょうのにゅうどう》（＝平清盛《たいらのきよもり》）が狂《くる》ったように、少しもはばかることなく怒《いか》り狂ったのです。

去《さ》る文永《ぶんえい》八年（＝１２７１年）九月十二日に処罰《しょばつ》を受けました。その時の処罰の様子も尋《じん》常《じょう》ではなく、法を超《こ》えたものに見えました。了行《りょうこう》が謀反《むほん》を起こし、大夫律師良賢《だいぶのりっしりょうけん》が世を乱《みだ》そうとした時に、逮捕《たいほ》された状況をも超えていました。

平左衛門尉《へいのさえもんのじょう》が大将《たいしょう》として、数百人の兵士《へいし》に胴丸《どうまる》という鎧《よろい》を着せて、自分は烏帽子《えぼし》かけを締《し》め、眼《まなこ》をいからし、声を荒《あら》らげていました。大体、事《こと》の本質を考えてみると、太政入道《だいじょうのにゅうどう》（＝平清盛《たいらのきよもり》）が天下を取りながら国を滅《ほろ》ぼそうとしたのに似ています。ただごとともと思われません。

日蓮《にちれん》は、これを見て思いました。「月々日々に、考え覚悟《かくご》していたことは、このことである。なんと幸《さいわ》いなことであろうか、法華経《ほけきょう》のために身を捨てることができるのは。この汚《けが》れた頭が切り離《はな》されれば、砂を黄金《おうごん》と交換《こうかん》し、石で珠《たま》（＝宝石《ほうせき》など）を買うようなものである」と。

さて、平左衛門尉《へいのさえもんのじょう》の一番の家来《けらい》である少輔房《しょうぼう》という者が走り寄って、日蓮《にちれん》が懐《ふところ》に持《も》っていた*法華経《ほけきょう》の第五の巻を取り出して、それで日蓮の顔を三度なぐりつけ、散々《さんざん》にまき散《ち》らしました。また、残り九巻の*法華経を兵士《へいし》たちがまき散らして、あるいは足で踏《ふ》み、あるいは身に巻きつけ、あるいは板敷《いたじ》きや畳《たたみ》など、家中《いえじゅう》の二、三間《げん》に散らかさない所がないほどでした。

日蓮《にちれん》は、大音声《だいおんじょう》を放《はな》って言いました。「なんとも面白《おもしろ》いことだ。平左衛門尉《へいのさえもんのじょう》が物に狂《くる》う姿《すがた》を見よ！　あなたたちは、ただ今、日本国の柱を倒《たお》そうとしているのである！」と叫《さけ》んだところ、そこにいた全《すべ》ての人が慌《あわ》てたようでした。

日蓮《にちれん》こそ処罰《しょばつ》を受けているのですから、おじけづいて見えるはずなのに、そうではないので、「この処罰は間違《まちが》いではないか」とでも思ったのでしょう。兵士《へいし》たちの方が顔色を変えたのが見えました。

九月十日に呼び出された時と十二日の逮捕《たいほ》の間、真言宗《しんごんしゅう》の過失《かしつ》や、禅宗《ぜんしゅう》・念仏《ねんぶつ》などの謗法《ぼうほう》、良観《りょうかん》が雨を降《ふ》らすことができなかったことを詳《くわ》しく平左衛門尉《へいのさえもんのじょう》に言い聞かせたところ、その場の者たちがあるいはどっと笑い、あるいは怒《いか》ったりしたことなどは、煩雑《はんざつ》になるので書きません。

まとめると、六月十八日から七月四日まで、良観《りょうかん》が雨乞《あまご》いの祈りをして、日蓮《にちれん》に阻止《そし》されて降《ふ》らせることができず、汗《あせ》を流し、涙《なみだ》だけを降らして、雨が降らなかった上、逆風《ぎゃくふう》が吹き続けたこと。（良観のもとへ）日蓮が三度まで使者《ししゃ》を遣《つか》わして「一丈《いちじょう》（＝約3メートル）の堀《ほり》を越《こ》えることのできない者が、どうして十丈・二十丈の堀を越えられようか。和泉式部《いずみしきぶ》が好《こう》色《しょく》の身でありながら八斎戒《はっさいかい》で制止《せいし》している和歌を詠《よ》んで雨を降らし、能因法師《のういんほっし》（＝平安時代の京都の歌僧《かそう》）が破戒《はかい》の身となって和歌を詠んで雨を降らせた。それなのに、どうして、*二百五十戒《にひゃくごじっかい》を持《たも》った人々が百千人も集まって一週間、二週間、天を責《せ》め立て祈ったのに、雨が降らない上に大風《おおかぜ》が吹くのか。これをもって知りなさい。あなた方《がた》の往生《おうじょう》（＝死後に極楽浄土《ごくらくじょうど》へ往《い》き生《う》まれること）はかなうわけがない」と責められて、良観が泣いたこと。良観が（この敗北《はいぼく》を逆恨《さかうら》みし、幕府高官《ばくふこうかん》の女房らの）人々に取り入《い》って讒言《ざんげん》（＝うそのつげ口）したこと。これらのことを一つ一つはっきりと申し聞かせたところ、平左衛門尉《へいのさえもんのじょう》らは良観の味方をすることができず言葉に詰《つ》まり、うつむいてしまったことなどは、煩雑《はんざつ》になるので、ここには書きません。

さて九月十二日の夜、*武蔵守宣時《むさしのかみのぶとき》殿の保護預《ほごあず》かりでしたが、夜中になって、頸《くび》を斬《き》るために兵士《へいし》たちが日蓮《にちれん》を連れて鎌倉を出発し、若宮小路《わかみやこうじ》（＝鎌倉鶴岡八幡宮《つるがおかはちまんぐう》の前の大通り）に出たところで、四方《しほう》を兵士が取り囲《かこ》んでいたけれども、日蓮は「みなさん、騒《さわ》ぎなさるな。特別なことではない。八幡大菩薩《だいぼさつ》に、最後に申し上げるべきことがある」と、馬から降《お》りて声高《こわだか》に言いました。
「一体《いったい》、八幡大菩薩《はちまんだいぼさつ》はまことの神であるのか！　和気清丸《わけのきよまろ》が頸《くび》をはねられようとした時は、一丈《いちじょう》もの大きさの月と現《あらわ》れて守護《しゅご》し、伝教大師《でんぎょうだいし》が法華経《ほけきょう》を講義《こうぎ》された時は、紫《むらさき》の袈裟《けさ》をお布施《ふせ》としてお授《さず》けになった。

今、日蓮《にちれん》は日本第一の法華経《ほけきょう》の行者《ぎょうじゃ》である。その上、身に少しの過失《かしつ》もない。日本国の全《すべ》ての人々が法華経を誹謗《ひぼう》して無間地獄《むけんじごく》に堕《お》ちるのを助けようと説《と》いた法門《ほうもん》である。また大蒙古国《だいもうここく》がこの国を攻《せ》めるなら、天照太神《てんしょうだいじん》・正八幡大菩薩《しょうはちまんだいぼさつ》であっても安穏《あんのん》でいらっしゃるだろうか。

その上、釈尊《しゃくそん》が法華経《ほけきょう》を説《と》かれたので、多宝仏《たほうぶつ》・全宇宙の諸仏《しょぶつ》・菩薩《ぼさつ》たちが集まって、そのありさまが*日と日と、月と月と、星と星と、鏡《かがみ》と鏡とを並べたようになった時、無量《むりょう》の諸天《しょてん》ならびにインド・中国・日本国などの善神《ぜんじん》や聖人《しょうにん》が集まった時、仏《ほとけ》に『あなたたちはそれぞれ、法華経の行者《ぎょうじゃ》をおろそかに扱《あつか》うようなことはしません、という誓状《せいじょう》を出しなさい』と責《せ》め立てられて、一人一人がお誓《ちか》いを立てたではないか！　そうである以上、日《にち》蓮《れん》が申すまでもない。大急《おおいそ》ぎで誓状の願《ねが》いを果たすべきなのに、どうして、この場に来ないのか！」と、声高々《こえたかだか》と申したのです。

そして最後には「日蓮《にちれん》が今夜、頸《くび》を斬《き》られて霊山浄土《りょうぜんじょうど》へ参《まい》った時には、まず、『天照太神《てんしょうだいじん》・正八幡大菩薩《しょうはちまんだいぼさつ》こそ（法華経《ほけきょう》の行者《ぎょうじゃ》を守護《しゅご》するという）自《みずか》ら起こした誓《ちか》いを果たさない神であった』と、思い切って教主釈尊《きょうしゅしゃくそん》に申し上げよう。それをつらいと思われるなら、大至急《だいしきゅう》お計《はか》らいなさるがよい」と言って、また馬に乗りました。

由比ケ浜《ゆいがはま》に出て御霊《ごりょう》神社の前に差し掛《か》かった時、また「しばらくお待ちなさい。皆さん。ここに知らせるべき人がいる」と言って、中務三郎左衛門尉《なかつかさのさぶろうざえもんのじょう》（＝四条金吾《しじょうきんご》）という者の所へ熊王《くまおう》という従者《じゅうしゃ》を遣《つか》わしたところ、左衛門尉《さえもんのじょう》が急いで出てきました。

「今夜、頸《くび》を斬《き》られに行く。この数年の間、願《ねが》ってきたことは、これです。この*娑婆《しゃば》世界において、雉《きじ》となった時は鷹《たか》につかまれ、鼠《ねずみ》となった時は猫に食《く》われました。あるいは妻子《さいし》の敵《かたき》のせいで身を失《うしな》ったことは大地の塵《ちり》の数よりも多い。だが法華経《ほけきょう》のためには、ただの一度も失うことはありませんでした。

それゆえに、日蓮《にちれん》は徳《とく》の少ない身と生まれて、父母への孝行《こうこう》も満足にできず、国の恩《おん》に報《むく》いる力《ちから》もありません。今度こそ頸《くび》を法華経《ほけきょう》に捧《ささ》げて、その功徳《くどく》を父母に回向《えこう》しましょう。その余《あま》りは弟子たちに分けよう、と言ってきたことは、今この時のことです」と言ったところ、左衛門尉《さえもんのじょう》ら兄弟4人は、馬の口に取りついて、供《とも》をし、腰越《こしごえ》・竜の口《たつのくち》（＝神奈川県鎌倉市腰越周辺、および藤沢市片瀬《かたせ》周辺）へ行きました。

（処刑《しょけい》の場は）ここであろうと思っていたところ、予想していた通り、兵士《へいし》どもが動きまわり、騒《さわ》いだので、左衛門尉《さえもんのじょう》は「ただ今が最期《さいご》です」と泣きました。日蓮《にちれん》は「なんという不覚《ふかく》の人か！　これほどの喜びを笑いなさい！　どうして約束を破《やぶ》ることができようか」と言いました。その時、江《え》の島《しま》の方向から月のように光った物が、鞠《まり》のような形をして、東南の方から西北の方へ、光り渡《わた》りました。

十二日の夜が明ける頃の暗がりの中で人の顔も見えなかったのが、この光は月夜のようで、人々の顔も皆見えました。頸《くび》を斬《き》る役目の者は目がくらんで倒《たお》れ臥《ふ》し、兵士《へいし》たちは、おじけづき、恐《おそ》れて、頸を斬る気を失《うしな》い*一町《いっちょう》ばかり走り逃《に》げ、ある者は馬から下《お》りてかしこまり、またある者は馬の上でうずくまっていました。

日蓮《にちれん》は「皆さん、どうして、これほどの大罪人《だいざいにん》から遠のくのか。近くへ寄ってきなさい、寄ってきなさい」と声高々《こえたかだか》と呼び掛《か》けたが、すぐ近寄ってくる人もいません。「こうしていて、夜が明けたら、どうするのか。どうするのか。頸《くび》を斬《き》るなら急いで斬るべきだ。夜が明けてしまえば見苦しいだろう」と勧《すす》めたけれども、何の返事もありません。

しばらくしてからある者が「相模《さがみ》の依智《えち》（＝神奈川県厚木市内）という所へ行ってください」と言いました。「私たちの中には道を知る者がいない。案内《あんない》しなさい」と言ったけれども、案内する者もいないので、しばらく休んでいると、ある兵士《へいし》が「そちらがその道でございます」と言ったので、道にまかせて進みました。正午《しょうご》ごろに依智という所へ行き着いたので、＊本間六郎左衛門尉《ほんまろくろうざえもんのじょう》の家へ入りました。

酒を取り寄せて、ついて来た兵士《へいし》たちに飲ませていたところ、彼らは帰るということで、頭を下げて合掌《がっしょう》して、こう言いました。

「このたびのことを拝見《はいけん》すれば、あなたは、どのようなお方《かた》でいらっしゃるのでしょう。私たちが頼《たの》みにしてきた阿弥陀仏《あみだぶつ》を謗《そし》っていると聞いたので憎《にく》んでいましたが、直接お目にかかり昨夜来《らい》のお振《ふ》る舞《ま》いを拝見しましたところ、あまりにも尊《とうと》いので、長年唱えてきた念仏《ねんぶつ》は捨てました」と、火打《ひう》ち袋《ぶくろ》から数珠《じゅず》を取り出して捨てる者があり、「今後は念仏を申しません」と誓《ちか》いを立てる者もありました。

そして、六郎左衛門尉《ろくろうざえもんのじょう》の家来《けらい》たちが警護《けいご》の役目を引き継《つ》ぎました。左衛門尉《さえもんのじょう》（＝四条金吾《しじょうきんご》）も帰っていきました。


その日の午後八時ごろに、鎌倉から幕府《ばくふ》の使《つか》いという者が、命令書を持って来ました。「頸《くび》を斬《き》れ」という重ねての使いかと武士たちは思っていたところ、本間六郎左衛門尉《ほんまろくろうざえもんのじょう》の代官《だいかん》・右馬允《うまのじょう》という者が命令書を持って走ってきて、ひざまずいて言いました。

「（斬首《ざんしゅ》は）今夜であろう、なんとも嘆《なげ》かわしいと思っておりましたのに、このような喜ばしいお手紙が参《まい》りました。（使《つか》いの者は）『武蔵守殿《むさしのかみどの》（＝北条宣時《ほうじょうのぶとき》）は今日、午前六時ごろに熱海《あたみ》の湯《ゆ》へお発《た》ちになりましたから、不当《ふとう》なことがあっては大変だと思い、急いでまずこちらへ走って参りました』と申しております。鎌倉から使者《ししゃ》は四時間で走ってきたとのことです。そして『今夜のうちに熱海の湯へ走り、（命令書を武蔵守殿に）お届けします』と言って出発しました」

*追状《おいじょう》には「この人は罪《つみ》のない人である。今しばらくのうちに許《ゆる》されるであろう。過《あやま》ち

（＝斬首《ざんしゅ》）を犯《おか》したなら後悔《こうかい》するであろう」と認《したた》めてありました。

その夜は十三日で、兵士《へいし》たちが数十人、滞在《たいざい》していた建物の辺《あた》りと大庭に並《なら》んで控《ひか》えていました。九月十三日の夜であるから、月が大きく、澄《す》んでいたので、夜中に大庭へ出て月に向かい、自我偈《じがげ》を少々読み、諸宗《しょしゅう》の勝劣《しょうれつ》と法華経《ほけきょう》の文《もん》をあらあら申し述《の》べて「そもそも今の月天《がってん》は法華経が説《と》かれる場に列席《れっせき》している名月天子《＊みょうがってんし》ではないか。宝塔品《ほうとうほん》で仏勅《＊ぶっちょく》を受けられ、嘱累品《ぞくるいほん》で仏《ほとけ》に頭をなでられて『仏のご命令の通り、まさにそのまま実行します』と誓《ちか》いを立てた神ではないか。仏前《ぶつぜん》の誓いは、日蓮《にちれん》がいなかったら果たせないではないか。今このような大難《だいなん》が出てきたなら、急いで、喜んで法華経の行者《ぎょうじゃ》の代《か》わりとなって、仏勅をも果たして誓いの証明を成し遂《と》げなさい。一体《いったい》いまだに何の証《あか》しもないのは不《ふ》思議《しぎ》なことである。何ごともこの国にないままで鎌倉へ帰ろうとも思わない。証しを現《あらわ》さないにしても、うれしそうな顔で澄み渡《わた》っているのはどうしたことか。

大集経《だいじっきょう》には『太陽や月は明るさを現《あらわ》さない』と説《と》かれ、仁王経《にんのうきょう》には『太陽や月が異変《いへん》を生《しょう》じる』と書かれ、最勝王経《さいしょうおうきょう》には『三十三の諸天《しょてん》＊がそれぞれ瞋《いか》りや恨《うら》みを生じる』と明らかに書かれているのに、どうなのか月天《がってん》よ、どうなのか月天よ」と責《せ》めたところ、その証《あか》しであろうか、天から金星のような大きな星が下《くだ》ってきて、前の梅《うめ》の木の枝にかかったので、兵士《へいし》たちは皆、縁側《えんがわ》から飛び降《お》り、ある者は大庭に平《ひ》れ伏《ふ》し、ある者は家の後ろへ逃《に》げました。

やがてすぐに空が曇《くも》り大風《おおかぜ》が吹いてきて、江《え》の島《しま》が鳴《な》るかのように、空が鳴り響《ひび》くありさまは、大きな鼓《つづみ》を打つようでした。

夜が明けると十四日の朝六時ごろに十郎入道《じゅうろうにゅうどう》という者が来て言いました。

「昨日の夜の八時ごろに執権《しっけん》・相模守殿《さがみのかみどの》（＝北条時宗《ほうじょうときむね》）に大きな騒動《そうどう》があり、陰陽師《おんみょうじ》を呼んで占《うらな》わせたところ、彼は『大いに国が乱《みだ》れるでしょう。それはこの御房《ごぼう》（＝日蓮《にちれん》）に対する処罰《しょばつ》のためです。大至急《だいしきゅう》、呼び戻さなければ世の中がどうなるか分かりません』と言いました。『日蓮房をすぐにお許《ゆる》しになりますように』という人もおり、また『日蓮房は百日のうちに戦《いくさ》が起こるであろうと申していたから、それを待ちましょう』という人もいたとのことです」と。

以来、依智《えち》に滞在《たいざい》すること二十日余《あま》り、その間に、鎌倉では、七、八度の放火《ほうか》や、殺人《さつじん》といった事件が絶《た》えませんでした。

讒言《ざんげん》をする者どもが「日蓮《にちれん》の弟子らが火を付けたのである」と言うので、「きっとそうであろう」ということで、「日蓮の弟子たちを鎌倉に置いてはならない」と、二百六十人余《あま》りが名簿《めいぼ》に記《しる》されました。

「その者たちは、皆、遠くの島へ流すべきである。牢《ろう》に入っている弟子たちは頸《くび》をはねるべきである」との噂《うわさ》が聞こえてきました。

やがて、放火《ほうか》などは持斎《じさい》や念仏者《ねんぶつしゃ》たちの謀略《ぼうりゃく》であったと分かりました。そのほかのことは煩雑《はんざつ》になるので書きません。

同年十月十日に依智《えち》を出発して、十月二十八日に佐渡国《さどのくに》（=新潟県佐渡島《さどがしま》）に着きました。十一月一日、本間六郎左衛門尉《ほんまろくろうざえもんのじょう》の家の後ろの塚原《つかはら》という山野《さんや》の中にある＊三昧堂《さんまいどう》に入りました。洛陽《らくよう》（=京都）の蓮台野《れんだいの》のように死人を捨てる所で、＊一間四面《いっけんしめん》の堂で仏像《ぶつぞう》も安置《あんち》されていません。天井《てんじょう》は板間《いたま》が合わず、四方《しほう》の壁《かべ》は破《やぶ》れて、堂の中に雪が降《ふ》り積《つ》もって消えることがありません。このような所に敷皮《しきがわ》を敷《し》き、蓑《みの》をまとって夜を明かし、日々を暮《く》らしました。夜は雪、雹《ひょう》、雷光《らいこう》が絶《た》えず、昼は日の光も差し込まず、心細い住まいです。

＊あの李陵《りりょう》が胡国《ここく》に入って岩窟《がんくつ》に閉じ込められたことも、＊法道三蔵《ほうどうさんぞう》が徽宗皇帝《きそうこうてい》に責《せ》められて顔に焼印《やきいん》を入れられて江南《こうなん》に追放《ついほう》されたことも、ただ今のことと思われます。なんとうれしいことでしょうか。＊須頭檀王《すずだんのう》は阿私仙人《あしせんにん》に責《せ》められて、法華経《ほけきょう》の功徳《くどく》を得《え》ました。不軽菩薩《ふきょうぼさつ》は増上慢《ぞうじょうまん》の僧《そう》らの杖《つえ》で打たれて、一仏乗《いちぶつじょう》（＝法華経）の行者《ぎょうじゃ》と言われました。今、日蓮《にちれん》は末法《まっぽう》に生まれて妙法蓮華経の五字を弘《ひろ》めて、このような責めにあっています。

釈尊《しゃくそん》が亡《な》くなった後、二千二百年余《あま》りの間、おそらくは天台智者大師《てんだいちしゃだいし》も「全世界の人々が反発《はんぱつ》することが多くて、信じることがなかなかできない（一切世間多怨難信《いっさいせけんたおんなんしん》）」（安楽行品《あんらくぎょうほん》第14）の経文《きょうもん》を行《ぎょう》じられませんでした。「たびたび追放《ついほう》されるだろう（数数見擯出《さくさくけんぴんずい》）」（勧持品《かんじほん》第13）の明らかな経文を行じたのは、ただ日蓮《にちれん》一人です。「妙法蓮華経の一句一偈《いっくいちげ》を聞いて、一瞬《いっしゅん》でも歓喜《かんき》した者には、皆、成仏《じょうぶつ》の記別《きべつ》を与えよう（一句一偈　我皆与授記《がかいよじゅき》）」（法師品《ほっしほん》第10）との経文に当たるのは私です。仏《ほとけ》の完全な覚《さと》りを得《え》ることは疑《うたが》いありません。

相模守殿《さがみのかみどの》（＝北条時宗《ほうじょうときむね》）こそ＊善知識《ぜんちしき》なのです。平左衛門尉《へいのさえもんのじょう》こそ＊提婆達多《だいばだった》なのです。念仏者《ねんぶつしゃ》は瞿伽利尊者《くぎゃりそんじゃ》、持斎《じさい》らは＊善星比丘《ぜんしょうびく》です。＊釈尊《しゃくそん》の在世《ざいせ》は今にあり、今は在世です。法華経《ほけきょう》の肝心《かんじん》が「諸法実相《しょほうじっそう》」と説《と》かれ、「*本末究竟等《ほんまつくきょうとう》」と述《の》べられているのは、このことです。

天台《てんだい》の『*摩訶止観《まかしかん》』第五巻には「仏法の修行が進み、その理解が深まれば、*三障四魔《さんしょうしま》が入《い》り乱《みだ》れて競《きそ》い起こる」とあります。また「猪《いのしし》が金山《きんざん》に身を擦《す》りつけて金山をますます光らせ、たくさんの川の流れが海に入り水をいよいよ豊かに湛《たた》え、薪《たきぎ》が火の勢《いきお》いをますます盛《さか》んにし、風が*迦羅求羅《からぐら》を大きくするようなものである」とあります。

これらの注釈《ちゅうしゃく》の意味は、法華経《ほけきょう》を教えの通りに、人々の機根《きこん》に適《かな》い、時に適って、理解し修行すれば、七つの大事《だいじ》（＝三障《さんしょう》と四魔《しま》）が現《あらわ》れてくるということです。

その中で、天子魔《てんしま》といって、*第六天《だいろくてん》の魔王《まおう》が、ある時は国主《こくしゅ》、ある時は父母、あるいは妻子《さいし》、ある時は信徒《しんと》、ある時は悪人などに付いて、ある時は行者《ぎょうじゃ》に従《したが》いながら法華経《ほけきょう》の修行を妨害《ぼうがい》し、ある時は敵対《てきたい》して妨害するのです。

どの経《きょう》を行《ぎょう》じるにせよ、仏法を行じるに当たっては、その経の浅深《せんじん》に応《おう》じて難《なん》が必ずあり、その中でも、法華経《ほけきょう》を行ずる場合には、魔《ま》は強力《きょうりょく》に妨害《ぼうがい》します。法華経を、教えの通り、時と機根《きこん》に適《かな》って行じる場合には、特に大難《だいなん》が起こるのです。

ゆえに妙楽《みょうらく》の『*止観輔行伝弘決《しかんぶぎょうでんぐけつ》』第八巻に「もし人々が生死《しょうじ》の迷《まよ》いから出ず、仏乗《ぶつじょう》（＝

法華経《ほけきょう》）を求めないと知れば、魔《ま》はこの人に対してなおさら親《した》しい人であるとの思いを生《しょう》じる」とあります。この釈《しゃく》の意味は、人が*善根《ぜんこん》を修《おさ》めても、念仏《ねんぶつ》、真言《しんごん》、禅《ぜん》、律《りつ》などの修行をして法華経を修行しなければ、魔王《まおう》は親しい人であるとの思いを生じて、人々に取り付いて、その人を大切に扱《あつか》って供養《くよう》するのです。それは世間《せけん》の人に、真実の僧《そう》と思わせようとするためです。例《たと》えば、国主《こくしゅ》が尊《とうと》ぶ僧を、人々が供養するようなものです。

そうであれば、国主《こくしゅ》らが敵としている日蓮《にちれん》は、確かに正法《しょうほう》を行《ぎょう》じているということです。

釈尊《しゃくそん》にとっては提婆達多《だいばだった》こそ第一の善知識《ぜんちしき》です。今の世間《せけん》を見ると、人を成長させるものは、味方よりも、かえって強敵が人を成長させてくれるのです。

その例は眼前《がんぜん》にあります。この鎌倉の北条御一門《ほうじょうごいちもん》の繁栄《はんえい》は、（北条一門を倒《たお》そうとした最大の敵である）和田義盛《わだよしもり》と隠岐法皇《おきのほうおう》とがいなければ、どうして日本の主となったでしょうか。ですから、この人々は、この御一門のためには、第一の味方なのです。

日蓮《にちれん》が仏《ほとけ》になるための第一の味方は、*東条景信《とうじょうかげのぶ》であり、法師《ほっし》では良観《りょうかん》、道隆《どうりゅう》、道阿弥陀《どうあみだ》仏《ぶつ》と平左衛門尉《へいのさえもんのじょう》、守殿《こうどの》（＝北条時宗《ほうじょうときむね》）がいなければ、どうして法華経《ほけきょう》の行者《ぎょうじゃ》になれるだろうかと喜んでいます。

このような心境《しんきょう》で過ごしていましたが、庭には雪が積《つ》もって人の行き来もなく、堂《どう》には吹き荒《すさ》ぶ風のほかは訪《おとず》れる者もいません。眼では『摩訶止観《まかしかん》』や法華経《ほけきょう》を拝《はい》し、口には南無妙法蓮華経と唱え、夜は月や星に向かって諸宗《しょしゅう》の違《ちが》いと法華経の深義《じんぎ》を語り、そうしている間に年が明けました。

どこも人の心の浅はかさは同じことで、佐渡国《さどのくに》の持斎《じさい》や念仏者《ねんぶつしゃ》の*唯阿弥陀仏《ゆいあみだぶつ》・性諭房《しょうゆぼう》・印性房《いんしょうぼう》・慈道房《じどうぼう》らの数百人が寄り合って謀略《ぼうりゃく》を企《くわだ》てていると伝わってきました。「〝阿弥陀仏《あみだぶつ》の大怨敵《だいおんてき》〟〝一切衆生《いっさいしゅじょう》の悪知識《あくちしき》〟として有名な日蓮房《にちれんぼう》が、この国に流されてきた。いずれにしても、この国へ流された人で、最後まで生きられたためしはない。たとえ生きられても元《もと》の国へ帰れたためしはない。また流人《るにん》を打ち殺《ころ》したとしても、おとがめはない。日蓮房は、塚原《つかはら》という所に、ただ一人でいる。どれほど勇猛《ゆうもう》でも、力《ちから》が強くても、人のいない場所なのだから、皆で集まって、矢《や》で射殺《いころ》してしまえ」と言う者もいました。

また、「特に何もしなくても、頸《くび》を斬《き》られるはずであったが、守殿《こうどの》（＝北条時宗《ほうじょうときむね》）の夫人《ふじん》がご懐妊《かいにん》なので、しばらく斬罪《ざんざい》を延《の》ばしているが、やがて必ず執行《しっこう》されると聞いている」と言う者や、「本間《ほんま》六郎《ろくろう》左衛門尉《ざえもんのじょう》殿に頸を斬ってもらうように訴《うった》えて、斬らなかったなら、われわれで企《くわだ》てようではないか」と言う者もいました。多くの意見の中で、最後の意見に落ち着き、*守護所《しゅごしょ》に数百人が集まりました。

これに対して、六郎左衛門尉《ろくろうざえもんのじょう》は「お上《かみ》から殺《ころ》してはならぬという命令書が下《くだ》っていて、侮《あなど》ってよい流人《るにん》ではない。過《あやま》ちがあったら私、重連《しげつら》の大きな罪《つみ》となってしまう。それよりも、ただ法門《ほうもん》で責《せ》めよ」と答えたので、念仏者《ねんぶつしゃ》らが、あるいは浄土《じょうど》の三部経《さんぶきょう》、あるいは『摩訶止観《まかしかん》』、あるいは真言《しんごん》の経典《きょうてん》などを、小僧《こぞう》らの頸《くび》にかけさせ、あるいは小脇《こわき》に挟《はさ》ませて、（文永《ぶんえい》9年〈1272年〉）正月十六日に集まりました。

佐渡国《さどのくに》だけでなく、越後《えちご》（＝新潟県）・越中《えっちゅう》（＝富山県）・出羽《でわ》（＝山形県・秋田県）・奥州《おうしゅう》（＝福島県・宮城県・岩手県・青森県と秋田県の一部）・信濃《しなの》（＝長野県）などの国々から集まった法《ほっ》師《し》たちであるから、塚原《つかはら》の堂《どう》の大庭から周《まわ》りの山野《さんや》にかけて数百人、また六郎左衛門尉《ろくろうざえもんのじょう》とその兄弟・一族、その他、庶民の入道《にゅうどう》たちが数知れず集まってきました。

念仏者《ねんぶつしゃ》は、口々に悪口《あっこう》を言い、天台密教《てんだいみっきょう》の真言師《しんごんし》はそれぞれの顔色を失《うしな》い「*天台宗《てんだいしゅう》が勝つだろう」とののしりました。在家《ざいけ》の人たちは「あれが名高《なだか》い阿弥陀仏《あみだぶつ》の敵だ」とののしり、その騒々《そうぞう》しさは地震《じしん》や雷《かみなり》のように震《ふる》え、響《ひび》き渡《わた》りました。

日蓮《にちれん》は、しばらく騒《さわ》がせた後「皆、静《しず》まりなさい。法論《ほうろん》のためにこそ来られたのであろう。悪口《あっこう》などは無意味ではないか」と言ったところ、六郎左衛門尉《ろくろうざえもんのじょう》をはじめ多くの人々が「その通りだ」と、悪口していた念仏者《ねんぶつしゃ》の首根っこを捕《つか》まえて外に突《つ》き出しました。

さて、天台《てんだい》の『摩訶止観《まかしかん》』や真言《しんごん》・念仏《ねんぶつ》などの法門《ほうもん》について、一つ一つに、彼らが主張《しゅちょう》する内容に念《ねん》を押して承知《しょうち》させておいてから、びしっと突《つ》き詰《つ》め、突き詰めしていくと、一言か二言で彼らは言葉に詰まってしまいました。鎌倉の真言師、禅宗《ぜんしゅう》・念仏者・天台の者よりも取るに足りない者たちなので、問答《もんどう》の様子は、ただご想像ください。まるでよく切れる鋭《するど》い刀《かたな》で瓜《うり》を切り、大風《おおかぜ》が草をなびかすようでした。

彼らは、仏法に拙《つたな》いばかりでなく、あるいは自分の主張《しゅちょう》で矛盾《むじゅん》を起こしたり、あるいは*「経《きょう》」の文《もん》であることを忘れて「論《ろん》」と言ったり、「釈《しゃく》」であることを忘れて「論」と言ったりしました。念仏《ねんぶつ》の祖師《そし》の善導《ぜんどう》が頸《くび》をくくって柳《やなぎ》から落ちたこと、真言《しんごん》の祖師の*弘法大師《こうぼうだい》師《し》が三鈷《さんこ》（＝法具《ほうぐ》）を投げたことや大日如来《だいにちにょらい》の姿《すがた》を現《げん》じたことなどを挙《あ》げ、それらがうそであったり、判断に狂《くる》っていたりする点を一つ一つ責《せ》めたところ、ある者は悪口《あっこう》し、ある者は口を閉《と》じ、ある者は顔色を失《うしな》い、ある者は「念仏は間違《まちが》いであった」と言う者もあり、あるいは、その場で袈裟《けさ》や念仏の平念珠《ひらねんじゅ》を捨てて「これからは念仏は唱えない」という旨《むね》の誓《ちか》いを立てる者もありました。

人が皆引き返していくと、六郎左衛門尉《ろくろうざえもんのじょう》も、その一族の者も帰りました。この時、日蓮《にちれん》は*不思議《ふしぎ》を一つ言おうと思って、六郎左衛門尉を大庭から呼び返して言いました。「いつ鎌倉へ上《のぼ》られるのですか」と。彼が答えて言うには「下人《げにん》どもに農作業《のうさぎょう》をさせてから、七月のころ」と。

日蓮《にちれん》は「弓矢《ゆみや》をとる武士は、幕府《ばくふ》の一大事《いちだいじ》に当たって戦い、その報《むく》いに所領《しょりょう》を賜《たまわ》るものではありませんか。田畑《たはた》を整備《せいび》する時期であるとはいえ、ただ今、戦《いくさ》が起ころうとしているのだから、急いで鎌倉へ駆《か》け上《のぼ》り、手柄《てがら》を立て、名を高めて所領を賜ってはどうでしょうか。さすがに、あなたは、相模国《さがみのくに》にあっては名の知れた侍《さむらい》でしょう。それが田舎《いなか》で田を作っていて、戦に外《はず》れたならば、恥《はじ》でしょう」と申したところ、どう思ったのでしょうか、慌《あわ》てて物も言いませんでした。見ていた念仏者《ねんぶつしゃ》や持斎《じさい》、在家《ざいけ》の人たちも「何を言っているのか」と、怪《あや》しみました。

さて皆、帰ったので、前年（＝文永《ぶんえい》8年〈1271年〉）十一月から考えてきた「開目抄《かいもくしょう》」という書、上下二巻を作りました。これは、もし頸《くび》を斬《き》られるならば、*日蓮《にちれん》の身の不思議《ふしぎ》をとどめておこうと思って構想《こうそう》したものです。

この書の心は次のようなことです。

「日蓮《にちれん》によって、日本国の存亡《そんぼう》は決まる。例《たと》えば、家に柱がなければ家は保《たも》たれず、人に魂《たましい》がなければ死人であるのと同じである。日蓮は日本の人の魂である。平左衛門尉《へいのさえもんのじょう》はすでに、日本の柱を倒《たお》したのである。そのため、まさに今、世の中が乱《みだ》れ、それという事実もないのに、夢のようにうそが出てきて、北条家御一門《ほうじょうけごいちもん》において同士討《どうしう》ちが起こり、後には他国から攻《せ》められるであろう。例えば『立正安国論《りっしょうあんこくろん》』に詳《くわ》しく述《の》べた通りである」と。

このように書き付けて中務三郎左衛門尉《なかつかさのさぶろうざえもんのじょう》（＝四条金吾《しじょうきんご》）の使《つか》いに持たせました。側《そば》に付いていた弟子たちも、強すぎる主張《しゅちょう》であると思っていても止めることはできないといった様子でした。そうこうするうちに、（文永《ぶんえい》9年〈1272年〉）二月十八日に佐渡《さど》の島に船が着きました。鎌倉で戦乱《せんらん》があり、京都でもあって、その様子は筆舌《ひつぜつ》に尽くせないものであるといいます。

本間六郎左衛門尉《ほんまろくろうざえもんのじょう》は、その夜、早舟《はやぶね》で一門《いちもん》を率《ひき》いて渡《わた》っていきました。その時、日蓮《にちれん》に手を合わせて「お助けください。*去《さ》る正月十六日のお言葉を、『どういうことだろうか』とこれほど疑《うたが》っていましたが、幾日《いくにち》もたたず、三十日のうちに的中《てきちゅう》しました。また蒙古国《もうここく》も必ず攻め寄《せ》せるでしょう。念仏《ねんぶつ》を信じる者が無間地獄《むけんじごく》に堕《お》ちることも間違《まちが》いないことなのでしょう。今後は決して念仏を申しません」と言ったので、「あなたがどのように言おうとも、相模守殿《さがみのかみどの》（＝北条時宗《ほうじょうときむね》）らが日蓮を用《もち》いなければ日本国の人は用いないでしょう。用いなければ国は必ず滅《ほろ》びます。日蓮は未熟者《みじゅくもの》ですが、法華経《ほけきょう》を弘《ひろ》めているので、釈尊《しゃくそん》の御使《おんつか》いです。取るに足りない天照太神《てんしょうだいじん》・正八幡大菩薩《しょうはちまんだいぼさつ》などという神は、この国でこそ重んじられていますが、梵天《ぼんてん》・帝釈《たいしゃく》・日天《にってん》・月天《がってん》・四大天王《しだいてんのう》に対すれば小神《しょうじん》にすぎません。それでも、これらの神に仕《つか》える人などを殺《ころ》したなら、普通の人を七人半、殺したことに当たるなどといわれます。太政入道《だいじょうのにゅうどう》（＝平清盛《たいらのきよもり》）や隠岐法皇《おきのほうおう》（＝後鳥羽《ごとば》法皇）らが滅んだのは、このためです。日蓮への弾圧《だんあつ》はそれとは比《くら》べようもないほどの大罪《だいざい》です。日蓮は教主《きょうしゅ》釈尊の御使いであるから、天照太神・正八幡大菩薩も頭を下《さ》げ、手を合わせて地に伏《ふ》すべきところです。法華経の行者《ぎょうじゃ》に対しては、梵天・帝釈は左右に仕え、日天・月天は前後を照らすのです。このような日蓮を用いたとしても、間違った敬《うやま》い方《かた》をすれば、日本国は滅びるでしょう。それどころか、数百人に憎《にく》ませて二度まで流罪《るざい》に処《しょ》したのだから、この国が滅びることは疑いないところです。しかし、しばらくは、それを制止《せいし》して、『この国を助けなさい』と祈念《きねん》して日蓮が控《ひか》えていたからこそ、今までは安穏《あんのん》だったのです。ところが、あまりに度《ど》が過ぎたので罰《ばち》が当たってしまったのです。またこのたびも日蓮を用いなければ、大蒙古国から攻撃《こうげき》を受けて日本国は滅ぼされるでしょう。これは、ただ平左衛門尉《へいのさえもんのじょう》が好《この》んで招《まね》く災《わざわ》いです。あなた方《がた》であれ、この島であれ、安穏で済《す》むはずがありません」と申したところ、愕然《がくぜん》とした様子で帰っていきました。

さて、これを聞いた在家《ざいけ》の人たちが言うには「この御房《ごぼう》（＝日蓮《にちれん》）は神通力《じんずうりき》を備《そな》えたお方《かた》なのであろうか、ああ恐《おそ》ろしい、恐ろしい。今後は念仏者《ねんぶつしゃ》も養《やしな》うまい。持斎《じさい》にも供養《くよう》するまい」と。念仏者や良観《りょうかん》の弟子の持斎らは、「（内乱《ないらん》をあらかじめ知っていたところを見ると）この御房（＝日蓮）は謀叛《むほん》の仲間に加わっていたのではないか」と言いました。そうして、しばらくして世間《せけん》の騒《さわ》ぎは静《しず》まりました。

そこで念仏者《ねんぶつしゃ》が集まって協議《きょうぎ》しました。

「このままでは、われらは餓《う》え死にするだろう。どうにかしてこの法師《ほっし》を亡《な》き者《もの》にしようではないか。すでに佐渡国《さどのくに》の者も大体、日蓮《にちれん》の方に付いてしまった。どうしようか」と。

念仏者《ねんぶつしゃ》の指導者《しどうしゃ》である唯阿弥陀仏《ゆいあみだぶつ》、持斎《じさい》の指導者である性諭房《しょうゆぼう》、良観《りょうかん》の弟子の道観《どうかん》らが鎌倉に走り上《のぼ》って武蔵守殿《むさしのかみどの》（＝北条宣時《ほうじょうのぶとき》）に申しました。

「この御房《ごぼう》（＝日蓮《にちれん》）が島にいるならば、諸宗《しょしゅう》の仏堂《ぶつどう》や仏塔《ぶっとう》は一棟《いっとう》も残らないし、僧《そう》も一人も残らないでしょう。阿弥陀仏《あみだぶつ》を、あるいは火に入れ、あるいは川に流しています。夜も昼も高い山に登《のぼ》って、太陽と月に向かって大音声《だいおんじょう》を放《はな》って、お上《かみ》に呪《のろ》いをかけています。その音声は、佐渡中《さどじゅう》に聞こえています」と言いました。

武蔵国《むさしのくに》の前の国司《こくし》であった北条宣時《ほうじょうのぶとき》は、これを聞き、「上《かみ》へご報告申し上げるまでもあるまい」と言って、まず「佐渡国《さどのくに》の者で日蓮房《にちれんぼう》に付く者があれば、国から追放《ついほう》せよ、あるいは牢《ろう》に入れよ」と、独断《どくだん》で命令し、さらに、その内容を記《しる》した（偽《いつわ》りの）命令書が下《くだ》されました。このようなことが三度行《おこな》われましたが、その間、いかなる事態《じたい》になったか、申し上げなくとも、きっと推察《すいさつ》していただけるでしょう。役人たちは人々に対し、日蓮が居《きょ》住《じゅう》している所の前を通ったからといって牢に入れたり、何か物を届けたといって追放したり、妻子《さいし》を捕《とら》えたりしました。

このような様子を上《かみ》にも報告したところ、予想《よそう》に反《はん》して、去《さ》る文永《ぶんえい》十一年（＝1274年）二月十四日付の御赦免状《ごしゃめんじょう》*が同三月八日に佐渡《さど》に着きました。

念仏者《ねんぶつしゃ》らが協議《きょうぎ》して言うには「これほどの阿弥陀仏《あみだぶつ》の御敵《おんてき》であり、善導和尚《ぜんどうわじょう》や法然上人《ほうねんしょうにん》をののしるほどの者が、たまたま処罰《しょばつ》を受けて、この島に流されてきたのを、御赦免《ごしゃめん》になったといって生かして帰すのは情《なさ》けないことだ」と。

彼らによるさまざまな企《くわだ》てがあったが、どういう訳《わけ》か、思いがけなく順風《じゅんぷう》が吹いてきて、日蓮《にちれん》が佐渡《さど》を出発したところ、条件が悪ければ百日、五十日を経《へ》ても渡《わた》れず、順風でも通常、三日かかる所を、わずかの間に渡ってしまいました。

越後《えちご》の国府《こくふ》や信濃《しなの》の善光寺《ぜんこうじ》の念仏者《ねんぶつしゃ》・持斎《じさい》・真言師《しんごんし》らは群《むら》がるように集まって協議《きょうぎ》しました。「佐渡《さど》の法師《ほっし》らは日蓮《にちれん》を今まで生かしておいて、しかも帰すとは、恥《はじ》知らずである。

われらは、決して善光寺の本尊の阿弥陀如来《あみだにょらい》の御前《おんまえ》を通すまい」と謀略《ぼうりゃく》を企《くわだ》てたけれども、越後の国府から兵士《へいし》たちが大勢《おおぜい》、日蓮に付き添《そ》って善光寺を通ったので、彼らの妨害《ぼうがい》の力《ちから》も及《およ》ばず、日蓮は三月十三日に島を発《た》って、三月二十六日に鎌倉へ打ち入《い》ったのです。

そして四月八日に、平左衛門尉《へいのさえもんのじょう》に対面《たいめん》しました。前とは打って変わって、いかめしい態《たい》度《ど》を和《やわ》らげ、礼儀《れいぎ》を正し、その上で、ある入道《にゅうどう》は念仏《ねんぶつ》について、ある在家《ざいけ》の者は真言《しんごん》について、ある人は禅《ぜん》について質問しました。平左衛門尉は法華経《ほけきょう》以外の教えで成仏《じょうぶつ》することが有るか無いかを質問しました。これらの一つ一つに、経文《きょうもん》を引いて答えました。

平左衛門尉《へいのさえもんのじょう》は、主君・北条時宗《ほうじょうときむね》の使《つか》いである様子で「大蒙古国《だいもうここく》は、いつごろ攻《せ》めて来るのでしょうか」と言いました。

日蓮《にちれん》は答えました。「今年は必ずあるでしょう。これについて、日蓮が以前から思索《しさく》を巡《めぐ》らせて申し上げたことを、あなた方《がた》は用《もち》いませんでした。例《たと》えば病《やまい》の原因を知らない人が病を治療《ちりょう》すれば、かえって病状《びょうじょう》が悪化《あっか》するように、真言師《しんごんし》などに*蒙古調伏《もうこじょうぶく》の祈禱《きとう》をさせるなら、かえって、この国は戦《いくさ》に負けるでしょう。決してくれぐれも真言師、全《すべ》ての今の諸宗《しょしゅう》の法師《ほっし》たちに祈禱させてはいけません。皆それぞれが仏法をご存《ぞん》じであるからこそ、こうして申していることも、お分かりでしょう。

また、どういう不思議《ふしぎ》でしょうか、ほかの事は別として、日蓮《にちれん》が申すことに限って用《もち》いられません。後で照らし合わせて考えていただくために申しておきます。

（承久《じょうきゅう》の乱《らん》の時）隠岐法皇《おきのほうおう》は国王でした。権大夫殿《ごんのだいぶどの》（＝鎌倉幕府《ばくふ》第２代執権《しっけん》・北条義時《ほうじょうよしとき》）は民の立場です。子が親に仇《あだ》をなすのを、天照太神《てんしょうだいじん》は認《みと》めるでしょうか。家来《けらい》が主君を敵にするのを、正八幡大菩薩《しょうはちまんだいぼさつ》は用《もち》いるでしょうか。それなのに、どういう訳《わけ》で朝廷《ちょうてい》は負けたのでしょうか。

これは、まったくただごとではありません。弘法大師《こうぼうだいし》の邪義《じゃぎ》、慈覚大師《じかくだいし》・智証大師《ちしょうだいし》の誤《あやま》った考えを真実だと思う比叡山延暦寺《ひえいざんえんりゃくじ》（＝慈覚の流派《りゅうは》）・東寺《とうじ》（＝弘法の流派）・園城寺《おんじょうじ》（＝智証の流派）の人々が鎌倉幕府《ばくふ》に敵対《てきたい》したので、＊『還著於本人《げんじゃくおほんにん》（＝かえって本人に降《ふ》り掛《か》かる）』（観世音菩薩普門品第25《かんぜおんぼさつふもんぼん》）といって、真言《しんごん》の祈りを用《もち》いた罪《つみ》が還《かえ》って、朝廷《ちょうてい》は負けたのです。幕府は真言の祈りなどは知らず、調伏《じょうぶく》も行《おこな》わなかったので勝ちました。今またそのようになるでしょう。

蝦夷《えぞ》（＝朝廷《ちょうてい》に従《したが》わなかった北方《ほっぽう》の住民）は生死《しょうじ》の因果《いんが》を説《と》いた仏法を知らず、（津軽《つがる》地方の統治《とうち》を任《まか》されていた）安藤五郎《あんどうごろう》は、因果の道理を説く仏法をわきまえて仏堂《ぶつどう》や仏塔《ぶっとう》をたくさん造《つく》った善人《ぜんにん》です。それなのに、どうして頸《くび》を蝦夷に取られたのでしょうか。

これらのことから考えてみると、この法師《ほっし》たちが祈禱《きとう》をすれば、入道殿《にゅうどうどの》は必ず大事《だいじ》に遭《あ》うと思われます。決してくれぐれも『日蓮《にちれん》はそう言わなかった』とおっしゃるな」と、強くはっきりと言い渡《わた》しました。

さて、帰って聞いたところによると、四月十日から、鎌倉の阿弥陀堂《あみだどう》の僧官《そうかん》・加賀法印《かがのほういん》定清《じょうせい》に命《めい》じて雨乞《あまご》いの祈禱《きとう》が行《おこな》われました。この法印は東寺流《とうじりゅう》の第一の智者《ちしゃ》であり、*御室《おむろ》（＝仁和寺《にんなじ》）などの師であって、弘法大師《こうぼうだいし》・慈覚《じかく》大師・智証《ちしょう》大師の真言《しんごん》の秘法《ひほう》について鏡《かがみ》に映《うつ》して見るように精通《せいつう》し、天台《てんだい》・華厳《けごん》などの諸宗《しょしゅう》を皆、胸に浮《う》かべるように知り尽くしています。それに従《したが》って四月十日からの祈雨《きう》では、翌十一日に大雨が降《ふ》って風は吹かず、雨は静《しず》かに一日一夜降ったので、守殿《こうどの》（＝北条時宗《ほうじょうときむね》）は感激《かんげき》のあまり金《きん》三十両《りょう》に馬など、さまざまな引《ひ》き出物《でもの》を贈《おく》ったそうです。

これを知って鎌倉中の全《すべ》ての人々が手をたたき、口をすぼめて冷笑《れいしょう》し、「日蓮《にちれん》が誤《あやま》った法門《ほうもん》を言って、もう少しで頸《くび》を斬《き》られようとしたところ、あれこれあって許《ゆる》されたならば静《しず》かになると思われたが、そうではなくて念仏《ねんぶつ》・禅《ぜん》を謗《そし》るだけでなく、真言《しんごん》の密教《みっきょう》などをも謗るものだから、このような祈雨《きう》の法の効果《こうか》が現《あらわ》れたのは大変喜ばしいことだ」とののしりました。日蓮の弟子たちはがっかりして、「これ（＝真言破折《はしゃく》）は強烈《きょうれつ》すぎる教説《きょうせつ》です」と言ったところ、日蓮が諭《さと》しました。

「しばらく待ちなさい。弘法大師《こうぼうだいし》の悪義《あくぎ》が真実であって、国の祈りとなるものなら、承久《じょうきゅう》の乱《らん》で隠岐法皇《おきのほうおう》こそ、戦《いくさ》に勝たれたはずである。法皇の皇子《おうじ》で調伏《じょうぶく》の祈禱《きとう》を行《おこな》った御室《おむろ》（＝道助入道親王《どうじょにゅうどうしんのう》）の最愛《さいあい》の稚児《ちご》・勢多迦《せたか》も頸《くび》を斬《き》られなかったであろう。弘法《こうぼう》が〝法華経《ほけきょう》が華厳経《けごんぎょう》に劣《おと》っている〟と書いたことは『十住心論《じゅうじゅうしんろん》』という文書にある。寿量品《じゅりょうほん》の釈迦仏《しゃかぶつ》を〝仏《ほとけ》でなく凡夫《ぼんぷ》である〟と記《しる》した文《もん》は『秘蔵宝鑰《ひぞうほうやく》』にある。天台大師《てんだいだいし》を〝盗人《ぬすびと》〟と書いたことは『顕密二教論《けんみつにきょうろん》』にある。一仏乗《いちぶつじょう》の法華経を説《と》いた仏を〝真言師《しんごんし》の草履持《ぞうりも》ちにも及《およ》ばない〟と書いたことは正覚房覚鑁《しょうがくぼうかくばん》（＝新義真言宗《しんぎしんごんしゅう》の始祖《しそ》）の著作《ちょさく》『舎利講式《しゃりこうしき》』の中に書かれている。このような誤《あやま》ったことを言っている弘法の宗派《しゅうは》の弟子である阿弥陀堂《あみだどう》の法印《ほういん》が日蓮《にちれん》に勝つなら、*竜王《りゅうおう》は法華経の敵《かたき》である。梵天《ぼんてん》・帝釈《たいしゃく》・四大天王《しだいてんのう》に責《せ》められるだろう。雨が降《ふ》ったことは何か理由があるのだろう」と。すると弟子たちが「どういう理由があるのでしょうかね」と小馬鹿《こばか》にしたように言ったので、日蓮は言いました。

「中国の真言《しんごん》の祖師《そし》である善無畏《ぜんむい》も不空《ふくう》も、雨乞《あまご》いの祈りによって雨は降《ふ》ったけれども大風《おおかぜ》が吹いたと見える。弘法《こうぼう》は三週間過ぎてから雨を降らした。これらは雨を降らさなかったようなものである。なぜなら、二十一日の間に降らない雨などあるわけがない。たとえ降ったとしてなんの不思議《ふしぎ》があろうか。天台《てんだい》のように、千観《せんかん》などのように、一回の祈禱《きとう》で降らせてこそ尊《とうと》いのである。これは必ず訳《わけ》がある」と、言い終わりもしないうちに大風が吹いてきました。

大小の家々、仏堂《ぶつどう》や仏塔《ぶっとう》、古木《こぼく》、将軍《しょうぐん》の住む御所《ごしょ》などを、あるいは天に吹き飛ばし、あるいは地に倒《たお》し、空には大きな光り物が飛び、地には棟《むね》や梁《はり》が散乱《さんらん》しました。人々をも吹き殺《ころ》し、牛や馬がたくさん死にました。悪風であっても秋なら季節であるから、まだ理解できます。しかし、これは夏の四月（＝現在の五月ごろ）です。その上、日本全国には吹かず、ただ関東の八カ国だけです。八カ国の中にも、武蔵《むさし》（＝東京都・埼玉県・神奈川県の東部）・相模《さがみ》（＝神奈川県における、北東部を除くほとんどの地域）の両国《りょうこく》だけであり、両国の中でも特に相州《そうしゅう》（＝相模）に強く吹きました。相州の中でも鎌倉、鎌倉の中でも将軍の御所、若宮小路《わかみやこうじ》、建長寺《けんちょうじ》、極楽寺《ごくらくじ》などに強く吹きました。これは、ただごととも思えません。まったく、この祈禱《きとう》のゆえかと思われて、日蓮《にちれん》を嘲笑《ちょうしょう》し、口をすぼめていた人々も、興《きょう》ざめしてしまった上、わが弟子たちもひどく驚《おどろ》いて「ああ不思議《ふしぎ》なことだ」と口々に言いました。

かねてより心に決めていたことなので、「*三度まで国を諫《いさ》めても用《もち》いなければその国を去《さ》るべきである」との故事《こじ》に従《したが》いました。そこで文永《ぶんえい》十一年（＝1274年）五月十二日に鎌倉を出て、この身延山《みのぶさん》に入りました。

同年十月に大蒙古国《だいもうここく》が攻め寄《せ》せて、壱岐《いき》・対馬《つしま》（＝長崎県の島）の二カ国を討《う》ち取られただけではなく、*太宰府《だざいふ》も破《やぶ》られました。小弐入道《しょうににゅうどう》や大友頼泰《おおともよりやす》などの高官《こうかん》の武士はそれを聞いて逃《に》げに逃げ、そのほかの兵士《へいし》たちは逃げるまでもなく大体討《う》たれてしまいました。また今度攻め寄せてくるなら、なんともこの国は弱々しいと思われるでしょう。

仁王経《にんのうきょう》には「聖人《しょうにん》が国を去る時、七難《しちなん》が必ず起こる」とあり、最勝王経《さいしょうおうきょう》には「悪人を大切に敬《うやま》い、善人《ぜんにん》を罰《ばっ》した事が原因で（中略）国外から敵が来て、国民がたくさん亡《な》くなり世の乱《みだ》れに遭《あ》う」とあります。これらの仏《ほとけ》の教えが真実であるなら、この国に間違《まちが》いなく悪人がいるのを国主《こくしゅ》が尊敬して、善人を迫害《はくがい》しているのでしょう。

大集経《だいじっきょう》には「太陽や月は明るさを現《あらわ》さない。四方《しほう》が皆干《かん》ばつとなった。（中略）このような悪い行為《こうい》の悪王・悪僧《あくそう》が私（＝釈尊《しゃくそん》）の正法《しょうほう》を破壊《はかい》するだろう」とあります。仁王経《にんのうきょう》には「悪僧らは、名声《めいせい》や利益《りえき》を多く求め、国王・太子《たいし》・王子の前で、仏法を破壊し、国を破《は》滅《めっ》させる原因となる教えを自《みずか》ら説《と》くだろう。その王は正邪《せいじゃ》を区別できず、彼らの言葉を信じて聴《き》くだろう。（中略）これを仏法破壊・国家破滅の原因とするのである」とあります。法華経《ほけきょう》には「*悪い時代の悪僧《あくそう》」（勧持品《かんじほん》第13）などと説かれています。経文《きょうもん》が真実なら、この国に間違《まちが》いなく悪僧がいるのです。

宝の山においては曲《ま》がった木は伐採《ばっさい》し、大海には死骸《しがい》をとどめておくことはありません。仏法の大海、一仏乗《いちぶつじょう》の宝の山には、*五逆罪《ごぎゃくざい》の瓦礫《がれき》や*四重禁戒《しじゅうきんかい》を破《やぶ》る濁水《だくすい》を入れることはあっても、正法誹謗《しょうほうひぼう》の死骸と*一闡提《いっせんだい》の曲がった木は収《おさ》めないのです。そうであるから、仏法を習得《しゅうとく》しようという人、来世《らいせ》の安穏《あんのん》を願《ねが》おうとする人は法華経《ほけきょう》への誹謗《ひぼう》を恐《おそ》れなければなりません。

皆が考えるのは、「どうして弘法《こうぼう》や慈覚《じかく》らを謗《そし》る人（＝日蓮《にちれん》）を用《もち》いることができるだろうか」ということです。

しかし、ほかの人は別として、安房国《あわのくに》（＝千葉県南部）の東西の人々は、このこと（＝法《ほ》華経《けきょう》を誹謗《ひぼう》する人は来世《らいせ》の安穏《あんのん》はかなわないこと）を信じるべきです。目の前に現実の証拠《しょうこ》があります。*いのもりの円頓房《えんどんぼう》、*清澄《きよすみ》の西堯房《さいぎょうぼう》・道義房《どうぎぼう》、*片海《かたうみ》の実智房《じっちぼう》らは貴《とうと》いと尊敬されてきた僧《そう》でありました。しかし、この僧たちの臨終《りんじゅう》はどうであったかと尋《たず》ねてみなさい。

これらはさておいて、*円智房《えんちぼう》は清澄寺《せいちょうじ》の大堂《だいどう》で三年の間、*一字三礼《いちじさんらい》の法華経《ほけきょう》の書写《しょしゃ》を自《みずか》ら行《おこな》って、法華経十巻を暗誦《あんしょう》し、五十年の間、一日に二回ずつ読まれたのです。だから彼については、皆が、「必ず仏《ほとけ》になるだろう」と言っていました。日蓮《にちれん》だけが「念仏者《ねんぶつしゃ》よりも法華経を捨てた道義房《どうぎぼう》と円智房こそ無間地獄《むけんじごく》の底に堕《お》ちるであろう」と言っていましたが、この人々の臨終《りんじゅう》は果たして良かったか。良くなかったではないか。もし日蓮がいなかったら、世間《せけん》の人は真実を知らず、この人々を仏になっただろうと思うに違《ちが》いありません。

この事例をもって知りなさい。弘法《こうぼう》や慈覚《じかく》らは見苦しくてひどい臨終《りんじゅう》などであったが、それを弟子たちが隠《かく》したために、朝廷《ちょうてい》にもその事実を知らせず、後世《こうせい》の人々は、ますます尊敬しているのです。もし、真実を明らかにする人がいなければ、未来永劫《みらいえいごう》までそのままになってしまいます。昔、インドの*拘留外道《くるげどう》は石となったが、八百年たって水となりました。*迦毘羅《かびら》外道は千年過ぎてから破折《はしゃく》されてその過失《かしつ》が現《あらわ》れました。

人間に生まれることは*五戒《ごかい》の力《ちから》によります。五戒を持《たも》っている者に対しては、*二十五の善神《ぜんじん》が護《まも》る上、同生天《どうしょうてん》・同名天《どうみょうてん》という二つの諸天《しょてん》善神が、生まれた時から左右の肩にいて守護《しゅご》しているために、その人に罪《つみ》がなければ鬼神《きじん》が害《がい》を与えることはありません。

ところが、この国の無数の人々が不幸に嘆《なげ》き、それだけでなく、壱岐《いき》・対馬《つしま》の両国の人は皆、戦乱《せんらん》に遭《あ》いました。太宰府《だざいふ》もまた、言いようもないほどの悲惨《ひさん》な状況です。この国に、どのような過《あやま》ちがあるのでしょうか。これこそぜひ、知りたいことです。一人や二人なら過ちもあるでしょうが、大勢《おおぜい》の人々にどのような過ちがあるというのでしょうか。

これはひとえに、法華経《ほけきょう》を下げて誹謗《ひぼう》する弘法《こうぼう》・慈覚《じかく》・智証《ちしょう》らの末流《まつりゅう》の真言師《しんごんし》や、浄土《じょうど》念仏《ねんぶつ》の善導《ぜんどう》・法然《ほうねん》の末流の弟子ら、禅宗《ぜんしゅう》の初祖《しょそ》である達磨《だるま》などの人々の末流の者たちが国中に充満《じゅうまん》しているためです。それゆえ、梵天《ぼんてん》・帝釈《たいしゃく》・四大天王《しだいてんのう》らが、法華経の会座《えざ》で法華経の行者《ぎょうじゃ》を守護《しゅご》すると誓《ちか》った通りに*「頭破作七分《ずはさしちぶん》」（陀羅尼品《だらにほん》第26）の罰《ばち》が与えられているのです。

疑《うたが》って言う。「法華経《ほけきょう》の行者《ぎょうじゃ》に敵対《てきたい》する者は『頭破作七分《ずはさしちぶん》』と説《と》かれているのに、日蓮《にちれん》房《ぼう》を謗《そし》ったけれども、頭も割《わ》れないのは、日蓮房は法華経の行者ではないということではないか」と。これは道理に適《かな》っていると思うがどうでしょうか。

答える。日蓮《にちれん》を法華経《ほけきょう》の行者《ぎょうじゃ》ではないと言うなら、「法華経を投げ捨てよ」と書いた法《ほう》然《ねん》ら、*「無明《むみょう》の辺域《へんいき》」と記《しる》した弘法大師《こうぼうだいし》、*「理同事勝《りどうじしょう》」と述《の》べた善無畏《ぜんむい》や慈覚《じかく》らが法華経の行者でしょうか。断《だん》じてそうではありません。

また「頭破作七分《ずはさしちぶん》」とは、どういうことでしょうか。刀《かたな》で切ったように割《わ》れると思っているのでしょうか。経文《きょうもん》には*「阿梨樹《ありじゅ》の枝の如《ごと》し」（陀羅尼品《だらにほん》第26）と説《と》かれているではありませんか。人の頭には精気《せいき》の根源《こんげん》をなす七滴《てき》の水があるといいます。七鬼神《しちきじん》がいて、一滴食べれば頭を痛《いた》めます。三滴食べれば寿命《じゅみょう》が絶《た》えようとし、七滴全《すべ》てを食べれば人は死ぬというのです。

今の世の人々は皆、頭が阿梨樹《ありじゅ》の枝のように割《わ》れてしまっているが、悪業《あくごう》が深いために自覚《じかく》していないのです。例《たと》えば、傷《きず》を負《お》っている人が、あるいは酒に酔《よ》い、あるいは寝入《ねい》ってしまえば、その傷の痛《いた》みを感じないようなものです。

また、「頭破作七分《ずはさしちぶん》」というのは、あるいは「心破作七分《しんはさしちぶん》」ともいって、頭頂部《とうちょうぶ》の皮の底にある骨《ほね》がひび割《わ》れるのです。死ぬ時は、実際に割れることもあるのです。

今の世の人々は、去《さ》る正嘉《しょうか》の大地震《おおじしん》、*文永《ぶんえい》の大彗星《だいすいせい》によって、皆、頭が割《わ》れてしまっている（=精神《せいしん》が錯乱《さくらん》してしまっている）のです。その頭が割れた時に喘息《ぜんそく》を病《や》み、五臓《ごぞう》を痛《いた》めた時に赤痢《せきり》を病みました。これは法華経《ほけきょう》の行者《ぎょうじゃ》を謗《そし》ったために当たった罰《ばち》であると気付かないのでしょうか。

そもそも、鹿《しか》は肉の味が良いために人に殺《ころ》され、亀《かめ》は良い油があるために命を奪《うば》われます。女性は容姿《ようし》が良いとねたむ者が多い。国を治《おさ》める者は他国から攻《せ》められる恐《おそ》れがあり、財産のある者は命の危険《きけん》にさらされます。法華経《ほけきょう》を持《たも》つ者は必ず成仏《じょうぶつ》するゆえに、第六天《だいろくてん》の魔王《まおう》という＊三界《さんがい》の主《しゅ》が、この法華経を持つ人を強くねたむのです。

この魔王《まおう》はあたかも疫病神《やくびょうがみ》が誰の目にも見えずに人に取り付くように、熟成《じゅくせい》された古酒《こしゅ》に人が酔《よ》うように、国主《こくしゅ》・父母・妻子《さいし》に取り付いては法華経《ほけきょう》の行者《ぎょうじゃ》をねたむのであると経《きょう》文《もん》に説《と》かれています。これと少しも違《ちが》っていないのが今の世なのです。

日蓮《にちれん》は南無妙法蓮華経と唱えるゆえに、二十年余《あま》り、居所《いどころ》を追われ、二度までも幕府《ばくふ》の処罰《しょばつ》を受けて流罪《るざい》され、最後はこの身延山《みのぶさん》にこもりました。

この山のありさまは、西は七面山《しちめんざん》、東は天子ケ岳《てんしがだけ》、北は身延山《みのぶさん》、南は鷹取山《たかとりやま》が取り巻いて、四つの山の高いことは天に付くほどで、険《けわ》しいことは鳥も飛びにくいほどです。その中に四つの川があります。富士川《ふじかわ》、早川《はやかわ》、大城川《おおしろがわ》、身延川《みのぶがわ》です。その川で囲《かこ》まれた中に、＊一《いっ》町《ちょう》ばかりの平地《へいち》がある所に粗末《そまつ》な仮住《かりず》まいを構《かま》えています。

昼は太陽を見ることはなく、夜は月も拝《はい》せず、冬は雪が深く、夏は草が茂《しげ》って、訪《たず》ねて来る人もまれなので道を踏《ふ》み分けることも難《むずか》しいのです。特に今年は雪が深くて人が訪ねてくることがありません。そのため死を覚悟《かくご》して、法華経《ほけきょう》だけを頼《たの》みにしていたところに、お便《たよ》りを頂《いただ》きありがたく思っています。さては、これは釈尊《しゃくそん》の御使《おんつか》いか、今は亡《な》き父母のお使いかと感謝の言葉もありません。南無妙法蓮華経、南無妙法蓮華経。

【語句の解説】

白楽天《はくらくてん》　中国・唐《とう》の官僚《かんりょう》・詩人《しじん》。白居易《はくきょい》。諫言《かんげん》が受け入れられずしばしば左遷《させん》された。白居易が漢詩《かんし》の形式で政治批判をした『新楽府《しんがふ》』は、平易流暢《へいいりゅうちょう》な詩で、もてはやされた。

大師号《だいしごう》　朝廷《ちょうてい》から高僧《こうそう》に与えられた称号《しょうごう》。

十一通御書　御書本文は「十一通《つう》の状《じょう》」。文永《ぶんえい》5年（1268年）に蒙古《もうこ》の国書が到来《とうらい》して他国侵逼難《たこくしんぴつなん》が切迫《せっぱく》した折《おり》、日蓮大聖人《にちれんだいしょうにん》が、諸《しょ》宗《しゅう》との正邪《せいじゃ》を決《けっ》し正法《しょうほう》に帰依《きえ》することを求めて、幕府要人《ばくふようじん》や有力寺院《ゆうりょくじいん》など11カ所へ出された11通の書状《しょじょう》の総称《そうしょう》。宛先《あてさき》は北条時宗《ほうじょうときむね》・宿屋《やどや》左衛門光則《さえもんみつのり》・平左衛門尉頼綱《へいのさえもんのじょうよりつな》・北条弥源太《ほうじょうやげんた》・建長寺道隆《けんちょうじどうりゅう》・極楽寺良観《ごくらくじりょうかん》・大仏殿別当《だいぶつでんべっとう》・寿福《じゅふく》寺《じ》・浄光明寺《じょうこうみょうじ》・多宝寺《たほうじ》・長楽寺《ちょうらくじ》である。

天照太神《てんしょうだいじん》　日本神話に登場する太陽神で、仏教では仏法の守護神《しゅごしん》とされた。

八幡大菩薩《はちまんだいぼさつ》　御書本文は「正八幡宮《しょうはちまんぐう》」。八幡宮の祭神《さいじん》。古代・中世において、仏教が日本に普及《ふきゅう》する過程《かてい》で、梵天《ぼんてん》・帝釈天《たいしゃくてん》らインドの神々《かみがみ》に次《つ》ぐ仏法の守護神《しゅごしん》と位置づけられた。

政道《せいどう》の法《ほう》　政治の道筋《みちすじ》。為政《いせい》の法制《ほうせい》。鎌倉幕府《ばくふ》においては御成敗式目《ごせいばいしきもく》（貞永《じょうえい》式目）があって、この法規《ほうき》の下《もと》に政治が行《おこな》われていた。

大鬼神《だいきじん》　超人的《ちょうじんてき》な働《はたら》きをするもの。仏道《ぶつどう》修行者を守護《しゅご》する働き（善鬼神《ぜんきじん》）や、生命をむしばむ働き（悪鬼神《あっきじん》）に大別《たいべつ》される。

御評定《ごひょうじょう》　鎌倉時代の制度。執権《しっけん》・評定衆《ひょうじょうしゅう》が幕府《ばくふ》の重要な政務《せいむ》および司法《しほう》を評議《ひょうぎ》し決定した。

雪山童子《せっせんどうじ》　釈尊《しゃくそん》の過去世の姿《すがた》の一つ。雪山で菩《ぼ》薩《さつ》の修行をしていた時、帝釈天《たいしゃくてん》が羅刹《らせつ》（鬼）に化身《けしん》して現《あらわ》れ、過去仏《ぶつ》の説《と》いた偈《げ》を「諸行《しょぎょう》無常《むじょう》・是生滅法《ぜしょうめっぽう》（諸行は無常にして、是《こ》れ生《しょう》滅《めつ》の法たり）」と童子に向かって半分だけ述《の》べた。これを聞いた童子は喜んで、残りの半《はん》偈《げ》を聞きたいと願《ねが》い、その身を捨て羅刹に食べさせることを約束して半偈の「生滅滅已《しょうめつめっち》・寂滅為楽《じゃくめついらく》（生滅の滅し已《お》われば、寂滅を楽と為《な》す）」を聞き終え、その偈を所々に書き付けてから、高い木に登り身を投げた。羅刹は帝釈天の姿に戻り童子の体を受け止め、その不惜身命《ふしゃくしんみょう》の姿勢を褒《ほ》めて未来に必ず成仏《じょうぶつ》すると説いて姿を消したという。

楽法梵志《ぎょうぼうぼんじ》　釈尊《しゃくそん》が過去世に菩薩道《ぼさつどう》を修行していた時の名。仏《ほとけ》の一偈《いちげ》を聞くために皮を剝《は》いで紙とし、骨を抜いて筆とし、血を墨《すみ》として書《しょ》写《しゃ》した。『大智度論《だいちどろん》』巻49に登場する。

薬王菩薩《やくおうぼさつ》　衆生《しゅじょう》に良薬《りょうやく》を施《ほどこ》して心身の病《やまい》を治《なお》す菩薩。薬王菩薩本事品《ほんじほん》第23には、過去世に一《いっ》切《さい》衆生憙見《きけん》菩薩として日月浄明徳仏《にちがつじょうみょうとくぶつ》の下《もと》で修行し、ある世では身を焼《や》き、また次の世では7万2千歳の間、臂《ひじ》（漢語《かんご》の「臂」は日本語でいう腕《うで》に当たる）を焼いて燈明《とうみょう》として仏《ほとけ》に供養《くよう》したことが説《と》かれている。

不軽菩薩《ふきょうぼさつ》　※本書37ページ参照

天台大師《てんだいだいし》　※本書20ページ「天台」参照

梵天《ぼんてん》　古代インドの世界観において、世界を創造し宇宙を支配《しはい》するとされる中心的な神。種々の梵天がいるが、その中の王たちを大梵《だいぼん》天王《てんのう》という。仏教に取り入れられ、帝釈天《たいしゃくてん》とともに仏法の守護神《しゅごしん》とされた。

帝釈《たいしゃく》　古代インドの神話において、雷神《らいじん》で天帝《てんてい》とされるインドラのこと。仏教に取り入れられ、梵天《ぼんてん》とともに仏法の守護神《しゅごしん》とされた。

日天《にってん》・月天《がってん》　御書本文は「日月《にちがつ》」。それぞれインド神話で太陽と月を神格化《しんかくか》したもの。仏教に取り入れられて仏法の守護神《しゅごしん》とされた。

四大天王《しだいてんのう》　御書本文は「四天《してん》」。古代インドの世界観で、一つの世界の中心にある須弥山《しゅみせん》の中腹《ちゅうふく》の四方《しほう》（四王天《しおうてん》）の主とされる４人の神々《しん》。帝釈天《たいしゃくてん》に仕《つか》える。仏教では仏法の守護《しゅご》神とされた。東方《とうほう》に持国《じこく》天王、南方《なんぽう》に増長《ぞうじょう》天王、西方《せいほう》に広目《こうもく》天王、北方《ほっぽう》に毘沙門《びしゃもん》天王（多《た》聞《もん》天王）がいる。

迦葉《かしょう》**・阿難**《あなん》　※本書59ページ参照

竜樹《りゅうじゅ》　※本書39ページ参照

妙楽《みょうらく》　※本書20ページ参照

伝教《でんぎょう》　※本書38ページ「伝教大師」参照

持斎《じさい》　布薩《ふさつ》の日に在家《ざいけ》の仏教者が寺院《じいん》などに集い、一日一夜守る戒《かい》。①不殺生《ふせっしょう》戒②不盗《ふとう》戒③不婬《ふいん》戒④不妄語《ふもうご》戒⑤不飲酒《ふおんじゅ》戒⑥不著香華鬘《ふじゃくこうけまん》不香塗身《ふこうずしん》不歌舞倡妓《ふかぶしょうぎ》不往観聴《ふおうかんちょう》戒⑦不坐高広大床《ふざこうこうだいしょう》戒⑧不非時食《ふひじじき》戒（午後に食事をしない）の八つをいう。この八斎戒《はっさいかい》、特に不非時食を守ることを持斎という。また恒常的《こうじょうてき》な持斎を長斎《ちょうさい》といい、長斎を行《おこな》う人も持斎と呼ぶ。

真言師《しんごんし》　密教《みっきょう》によって、加持祈禱《かじきとう》をする僧《そう》。

良観《りょうかん》　※本書40ページ参照

故最明寺入道殿《こさいみょうじにゅうどうどの》**（＝北条時頼**《ほうじょうときより》**）**　1227年～1263年。鎌倉幕府《ばくふ》第5代執権《しっけん》。康元《こうげん》元年（1256年）に大病《たいびょう》を患《わずら》い、執権職を長時《ながとき》に委《ゆだ》ね、出家《しゅっけ》して道崇《どうすう》と称《しょう》し、最明寺入道、最明寺殿と呼ばれた。しかし、その後も実質的に幕府における最大の影響力《えいきょうりょく》を保持《ほじ》した。

極楽寺入道殿《ごくらくじにゅうどうどの》**（＝北条重時**《ほうじょうしげとき》**）**　1198年～1261年。鎌倉幕府《ばくふ》第2代執権《しっけん》・北条義時《よしとき》の息子。第5代執権・北条時頼《ときより》を補佐《ほさ》した。建《こん》立《りゅう》した極楽寺に住んだので、極楽寺殿と通称《つうしょう》された。念仏《ねんぶつ》の強信者《ごうしんじゃ》でもあり、子息《しそく》の第6代執権・長時《ながとき》とともに日蓮大聖人《にちれんだいしょうにん》に敵対《てきたい》した。

道隆《どうりゅう》　1213年~1278年。鎌倉時代に南《なん》宋《そう》から渡来《とらい》した臨済宗《りんざいしゅう》の禅僧《ぜんそう》。鎌倉の北条時《ほうじょうとき》頼《より》の帰依《きえ》をうけ、建長《けんちょう》5年（1253年）に建長寺の開山《かいざん》として迎《むか》え入れられた。文永《ぶんえい》5年（1268年）、「立正安国論《りっしょうあんこくろん》」に予言された通りに蒙古《もうこ》から国書が到来《とうらい》した際、日蓮大《にちれんだい》聖人《しょうにん》は幕府《ばくふ》の為政者《いせいしゃ》や諸宗《しょしゅう》の僧を諫暁《かんぎょう》し、道隆に対しても書状《しょじょう》を送り、公場対決《こうじょうたいけつ》を迫《せま》られた。しかし道隆はこれに応じず、真言律宗《しんごんりっしゅう》の極楽寺良観《ごくらくじりょうかん》（忍性《にんしょう》）らとともに幕府に働《はたら》きかけ、同8年（1271年）の竜《たつ》の口《くち》の法難《ほうなん》が起こる契機《けいき》をつくった。

平左衛門尉頼綱《へいのさえもんのじょうよりつな》　御書本文は「奉行人《ぶぎょうにん》」。奉行人とは、案件《あんけん》の担当者、執行《しっこう》責任者。日蓮大《にちれんだい》聖人《しょうにん》の案件の奉行人が平左衛門尉だった。？年~1293年。幕府《ばくふ》の第8代執権《しっけん》・北条時《とき》宗《むね》および第9代執権・貞時《さだとき》の時代に内管領《ないかんれい》（北条得宗家《とくそうけ》の家令《かれい》）として絶大な権力をふるった。文永《ぶんえい》8年（1271年）9月の竜《たつ》の口《くち》の法難《ほうなん》の時には、侍所所司《さむらいどころしょし》（次官《じかん》。長官《ちょうかん》は執権の時宗なので実質上の最高位）の地位にいたと考えられ、大聖人の一門《いちもん》を弾圧《だんあつ》した。その後、頼綱は権力の頂点を極《きわ》めたが、永仁《えいにん》元年（1293年）、長男・宗綱《むねつな》の密告《みっこく》により謀叛《むほん》を企《くわだ》てたとして執権・北条貞時《さだとき》に攻《せ》められ、次男・助宗《すけむね》とともに滅《ほろ》ぼされた。

太政入道《だいじょうにゅうどう》**（＝平清盛**《たいらのきよもり》**）**　1118年~1181年。平安後期の武将《ぶしょう》。武士として初めて太政大臣《だいじん》になるなど、平氏《へいし》の全盛期《ぜんせいき》をもたらし大きな権勢《けんせい》をふるったが、平家滅亡《めつぼう》の因《いん》をなす悪政《あくせい》を行《おこな》った。出家《しゅっけ》し太政入道と呼ばれた後も、後白河上皇《ごしらかわじょうこう》を幽閉《ゆうへい》し実権《じっけん》を握《にぎ》った。

法華経《ほけきょう》**の第五の巻**　法華経8巻28品《ぼん》のうち、提《だい》婆達多品《ばだったほん》第12から従地涌出品《じゅうじゆじゅっぽん》第15を収《おさ》めている第5巻。この中に、法華経の行者《ぎょうじゃ》が三類《さんるい》の強敵《ごうてき》によって刀杖《とうじょう》で迫害《はくがい》されることが説《と》かれる勧持品《かんじほん》第13が含《ふく》まれている。

九巻の法華経《ほけきょう》　法華経8巻に開経《かいきょう》である無量義《むりょうぎ》経《きょう》と結経《けっきょう》である普賢経《ふげんぎょう》の2巻を加えた計10巻のうち、少輔房《しょうぼう》が奪《うば》い取った第5巻を除《のぞ》く残りの9巻を指している。

二百五十戒《にひゃくごじっかい》　男性出家者《しゅっけしゃ》（比丘《びく》）が守るべき250カ条の律《りつ》（教団の規則）。

武蔵守宣時《むさしのかみのぶとき》　北条《ほうじょう》宣時。幕府《ばくふ》の重臣《じゅうしん》で、武蔵国の国司《こくし》の長官《ちょうかん》である武蔵守に就任《しゅうにん》していた。

日と日と、月と月と、星と星と、鏡《かがみ》と鏡とを並《なら》べたようになった時　法華経《ほけきょう》の会座《えざ》に諸仏《しょぶつ》・菩《ぼ》薩《さつ》が集った神々《こうごう》しい様子を表《あらわ》している。

娑婆世界《しゃばせかい》　迷《まよ》いと苦難《くなん》に満《み》ちていて、それを耐《た》え忍《しの》ばなければならない世界、すなわち、現実世界のこと。

一町《いっちょう》（本書76ページ）　当時の長さ、面積の単位。ここでは長さのこと。長さは60尺《しゃく》＝約60歩を一町としていた。

本間六郎左衛門尉《ほんまろくろうざえもんのじょう》　北条宣時《ほうじょうのぶとき》に仕《つか》えた武士、本間重連《しげつら》のこと。佐渡国《さどのくに》の守護代《しゅごだい》を務《つと》め、相模《さがみ》の依智《えち》に館《やかた》を持っていた。大聖人《だいしょうにん》は竜《たつ》の口《くち》の法難《ほうなん》の翌日から、佐渡流罪《さどるざい》に向かう10月10日まで、依智の本間邸《てい》に滞在《たいざい》された。

追状《おいじょう》　前の書状《しょじょう》（命令書）に追って出す書状。手紙を出した後に、それを補《おぎな》ったり修正《しゅうせい》する必要が生《しょう》じたときに出す。

名月天子《みょうがってんし》　※本書108ページ「月天」参照。

仏勅《ぶっちょく》　仏《ほとけ》の勅令《ちょくれい》。仏の命令。勅は天子《てんし》の詔《みことのり》の意。仏は教法《きょうほう》の王であるから、その命《めい》を仏勅という。ここでの仏勅とは、見宝塔品《けんほうとうほん》第11で3度にわたって、釈尊《しゃくそん》が滅後《めつご》における法華経《ほけきょう》の弘《ぐ》通《つう》を菩薩《ぼさつ》たちに促《うなが》した「三箇《さんか》の勅宣《ちょくせん》」のこと。

三十三の諸天《しょてん》　忉利天《とうりてん》の意訳。古代インドの世界観で欲界《よっかい》のうちの六欲天《ろくよくてん》の下から2番目。須弥山《しゅみせん》の頂上に位置し、帝釈天《たいしゃくてん》を主とする33の神々（三十三天）が住むとされる。

三昧堂《さんまいどう》　佐渡《さど》・塚原《つかはら》の墓地《ぼち》にあった葬送用《そうそうよう》の堂《どう》。板間《いたま》は合わず壁《かべ》は荒《あ》れ放題にまかせ、日の光も差さない、廃屋同然《はいおくどうぜん》の建物であった。

一間四面《いっけんしめん》の堂《どう》　主柱4本の構造《こうぞう》を持つ建築物《けんちくぶつ》。

あの李陵《りりょう》が胡国《ここく》に入って岩窟《がんくつ》に閉じ込められた　李陵は中国・前漢《ぜんかん》の武将《ぶしょう》。騎馬民族《きばみんぞく》の匈奴《きょうど》と戦い敗《やぶ》れて捕《と》らわれの身となった。

法道三蔵《ほうどうさんぞう》が徽宗皇帝《きそうこうてい》に責《せ》められて顔に焼印《やきいん》を入れられて江南《こうなん》に追放《ついほう》された　法道は中国・宋代《そうだい》の僧《そう》。仏教を軽《かろ》んじた徽宗皇帝を諌《いさ》めたが、かえって迫害《はくがい》された。

須頭檀王《すずだんのう》は阿私仙人《あしせんにん》に責《せ》められて、法華経《ほけきょう》の功《く》徳《どく》を得《え》ました　須頭檀王とは釈尊《しゃくそん》の過去世の修行の姿《すがた》。法華経提婆達多品《だいばだったほん》第12に、正法《しょうほう》を求めて王位を捨て、阿私仙人に従《したが》って修行を重ね、仏果《ぶっか》を得《え》たと説《と》かれている。阿私仙人とは提婆達多の過去世の姿とされる。

善知識《ぜんちしき》　仏法を教え仏道《ぶつどう》に導《みちび》いてくれる人。反対が「悪知識《あくちしき》」。

提婆達多《だいばだった》　※本書39ページ「提婆」参照

善星比丘《ぜんしょうびく》　※本書39ページ「善星」参照

釈尊《しゃくそん》の在世《ざいせ》は今にあり、今は在世です　釈尊の弘通《ぐつう》の様相《ようそう》と、大聖人《だいしょうにん》の弘通の様相はまったく同じであるという意味。釈尊も大聖人も、法華経《ほけきょう》を弘《ひろ》めるために迫害者《はくがいしゃ》たちと戦い、その難《なん》に勝って妙法を弘めた。

本末究竟等《ほんまつくきょうとう》　法華経方便品《ほけきょうほうべんぽん》第2の文《もん》（法華経108ページ）。十如是《じゅうにょぜ》の初めの本《ほん》（如是相《にょぜそう》）から第9の末《まつ》（如是報《にょぜほう》）までが究極的《きゅうきょくてき》に等《ひと》しいこと。ここでは釈尊在世《しゃくそんざいせ》を本、大聖人《だいしょうにん》の御在世を末として、それが一貫して等しいとの意味で用《もち》いられている。

『摩訶止観《まかしかん》』第五巻　天台大師智顗《てんだいだいしちぎ》が講述《こうじゅつ》し、弟子の章安大師灌頂《しょうあんだいしかんじょう》が記《しる》した『摩訶止観』の第5巻。止観の修行を明かす第7章が含《ふく》まれ、一念《いちねん》三千の法門《ほうもん》が明かされている。

三障四魔《さんしょうしま》　三障とは、仏道《ぶつどう》修行を妨《さまた》げる働《はたら》きのことで、①煩悩障《ぼんのうしょう》（煩悩による障《さわ》り）、②業《ごう》障《しょう》（業によって起こる障り。妻子《さいし》などによる妨げなど）、③報障《ほうしょう》（過去世の業の報《むく》いによる障り。国主、父母などによる妨げなど）をいう。四魔とは、修行者の生命から妙法の当《とう》体《たい》としての生命の輝《かがや》きを奪《うば》う働きのことで、①陰魔《おんま》（心身の働きの不調和《ふちょうわ》による妨げ）、②煩悩魔（煩悩によって信心を破壊《はかい》すること）、③死魔《しま》（自他《じた》の死による妨げ）、④天子《てんし》魔《ま》（第六天《だいろくてん》の魔王《まおう》による妨げ。最も本源的《ほんげんてき》な魔）をいう。

迦羅求羅《からぐら》　風を得《え》るとたちまち大きくなるという、仏典《ぶってん》に出てくる想像上の生き物。

第六天《だいろくてん》の魔王《まおう》　三障四魔《さんしょうしま》の中の天子魔《てんしま》に当たり、釈尊《しゃくそん》が覚《さと》りを開くのを妨害《ぼうがい》したといわれる。欲界《よっかい》の第六天にいる他化自在天《たけじざいてん》のこと。

『止観輔行伝弘決《しかんぶぎょうでんぐけつ》』　妙楽大師《みょうらくだいし》による『摩訶止《まかし》観《かん》』の注釈書《ちゅうしゃくしょ》。

善根《ぜんこん》　※本書21ページ参照

東条景信《とうじょうかげのぶ》　安房国東条郡《あわのくにとうじょうぐん》（千葉県鴨川市《かもがわ》）の地《じ》頭《とう》。念仏《ねんぶつ》の強信者《ごうしんじゃ》で立宗《りっしゅう》の時から大聖人《だいしょうにん》に敵《てき》対《たい》し、小松原《こまつばら》の法難《ほうなん》では大聖人に傷《きず》を負《お》わせ、弟子を殺害した。

唯阿弥陀仏《ゆいあみだぶつ》・性諭房《しょうゆぼう》（生喩房）・印性房《いんしょうぼう》・慈道房《じどうぼう》　佐渡流罪《さどるざい》の時、大聖人《だいしょうにん》に敵対《てきたい》した諸宗《しょしゅう》の僧《そう》。

守護所《しゅごしょ》　守護は国ごとに置かれた軍事《ぐんじ》・行政《ぎょうせい》を司《つかさど》る幕府《ばくふ》の役人《やくにん》で、守護所はその役所。大聖《だいしょう》人《にん》の流罪《るざい》当時、佐渡《さど》の守護は北条宣時《ほうじょうのぶとき》、代官《だいかん》は本間六郎左衛門尉重連《ほんまろくろうざえもんのじょうしげつら》であった。

天台宗《てんだいしゅう》　法華経《ほけきょう》を根本として中国・隋《ずい》の天台大《だい》師智顗《しちぎ》を事実上の開祖《かいそ》とする宗派《しゅうは》。智顗は五時の教判《きょうはん》を立てて法華経を宣揚《せんよう》し、また一念《いちねん》三千《さんぜん》の法門《ほうもん》を明かして法華経に基《もと》づく観心《かんじん》の修行を確立した。日本では、平安初期に伝教《でんぎょう》大師最澄《だいしさいちょう》が唐《とう》に渡《わた》って教義《きょうぎ》を学び、帰国後の806年に日本天台宗を開いて法華一乗思想《ほっけいちじょうしそう》を宣揚した。伝教の没後《ぼつご》は密教《みっきょう》（表面からは知り得《え》ぬ教え）を重んじ、天皇《てんのう》・貴族《きぞく》らの要求に迎合《げいごう》して真言《しんごん》の祈禱《きとう》を用《もち》い、教理《きょうり》面でも真言を法華経より優《すぐ》れていると位置づけた。

「経《きょう》」の文《もん》であることを忘れて「論《ろん》」と言ったり、「釈《しゃく》」であることを忘れて「論」と言ったりしました　御書本文は「経文《きょうもん》をわすれて論と云《い》ひ釈をわすれて論と云ふ」。塚原問答《つかはらもんどう》が始まると、念仏者《ねんぶつしゃ》らは、大聖人《だいしょうにん》の破折《はしゃく》に何一つ反論《はんろん》もできず、「経（仏《ほとけ》が説いた教法《きょうほう》）」「論（インドの論師《ろんじ》が経を解釈《かいしゃく》した書）」「釈（人《にん》師《し》が経論《きょうろん》の義《ぎ》を解釈したもの）」の違《ちが》いという基本的なことすら混乱《こんらん》するありさまだった。

弘法大師《こうぼうだいし》　774年～835年。平安初期の僧《そう》。日本真言宗《しんごんしゅう》の開祖《かいそ》。空海《くうかい》ともいう。密教《みっきょう》が最も優《すぐ》れているとし、それ以外を顕教《けんきょう》と呼んで劣《おと》るものとする教判《きょうはん》を立てた。「三鈷《さんこ》を投《な》げた」の三鈷とは真言密教の祈禱《きとう》に用《もち》いる道具で、先端《せんたん》が三つに分かれている金剛杵《こんごうしょ》のこと。弘法が帰朝《きちょう》する際に、中国明州《めいしゅう》の浜より海上に向かって投げた三鈷が後日、高野山《こうやさん》において発見され、高野山こそ感応《かんのう》の地であるとして寺を建立《こんりゅう》し、真言宗の道場《どうじょう》とした、という弘法の邪義《じゃぎ》である。また、「大日如来《だいにちにょらい》の姿《すがた》を現《げん》じた」というのは、弘法の弟子が述《の》べた言葉で、弘法が帰朝して、朝廷《ちょうてい》において諸宗《しょしゅう》の高僧《こうそう》と対論《たいろん》した際に、手に印《いん》を結んで大日如来の姿《すがた》を現《げん》じてみせたという作り話。

不思議《ふしぎ》　仏《ほとけ》の覚《さと》りの境地《きょうち》から発《はっ》する洞察《どうさつ》のこと。ここでは二月騒動《そうどう》の予言。

日蓮《にちれん》の身の不思議《ふしぎ》　御書本文は「日蓮が不思議」。日蓮大聖人《だいしょうにん》こそ、主師親《しゅししん》の三徳《さんとく》を具備《ぐび》された末法《まっぽう》の御本仏《ごほんぶつ》であるということ。

去《さ》る正月十六日のお言葉　文永《ぶんえい》9年（1272年）1月16日、大聖人《だいしょうにん》が塚原《つかはら》の堂《どう》において諸《しょ》宗《しゅう》の僧《そう》らと問答《もんどう》（塚原問答）した後、本間六郎左衛門尉《ほんまろくろうざえもんのじょう》を呼び返して、間《ま》もなく自界叛逆《じかいほんぎゃく》難《なん》、すなわち内乱《ないらん》が起きるであろうと述《の》べたこと。

御赦免状《ごしゃめんじょう》　御書本文は「御赦免の状」。罪《つみ》を許《ゆる》す旨《むね》を記した文書。

蒙古調伏《もうこじょうぶく》　御書本文は「調伏」。蒙古はモンゴル帝国《ていこく》。調伏は敵や魔《ま》を退散《たいさん》させるための密《みっ》教《きょう》等の祈禱儀礼《きとうぎれい》のこと。

還著於本人《げんじゃくおほんにん》　法華経観世音菩薩普門品《ほけきょうかんぜおんぼさつふもんぼん》第25の文《もん》。「還《かえ》って本人《ほんにん》に著《つ》きなん」（法華経635ページ）と読み下《くだ》す。法華経の行者《ぎょうじゃ》に呪《のろ》いや毒薬《どくやく》で危《き》害《がい》を加えようとする者は、かえって自《みずか》らの身に、その害を受けることになるとの意。

御室《おむろ》　①仁和寺《にんなじ》の通称。②1196年〜1249年。道助入道親王《どうじょにゅうどうしんのう》のこと。後鳥羽上皇《ごとばじょうこう》（隠《お》岐法皇《きのほうおう》）の第2皇子。仁和寺で出家《しゅっけ》し、真言《しんごん》宗《しゅう》に帰依《きえ》した。仁和寺は、宇多法皇《うだ》が出家後居住《きょじゅう》したため、敬意《けいい》を込めて「御室」と呼ばれ、その後、同寺の住職《じゅうしょく》となった親王を指して御室と呼ぶに至《いた》った。

竜王《りゅうおう》　経《きょう》により諸説《しょせつ》あるが、法華経《ほけきょう》では八竜王が説《と》かれる。これらは法華経の会座《えざ》において多くの眷属《けんぞく》とともに法華経の行者《ぎょうじゃ》を守護《しゅご》することを誓《ちか》っている。

三度まで国を諫《いさ》めても　大聖人《だいしょうにん》がされた3度の国主諫暁《こくしゅかんぎょう》のこと。「三度の高名《こうみょう》」ともいう。①文応《ぶんおう》元年（1260年）7月16日、時の最高権力者・北条時頼《ほうじょうときより》に「立正安国論《りっしょうあんこくろん》」を提出《ていしゅつ》し、自界叛逆《じかいほんぎゃく》・他国侵逼《たこくしんぴつ》の二難を予言したこと。②文永《ぶんえい》8年（1271年）9月10日の尋《じん》問《もん》の時および9月12日の竜《たつ》の口《くち》の法難《ほうなん》において不当《ふとう》に捕縛《ほばく》された際、平左衛門尉頼綱《へいのさえもんのじょうよりつな》を厳《きび》しく諫め、同じく二難を予言したこと。③文永11年（1274年）4月8日、佐渡流罪《さどるざい》を赦免《しゃめん》されて鎌倉に帰られ、幕府要人《ばくふようじん》から諮問《しもん》を受けた際に再度、頼綱を諫め、蒙古襲来《もうこしゅうらい》が近いと予言したこと。

太宰府《だざいふ》　筑前国《ちくぜんのくに》（福岡県北西部）にあった、壱《い》岐《き》・対馬《つしま》を含《ふく》む九州地方の統治機関《とうちきかん》。貿易《ぼうえき》・外交《がいこう》・国防《こくぼう》に関する問題を扱《あつか》う役所。

悪い時代の悪僧《あくそう》　法華経勧持品《ほけきょうかんじほん》第13に「濁世《じょくせ》の悪比丘《あくびく》」（法華経420ページ）と説《と》かれる、世間《せけん》からあつく尊敬され聖者《せいじゃ》のように思われている高僧《こうそう》、僭聖増上慢《せんしょうぞうじょうまん》のこと。内実は名聞名利《みょうもんみょうり》を求める念《ねん》が強く、慢心《まんしん》を抱《いだ》き、自分より勝《まさ》る者が現《あらわ》れると反発《はんぱつ》・敵対《てきたい》し、世俗《せぞく》の権力を利用して法華経の行者《ぎょうじゃ》を排除《はいじょ》しようとする。

五逆罪《ごぎゃくざい》　5種《しゅ》の最も重い罪《つみ》で、必ず無間地獄《むけんじごく》の苦《く》の果報《かほう》を受ける原因となる行為《こうい》。①父を殺《ころ》す（殺父《せっぷ》）②母を殺す（殺母《せつも》）③阿羅漢《あらかん》を殺す（殺《せつ》阿羅漢）④仏《ほとけ》の身を傷《きず》つけ血を出す（出仏身血《すいぶっしんけつ》）⑤教団を分裂《ぶんれつ》させる（破和合《はわごう》僧《そう》）の五つ。

四重禁戒《しじゅうきんかい》　出家僧《しゅっけそう》が犯《おか》すと教団追放《ついほう》とされた次の四つの重い罪《つみ》を犯さないよう禁止《きんし》し戒《いまし》めること。①殺生《せっしょう》（故意《こい》に人を殺《ころ》すこと）②偸盗《ちゅうとう》（他人のものであることを知りながら盗《ぬす》むこと）③邪婬《じゃいん》（不適切《ふてきせつ》な性交渉《せいこうしょう》をすること）④妄語《もうご》（自《みずか》ら覚《さと》りを得《え》ていないのに得たと妄言《もうげん》をはくこと）。

一闡提《いっせんだい》　覚《さと》りを求める心がなく、成仏《じょうぶつ》する機縁《きえん》をもたない衆生《しゅじょう》をいう。仏《ほとけ》の正法《しょうほう》を信じないでかえって反発《はんぱつ》・誹謗《ひぼう》し、その重罪《じゅうざい》を悔《く》い改《あらた》めない不信《ふしん》・謗法《ほうぼう》の者のことで、無間地獄《むけんじごく》に堕《お》ちるとされる。

いのもりの円頓房《えんどんぼう》　清澄寺《せいちょうじ》に関連する僧《そう》。地域で尊《とうと》ばれていたようだが、臨終《りんじゅう》に地獄《じごく》の相《そう》を現《げん》じて死んだ。

清澄《きよすみ》の西堯房《さいぎょうぼう》・道義房《どうぎぼう》　ともに大聖人御在世《だいしょうにんございせ》当時の安房国《あわのくに》（千葉県南部）清澄寺《せいちょうじ》の住僧《じゅうそう》。当時、尊《とうと》ばれていたが、「無間地獄《むけんじごく》に堕《お》つべし」と大聖人よりその謗法罪《ほうぼうざい》を責《せ》められている通り、現罰《げんばち》を受け悲惨《ひさん》な死に方をした。

片海《かたうみ》の実智房《じっちぼう》　当時、安房国《あわのくに》（千葉県南部）片海に住んでいた僧《そう》。世間《せけん》から尊敬されていたが、臨終《りんじゅう》の時、地獄《じごく》の相《そう》を現《げん》じた。

円智房《えんちぼう》　安房国《あわのくに》（千葉県南部）清澄寺《せいちょうじ》の住僧《じゅうそう》。詳細は不明だが、日蓮大聖人《にちれんだいしょうにん》に敵対《てきたい》した。

一字三礼《いちじさんらい》の法華経《ほけきょう》　天台《てんだい》の写経《しゃきょう》の修行に、一字書いては三度礼をし、また書くという行《ぎょう》があった。この一字三礼によって書いた法華経のこと。

拘留外道《くるげどう》　拘留外道とも。古代インドの六派哲《ろっぱてつ》学《がく》の一つ勝論学派《かつろんがくは》のこと。中国・唐《とう》の智周《ちしゅう》の『成唯識論演秘《じょうゆいしきろんえんぴ》』などでは、数論《すろん》外道（六派哲学の一つ）が石に変じたが、陳那《じんな》の説を石に書いたところ砕《くだ》けてしまったという。しかし、同じく唐の神清《しんしょう》の『北山録《ほくざんろく》』に慧宝《えほう》がつけた注では、勝論外道が変じた石が陳那の批《ひ》判《はん》によって砕けたとしている。大聖人《だいしょうにん》は後者の説を採用されたと思われる。

迦毘羅外道《かびらげどう》　数論学派《すろんがくは》の開祖《かいそ》とされる。因中有《いんちゅうう》果説《かせつ》を説《と》いたとされる。

五戒《ごかい》　古代インドで仏教者として万人が守るべきものとされた行動規範《きはん》。在家《ざいけ》の持《たも》つべき5種の戒《かい》。①不殺生戒《ふせっしょう》（生き物を殺《ころ》すことを禁《きん》ず）②不偸盗戒《ふちゅうとう》（他人の物を盗《ぬす》むことを禁ず）③不邪婬戒《ふじゃいん》（自分の妻・夫以外との淫を禁ず）④不妄語戒《ふもうご》（うそをつくことを禁ず）⑤不飲酒戒《ふおんじゅ》（酒を飲むことを禁ず）の五つをいう。

二十五の善神《ぜんじん》　帝釈天《たいしゃくてん》の命令によって、五戒《ごかい》を持《たも》った者を守護《しゅご》するという25の善神のこと。

頭破作七分《ずはさしちぶん》　頭破七分ともいう。法華経陀羅尼《ほけきょうだらに》品《ほん》第26に「説法者《せっぽうしゃ》を悩乱《のうらん》せば　頭破《こうべわ》れて七分に作《な》ること　阿梨樹《ありじゅ》の枝の如《ごと》くならん」（法華経648ページ）と法華経の行者《ぎょうじゃ》を迫害《はくがい》する者が受ける罰《ばち》が説《と》かれている。心が錯乱《さくらん》して正しく物事の判断ができなくなること。心破作《しんはさ》七分と同意。

無明《むみょう》**の辺域**《へんいき》　「無明に覆《おお》われた境地《きょうち》」の意味。日本真言宗《しんごんしゅう》の祖・弘法《こうぼう》（空海《くうかい》）が、法華経《ほけきょう》の教主《きょうしゅ》である釈尊《しゃくそん》などの仏《ほとけ》を大日如来《だいにちにょらい》に対比《たいひ》して、このように呼んだ。

理同事勝《りどうじしょう》　法華経《ほけきょう》と大日経《だいにちきょう》を比較《ひかく》すると、理《り》（説《と》かれている法理《ほうり》）は同一であるが、事《じ》（修行における実践法など）においては大日経が法華経に勝《すぐ》れているとする説。

阿梨樹《ありじゅ》　インドなどに生育《せいいく》するシソ科の植物アルチャカのこと。1本の茎《くき》の先端《せんたん》から多くの茎が生《は》え、多くの花をつける。頭がいくつにも割《わ》れることの譬喩《ひゆ》として、仏典《ぶってん》でしばしば用《もち》いられる。

文永《ぶんえい》**の大彗星**《だいすいせい》　文永元年（1264年）7月の大彗星を指す。日蓮大聖人《にちれんだいしょうにん》の時代、彗星は時代・社会を一掃《いっそう》する変革《へんかく》をもたらすできごとの兆《きざ》しとして考えられていた。

三界《さんがい》の主《しゅ》　地獄《じごく》から天界《てんかい》までの六道《ろくどう》の迷《まよ》いの衆《しゅ》生《じょう》が住む世界である三界（欲界《よっかい》・色界《しきかい》・無色《むしき》界《かい》）の主のこと。ここでは、三界のうち、欲界の第六天《だいろくてん》の主、他化自在天《たけじざいてん》（第六天の魔《ま》王《おう》）の意。

一町《いっちょう》（本書105ページ）　当時の長さ、面積の単位。ここでは面積（広さ）を表《あらわ》している。

佐《さ》渡《ど》御《ご》書《しょ》

（御書九五六㌻〜九六一㌻）

本抄について

本抄《ほんしょう》は、文永《ぶんえい》9年（1272年）3月、日蓮大聖人《にちれんだいしょうにん》が51歳《さい》の時、流罪地《るざいち》の佐《さ》渡《ど》・塚原《つかはら》から、門下一同《もんかいちどう》に送られたお手紙です。

前年の竜《たつ》の口《くち》の法難《ほうなん》以降、迫害《はくがい》の手は大聖人《だいしょうにん》だけでなく弟子たちにも及《およ》び、投獄《とうごく》・所領没収《しょりょうぼっしゅう》などの処罰《しょばつ》を受けました。こうした中で、弾圧《だんあつ》を恐《おそ》れて退転《たいてん》する者が相次《あいつ》ぎました。大聖人は、難《なん》に動揺《どうよう》する弟子たちを案じられ、文永《ぶんえい》9年2月、御自身が末法《まっぽう》の御本仏《ごほんぶつ》であることを示された「開目抄《かいもくしょう》」を門《もん》下一同《かいちどう》に与えられます。

この2月には、「二月騒動《そうどう》」が起こり、大聖人《だいしょうにん》が「立正安国論《りっしょうあんこくろん》」で述《の》べられた「自界叛逆難《じかいほんぎゃくなん》」の予言が的中《てきちゅう》します。その知らせを受けて認《したた》められたのが本抄《ほんしょう》です。

この手紙は、富木殿《ときどの》の元《もと》へ送り、三郎左衛門殿《さぶろうざえもんどの》（＝四条金吾《しじょうきんご》）、大蔵塔《おおくらとう》の辻《つじ》の十郎入道《じゅうろうにゅうどう》殿《どの》ら、桟敷《さじき》の尼御前《あまごぜん》、そのほかこれをご覧《らん》になっていただくべき方々一人一人に宛《あ》てたものです。京都と鎌倉《かまくら》で起こった合戦《かっせん》（＝二月騒動《そうどう》）で亡《な》くなった方々《かたがた》の名前を書き記《しる》して届けてください。また、「*外典抄《げてんしょう》」、『法華文句《ほっけもんぐ》』の第二巻、『法華玄義《げんぎ》』の第四巻とその注釈書《ちゅうしゃくしょ》、「*勘文《かんもん》」や「*宣旨《せんじ》」などを、こちらへ来られる方は持ってきてください。

世間《せけん》一般において人が恐《おそ》れるものは、炎に包《つつ》まれること（＝事故や災害《さいがい》に遭《あ》うこと）、剣によって襲《おそ》われること（＝暴力や戦乱《せんらん》に巻き込まれること）、そして、この身が死に至《いた》ることです。牛や馬でさえも身を惜《お》しみます。まして人間であればなおさらです。不治《ふじ》の病《やまい》にかかっている人でさえも命を惜しみます。まして健康な人なら言うまでもありません。

仏《ほとけ》はこのように説《と》いています。「*七つの宝を*全宇宙にあふれるほど敷《し》き詰《つ》めて供養《くよう》しても、手の小指を仏や法華経《ほけきょう》に供養することには及《およ》びません（趣意《しゅい》）」（薬王菩薩本事品《やくおうぼさつほんじほん》第23）と。*雪山童子《せっせんどうじ》は（仏の教えを聞くために鬼に）身を投げ与え、*楽法梵志《ぎょうぼうぼんじ》は（仏の教えを書写《しょしゃ》するために）身の皮を剝《は》ぎました。身命《しんみょう》以上に惜《お》しいものはないので、その身命を布施《ふせ》として仏法を修行すれば必ず仏となります。

身命《しんみょう》を捨てる人が、他《た》の宝を仏法のために惜《お》しむでしょうか。また、財宝を仏法のために惜しむような者が、それより大事な身命を捨てることができるでしょうか。

世間《せけん》の道理でも、重き恩《おん》に対しては命を捨てて報《むく》いるものです。また、主君のために命を捨てる人は少ないように思われるけれども、その数は多いのです。男は名誉《めいよ》のために命を捨て、女は男のために命を捨てます。

魚は、命を惜《お》しむので、すみかとしている池が浅いことを嘆《なげ》いて、池の底に穴を掘《ほ》ってすんでいます。しかし、餌《えさ》にだまされて、釣り針をのんでしまうのです。鳥は、すみかとしている木が低いことを恐《おそ》れて、木の上の方の枝にすんでいます。しかし、餌にだまされて網《あみ》にかかってしまいます。

人もまた、これと同じです。世間《せけん》の浅いことのために身命《しんみょう》を失《うしな》うことはあっても、大事な仏法のためには身命を捨てることが難《むずか》しいのです。そのため、仏《ほとけ》になる人もいないのです。

仏法においては、*摂受《しょうじゅ》と折伏《しゃくぶく》のどちらを実践するかは、「時」に応じて決まるのです。例《たと》えていえば、世間《せけん》でいう文武《ぶんぶ》の二道《にどう》のようなものです。そのため、過去の偉大な聖人《しょうにん》は時に応じて仏法を修行したのです。

雪山童子《せっせんどうじ》や*薩埵《さった》王子は、「身を布施《ふせ》とするならば、法を教えよう。その布施行が菩薩《ぼさつ》の修行となるだろう」と迫《せま》られたので身を捨てました。肉を欲しがらない時に身を捨てるべきでしょうか。紙のない時代には身の皮を紙とし、筆のない時には骨を筆とするべきです。

*戒律《かいりつ》を破《やぶ》る人や戒律を持《たも》たない人が非難《ひなん》され、*戒律を持ち、正法《しょうほう》を行《ぎょう》ずる人が重んじられる時代には、さまざまな戒律を堅《かた》く持つべきです。国王が儒教《じゅきょう》や道教《どうきょう》を用《もち》いて仏教を弾《だん》圧《あっ》しようとする時には、道安法師《どうあんほっし》や慧遠《えおん》法師、法道三蔵《ほうどうさんぞう》らのように、命をも顧《かえり》みず、国王を諫《いさ》めるべきです。

仏教の中に*小乗《しょうじょう》と大乗《だいじょう》、*権経《ごんきょう》と実経《じっきょう》が入《い》り乱《みだ》れて、あたかも宝《たから》の珠《たま》と瓦礫《がれき》、牛の乳とロバの乳の違《ちが》いが分からなくなっているような時は、*天台大師《てんだいだいし》や*伝教《でんぎょう》大師らのように大乗と小乗、権教と実教、*顕教《けんきょう》と密教《みっきょう》の違いを厳然《げんぜん》と立て分けるべきです。

畜生《ちくしょう》の心は、弱い者を脅《おど》し、強い者を恐《おそ》れます。今の世の中の僧《そう》たちは、畜生のようなものです。智者《ちしゃ》の立場が弱いことを侮《あなど》り、王の邪悪《じゃあく》な権力を恐れているのです。媚《こ》び諂《へつら》う臣下《しんか》とは、このような者をいうのです。

強い敵を倒《たお》して、初めて真《しん》に力《ちから》のある者であると分かります。

悪王が正法《しょうほう》を破《やぶ》ろうとし、邪法《じゃほう》の僧《そう》たちがその味方をして、智者《ちしゃ》を亡《な》きものにしようとする時は、師子王の心を持《たも》つ者が必ず仏《ほとけ》になるのです。例を挙《あ》げれば、日蓮《にちれん》です。

これは、おごって言うのではありません。正法《しょうほう》を大切にする心が強盛《ごうじょう》だからです。おごっている者は、強敵に遭《あ》うと必ず恐《おそ》れる心が出てくるものです。例を挙《あ》げれば、おごり高ぶっていた阿修羅《あしゅら》が帝釈《たいしゃく》に責《せ》められて、*無熱池《むねっち》の蓮《はす》の中に身を縮《ちぢ》めて隠《かく》れたようなものです。

正法《しょうほう》は、一字一句を実践するだけであっても、時と機根《きこん》に適《かな》っていれば、必ず成仏《じょうぶつ》するのです。どれほど多くの経文《きょうもん》や論書《ろんしょ》を習い学んだとしても、時や機根に相違《そうい》していれば、決して成仏はできません。

宝治《ほうじ》の合戦《かっせん》からすでに二十六年、今年（＝文永9年〈1272年〉）の二月十一日と十七日にまた合戦がありました（＝二月騒動《そうどう》）。仏教以外の教えや悪人は仏《ほとけ》が説《と》いた正法《しょうほう》を破《やぶ》ることはできません。必ず、仏弟子《ぶつでし》らが仏法を破るのです。「*師子身中《しししんちゅう》の虫が、師子を内《うち》から食う」と説かれる通りです。同様に、*大果報《だいかほう》を受けている人を、外の敵が倒《たお》すことはできません。身内によって破られるのです。薬師経《やくしきょう》で「国土に内乱《ないらん》が起こる（自界叛逆難《じかいほんぎゃくなん》）」と説かれているのはこのことです。仁王経《にんのうきょう》には「聖人《しょうにん》が国を去《さ》る時、*七難《しちなん》が必ず起こる」と説かれ、金光明経《こんこうみょうきょう》には「*三十三の諸天《しょてん》がそれぞれ瞋《いか》りや恨《うら》みを表《あらわ》すのは、国王が悪を放置《ほうち》し、退治《たいじ》しないためである」と説かれています。

日蓮《にちれん》は聖人《しょうにん》ではありませんが、法華経《ほけきょう》を、説《と》かれている通りに受持《じゅじ》しているので聖人と同じです。また、世間《せけん》の様相《ようそう》も、あらかじめ知っていたので記《しる》しておきましたが、その通りにならないはずがありません。現世《げんぜ》に言っておいたことが間違《まちが》っていないということに照らして、来世《らいせ》について述《の》べたことに疑《うたが》いを起こしてはなりません。

「日蓮《にちれん》は、この関東の北条御一門《ほうじょうごいちもん》にとって棟梁《とうりょう》であり、太陽や月であり、鏡《かがみ》であり、眼目《がんもく》である。日蓮を捨て去《さ》る時、七難《しちなん》が必ず起こるであろう」と、去年（＝文永8年〈1271年〉）の九月十二日、（竜《たつ》の口《くち》の法難《ほうなん》で）幕府《ばくふ》によって捕《と》らえられた時、大音声《だいおんじょう》を放《はな》って叫《さけ》んだのはこのことです。それからわずかに六十日や百五十日で、このこと（＝自界叛逆難《じかいほんぎゃくなん》）が起こりました。しかし、これは前兆《ぜんちょう》です。本当の悪業《あくごう》の報《むく》いが現《あらわ》れた時、どれほど嘆《なげ》かわしいことになるでしょうか。

世間《せけん》の愚者《ぐしゃ》が思って言うには「日蓮《にちれん》が智者《ちしゃ》であるなら、どうして国家からの弾圧《だんあつ》に遭《あ》うのか」などと申します。しかし、日蓮は、（難《なん》に遭うことは）かねてから分かっていたのです。

父と母を殺《ころ》そうとした子がいました。*阿闍世王《あじゃせおう》です。*阿羅漢《あらかん》を殺し、仏《ほとけ》の身を傷《きず》つけ、血を出させた者がいました。*提婆達多《だいばだった》です。阿闍世王の六人の重臣《じゅうしん》はそれを褒《ほ》めたたえ、提婆達多の弟子の瞿伽利《くぎゃり》らは喜びました。

日蓮《にちれん》は今の世にあっては、この北条御一門《ほうじょうごいちもん》の父母《ふぼ》であり、仏《ほとけ》や阿羅漢《あらかん》のようなものです。ところがその日蓮を流罪《るざい》にし、主君も家来《けらい》もともに喜んでいます。これは、哀《あわ》れで恥《はじ》知らずな者たちです。謗法《ほうぼう》の僧《そう》たちは、日蓮によって自身の災《わざわ》いが明らかになったことを以前は嘆《なげ》いていましたが、日蓮らがこのような身となったことを今は喜んでいることでしょう。しかし、後には彼らの嘆きは、今の日蓮の一門の嘆きに劣《おと》ることはありません。例を挙《あ》げれば、藤原泰衡《ふじわらのやすひら》が、弟の忠衡《ただひら》を討《う》ち、さらに源義経《みなもとのよしつね》を討って、その時は喜んだようなものです。

すでに北条一門《ほうじょういちもん》を滅《ほろ》ぼす*大鬼《だいき》がこの国に入っているに違《ちが》いありません。法華経《ほけきょう》に説《と》かれている「悪鬼《あっき》がその身に入《い》る（悪鬼入其身《にゅうごしん》）」（勧持品《かんじほん》第13）とはこのことです。

また、日蓮《にちれん》がこのように迫害《はくがい》されるのも、過去世でつくった悪業《あくごう》がないわけではありません。常不軽菩薩品第二十《じょうふきょうぼさつほん》には、「自分の罪《つみ》がなくなって（*其罪畢已《ございひっち》）」と説《と》かれています。*不軽菩薩が数え切れないほどの謗法《ほうぼう》の人々にののしられ、打たれたことも、過去世の業《ごう》の報《むく》いであったということです。ましてや日蓮は、今世《こんぜ》では貧《まず》しく卑《いや》しい身分に生まれ、*旃陀羅《せんだら》の家の出身です。心でこそ少し法華経《ほけきょう》を信じているようですが、*身は人間に似ながら畜生《ちくしょう》の身です。魚や鳥を食べている両親の赤白二渧《しゃくびゃくにたい》（＝卵子と精子）から生まれ、その中に精神を宿《やど》しています。それは、濁《にご》った水に月が映《うつ》っているようなものです。糞《ふん》を入れる袋《ふくろ》の中に金を包《つつ》んでいるようなものです。心は法華経を信じているので、梵天《ぼんてん》や帝釈《たいしゃく》さえをも恐《おそ》ろしいとは思いません。しかし、身は畜生の身です。体と心が釣《つ》り合っていないので愚者《ぐしゃ》が侮《あなど》るのも道理です。心も体と比《くら》べるからこそ、月や金にも例《たと》えることができます。

また、過去世の謗法《ほうぼう》を考えてみれば、誰がそれを知ることができましょうか。わが心は*勝意比丘《しょういびく》の魂《たましい》でしょうか。*大天《だいてん》の魂でしょうか。不軽菩薩《ふきょうぼさつ》を軽《かろ》んじののしった者たちの類《たぐい》でしょうか。寿量品《じゅりょうほん》にある、謗法の毒気《どっけ》が深く入《はい》り、本心を失《うしな》った者たちの残りでしょうか。法華経《ほけきょう》の説法《せっぽう》の場から立ち去《さ》った五千人の増上慢《ぞうじょうまん》の眷属《けんぞく》（＝仲間）でしょうか。*大《だい》通智勝仏《つうちしょうぶつ》の昔に縁《えん》しても発心《ほっしん》しなかった者たちの流れをくんでいるのでしょうか。宿業《しゅくごう》は、計《はか》り知れません。

鉄は鍛《きた》え打てば剣《つるぎ》となります。賢人《けんじん》・聖人《しょうにん》はののしられて（本物であるかどうかを）試《ため》されるものです。私がこのたび受けた処罰《しょばつ》（＝竜《たつ》の口《くち》の法難《ほうなん》・佐渡流罪《さどるざい》）には世間《せけん》における罪《つみ》はまったくありません。ただひとえに、過去世でつくった悪業《あくごう》の重罪《じゅうざい》を今世《こんぜ》で消して、来世《らいせ》の三悪道《さんあくどう》（＝地獄《じごく》・餓鬼《がき》・畜生《ちくしょう》）の苦しみを免《まぬか》れるためのものなのです。

般泥洹経《はつないおんぎょう》では「来《きた》るべき時代に、形ばかり袈裟《けさ》を着て、わが（＝釈尊《しゃくそん》の）仏法の中において出家《しゅっけ》し仏道《ぶつどう》を志《こころざ》しているようでも、堕落《だらく》し、修行を怠《なま》け、これらの大乗経典《だいじょうきょうてん》を誹謗《ひぼう》する者が現《あらわ》れるだろう。まさに知るべきである。これらの者は皆、今日《こんにち》の仏法に背《そむ》く者たちである」と説《と》かれています。

この経文《きょうもん》を見る者は自身を恥《は》じるべきです。今の末法《まっぽう》の僧《そう》たちのように、出家《しゅっけ》をして袈《け》裟《さ》をかけながら堕落《だらく》し、修行を怠《なま》けている者は、釈尊《しゃくそん》がいた時代の*六師外道《ろくしげどう》の弟子であると、仏《ほとけ》は書き残されているのです。

*法然《ほうねん》の一派《いっぱ》と*大日能忍《だいにちのうにん》の一派は、それぞれ念仏宗《ねんぶつしゅう》、禅宗《ぜんしゅう》と称《しょう》しています。念仏宗は法華《ほけ》経《きょう》に「捨てよ、閉《と》じよ、閣《さしお》け、抛《なげう》て（捨閉閣抛《しゃへいかくほう》）」の四字を加えて正法《しょうほう》を捨てさせ、権教《ごんきょう》の阿弥陀如来《あみだにょらい》の名をたたえる修行だけを主張《しゅちょう》しています。また禅宗は「釈尊《しゃくそん》の覚《さと》りは経文《きょうもん》とは別に伝えられている（教外別伝《きょうげべつでん》）」と言って、法華経は月をさす指《ゆび》であり、法華経を読むのはただ文字を数えているようなものにすぎないなどと笑っています。こうした者たちは、六師外道《ろくしげどう》の流れをくむ者が仏教の中に現《あらわ》れてきたものです。

なんと嘆《なげ》かわしいことでしょうか。涅槃経《ねはんぎょう》では、仏《ほとけ》が光明《こうみょう》を放《はな》って大地の下の*百三十六の地獄《じごく》を照らした時、罪人《ざいにん》は一人もいませんでした。法華経《ほけきょう》の寿量品《じゅりょうほん》によって皆、成仏《じょうぶつ》したからです。ただし、*一闡提人《いっせんだいにん》といって謗法《ほうぼう》の者だけは地獄の番人によってとどめられていました。彼らが源《みなもと》となって広がり、現在の日本国の全《すべ》ての人々となったのです。

日蓮《にちれん》も過去の謗法《ほうぼう》の種子《しゅし》を持った者なので、今世《こんぜ》では念仏者《ねんぶつしゃ》となって数年の間、法華経《ほけきょう》の行者《ぎょうじゃ》を見ては「成仏《じょうぶつ》した者は、まだ一人もいない（未有一人得者《みういちにんとくしゃ》）」「往生《おうじょう》する者は、千人のうち一人もいない（千中無一《せんちゅうむいち》）」などとあざ笑っていました。今、その謗法の酔《よ》いが覚《さ》めてみると、酒に酔った者が父母を打ちすえて喜んでいたのが、酔いが覚めて後悔《こうかい》するようなものです。後悔してもどうすることもできません。この罪《つみ》は消し難《がた》いのです。

まして、心中《しんちゅう》に染《そ》まった過去の謗法《ほうぼう》はなおさらです。経文《きょうもん》を拝見《はいけん》すると、烏《からす》が黒いのも鷺《さぎ》が白いのも過去世の業《ごう》が強く染《し》み込んだためなのです。外道《げどう》はそれを知らずにもともとそうであるといいます。また、今の人は、日蓮《にちれん》が謗法の罪《つみ》を経文によって明らかにして助けようとすると、自分の身には謗法がないと強く言い張って、「法華経《ほけきょう》の門を閉じよ」と法然《ほうねん》が書いていることについても、あれこれと日蓮に反論《はんろん》しようとするのです。

念仏者《ねんぶつしゃ》はさておき、天台宗《てんだいしゅう》や真言宗《しんごんしゅう》などの人々までが、ことさらに念仏の味方をするのです。今年（＝文永9年〈1272年〉）一月十六日と十七日に佐渡国《さどのくに》の念仏者など数百人、その中の印性房《いんしょうぼう》という者が念仏者の中心でしたが、日蓮《にちれん》の元《もと》に来て言いました。「法然上《ほうねんしょう》人《にん》は法華経《ほけきょう》を抛《なげう》てなどと書かれたのではない。全《すべ》ての人々に念仏を唱えさせたのである。

この念仏の大功徳《だいくどく》によって極楽浄土《ごくらくじょうど》に生まれることは疑《うたが》いないと書き記《しる》したのを、*比叡山《ひえいざん》の僧《そう》で佐渡に流されている者たちや*園城寺《おんじょうじ》の僧たちが、『素晴《すば》らしい、素晴らしい』と褒《ほ》めているのに、なぜ、あなたは念仏を破《やぶ》るのか」と。鎌倉の念仏者よりもはるかに愚《おろ》かであり、恥《はじ》知らずというしかありません。

ますます、日蓮《にちれん》の過去世、今世《こんぜ》、先日に至《いた》るまでの謗法《ほうぼう》は恐《おそ》ろしい。どうして、このような者の弟子となったのでしょうか。どうして、このような国に生まれたのでしょうか。この先、どのようになっていくのか思いもよりません。

般泥洹経《はつないおんぎょう》では「弟子たちよ。過去世に、計《はか》り知れないほどの多くの罪《つみ》や、さまざまな悪《あく》業《ごう》をつくっていたなら、それらの罪の報《むく》いとして、あるいは人々に軽《かろ》んじられ、あるいは姿《すがた》や顔かたちが醜《みにく》く、衣服は足りず、食べ物は粗末《そまつ》でわずかであり、富《とみ》を求めても得《え》られず、貧《まず》しく身分の低い家や誤《あやま》った思想の家に生まれ、あるいは権力者による迫害《はくがい》に遭《あ》う」と説《と》かれています。さらに「また、他《た》のさまざまな人間の過去世の行《おこな》いの報いとしての苦しみを受ける。こうした報いを現世《げんぜ》で軽く受けるのは、正法《しょうほう》を護《まも》る功徳《くどく》の力《ちから》によるのである」と説かれています。

この経文《きょうもん》は、日蓮《にちれん》のこの身がなければ、間違《まちが》いなく仏《ほとけ》の偽《いつわ》りの言葉となってしまったでしょう。

一には「あるいは人々に軽《かろ》んじられる」、二には「あるいは姿《すがた》や顔かたちが醜《みにく》い」、三には「衣服が足りない」、四には「食べ物が粗末《そまつ》でわずかである」、五には「富《とみ》を求めても得《え》られない」、六には「貧《まず》しく身分の低い家に生まれる」、七には「誤《あやま》った思想の家に生まれる」、八には「権力者による迫害《はくがい》に遭《あ》う」とあります。この八句はただ日蓮《にちれん》一人がわが身で受けているのです。

高い山に登《のぼ》る者は必ず下《くだ》ります。人を軽《かろ》んじればかえって自分が人に軽んじられます。容姿《ようし》が立派《りっぱ》で整《ととの》っている人を誹《そし》れば、その報《むく》いを受けて醜《みにく》い容姿になります。人の衣服《いふく》や食べ物を奪《うば》えば必ず餓鬼《がき》の境涯《きょうがい》となります。戒律《かいりつ》を持《たも》つ尊貴《そんき》な人を笑えば、貧しく身分の低い家に生まれます。正法《しょうほう》を信じる家を誹れば誤《あやま》った思想の家に生まれます。*十善戒《じゅうぜんかい》を持つ者を笑えば、一国の民に生まれてその国の王からの迫害《はくがい》に遭《あ》います。これらは通常の*因果《いんが》として定《さだ》まった法です。

しかし、日蓮《にちれん》が受けている八種の報《むく》いは、今述《の》べた因果《いんが》によるものではありません。法《ほ》華経《けきょう》の行者《ぎょうじゃ》を過去に軽《かろ》んじたからであり、月と月とを並べ、星と星とを連《つら》ね、（中国の名山である）華山《かざん》に華山を重ね、宝玉《ほうぎょく》と宝玉とを連ねたように尊《とうと》い経典《きょうてん》である法華経を、ある場合は私たちには深遠《しんえん》すぎてと敬《うやま》いつつも遠ざけて、ある場合は見下《みくだ》してあざ笑ったために、この八種の大難《だいなん》に遭《あ》っているのです。この八種の大難は未来永劫《えいごう》にわたって一つずつ現《あらわ》れるはずだったものを、日蓮が強く法華経の敵《かたき》を責《せ》めたことによって、八種の大難が一時に集まり起こったのです。

例《たと》えていえば民が郷《ごう》や郡《ぐん》などの中に住んでいるうちは、どれほどの借金《しゃっきん》を地頭《じとう》などにしていたとしても厳《きび》しくは取り立てられず、次の年、次の年へと延《の》ばしてもらえます。しかし、その土地を出る時には、全《すべ》てを取り立てられるようなものです。「これは正法《しょうほう》を護《まも》る功徳《くどく》の力《ちから》によるゆえである」とはこのことです。

法華経《ほけきょう》には「仏法に無智《むち》な多くの人々がいて、法華経の行者《ぎょうじゃ》の悪口を言ってののしり、刀《かたな》や杖《つえ》で打ち、瓦礫《がれき》を投げつけるであろう。（中略）国王や大臣《だいじん》、*婆羅門《ばらもん》や有力者に向かって、法華経の行者を貶《おとし》めようと悪く言うであろう。（中略）法華経の行者はたびたびその土地を追われるであろう」（勧持品《かんじほん》第13）とあります。

地獄《じごく》の鬼が罪人《ざいにん》を責《せ》めなければ、罪《つみ》を滅《めっ》して地獄を出る者はいないでしょう。今の国主《こくしゅ》やその臣下《しんか》がいなければ、日蓮《にちれん》が過去の謗法《ほうぼう》の重罪《じゅうざい》を消すことはできません。日蓮は過去の不軽菩薩《ふきょうぼさつ》の立場と同じであり、今の世の人々はまるで不軽菩薩を軽《かろ》んじののしった者たちのようです。人が代《か》わっても、この因《いん》は同じです。父母を殺《ころ》す人は誰であっても同じ*無《む》間《けん》地獄に堕《お》ちます。不軽菩薩と同じ実践をして、どうして日蓮一人が釈迦仏《しゃかぶつ》とならないことがあるでしょうか。また、今日《こんにち》の人々は*跋陀婆羅《ばっだばら》などと言われないことがあるでしょうか。ただ計《はか》り知れないほど長遠《ちょうおん》な期間、阿鼻《あび》地獄において責められることこそふびんに思われます。これをどうすることができるでしょうか。

不軽菩薩《ふきょうぼさつ》を軽《かろ》んじののしった人々は、初めは誹謗《ひぼう》していたけれども、後には心から信じ、付《つ》き従《したが》いました。罪《つみ》の多くは消滅《しょうめつ》して、わずかに残りましたが、その分だけでも父母を千人殺《ころ》したほどの大きな苦しみを受けました。今の世の人々は、悔《く》い改《あらた》める心がありません。譬喩品《ひゆほん》にあるように阿鼻地獄《あびじごく》で無数劫《むすうこう》という果てしなく長い間を過ごすことになるでしょう。三千塵点劫《じんてんごう》や五百塵点劫という長遠《ちょうおん》な歳月《さいげつ》を送ることになるでしょう。

このような人々のことはさておき、それよりも、日蓮《にちれん》を信じているようであった者たちが、日蓮がこのような身になると疑《うたが》いを起こして法華経《ほけきょう》を捨てるだけでなく、かえって日蓮を教え諭《さと》して自分は賢《かしこ》いと思っています。こうした愚《おろ》か者たちが、念仏者《ねんぶつしゃ》よりも長く阿《あ》鼻地獄《びじごく》にいるであろうことはふびんとしか言いようがありません。

阿修羅《あしゅら》が「*仏《ほとけ》は十八界《かい》だが私たちは十九界である」と言い、外道《げどう》が「*仏は一究竟道《いちくきょうどう》だが私は九十五究竟道である」と言ったように、「日蓮御房《ごぼう》は師匠ではいらっしゃるがあまりにも強引《ごういん》だ。私たちは柔《やわ》らかに法華経を弘《ひろ》めよう」などと言っているのは、蛍火《ほたるび》のようなかすかな光が太陽や月を笑い、*蟻塚《ありづか》が華山《かざん》を見下《みくだ》し、井戸や川が大河や海を侮《あなど》り、*鵲《かささぎ》が*鸞《らん》鳳《ほう》を笑うようなものです。笑うようなものです。

南無妙法蓮華経

文永《ぶんえい》九年（＝１２７２年）三月二十日　日蓮《にちれん》（花押《かおう》）

日蓮《にちれん》の弟子たちへ

佐渡国《さどのくに》は紙がない上、一人一人に手紙を差し上げるのは煩雑《はんざつ》になり、また一人でももれれば不満があるでしょう。この手紙を志《こころざし》のある方々《かたがた》は寄り集まってご覧《らん》になり、よく思索《しさく》し心を慰《なぐさ》めてください。世間《せけん》でも、大きな嘆《なげ》きが起これば、小さな嘆きは大《たい》したことではなくなるでしょう。このたびの合戦《かっせん》で亡《な》くなった人々は、謀反《むほん》が事実か事実でないかは置いておくとして、どれほど悲しいことでしょうか。*いざわの入道《にゅうどう》、*さかべの入道はどうなったのでしょうか。*かわのべ山城得行寺殿《やましろとくぎょうじどの》などはどうなったのか書き記《しる》して知らせてください。外典《げてん》の書物である『*貞観政要《じょうがんせいよう》』をはじめ、外典の物語、*八宗《はっしゅう》の相伝書《そうでんしょ》など、これらがなければ手紙も書けないので、どうか必ず送ってください。

【語句の解説】

外典抄《げてんしょう》　仏教以外の諸思想・諸宗教の教えを抜き出し収録《しゅうろく》した書。『弘決《ぐけつ》外典抄』あるいは外典の抄録《しょうろく》を指すなど、諸説がある。

勘文《かんもん》　占いや先例《せんれい》や古典を調べた結果を考察《こうさつ》して作成した意見書。平安時代以後、朝廷《ちょうてい》や幕《ばく》府《ふ》の諮問《しもん》に対して、諸道の専門家が答申《とうしん》した。

宣旨《せんじ》　朝廷《ちょうてい》の命令《めいれい》。また、広く朝廷の命令を下《か》達《たつ》すること。

七つの宝　御書本文は「七宝《しっぽう》」。七宝とは諸説あるが法華経見宝塔品《ほけきょうけんほうとうほん》第11では、金、銀、瑠璃、車渠《しゃこ》、馬脳《めのう》、真珠《しんじゅ》、玫瑰《まいえ》が挙《あ》げられている。

全宇宙　御書本文は「三千大千世界」。古代インドの世界観・宇宙観を用《もち》いて説《と》かれた仏教の世界観。須弥山《しゅみせん》を中心に、太陽・月・四洲《ししゅう》を包含《ほうがん》するものを小《しょう》世界として、それが1000集まったものを小千《しょうせん》世界、小千世界が1000集まったものを中千《ちゅうせん》世界、中千世界が1000集まったものを大千《だいせん》世界と呼ぶ。小千・中千・大千の3種を総称して三千大千世界という。

雪山童子《せっせんどうじ》　※本書107ページ参照

楽法梵志《ぎょうぼうぼんじ》　※本書108ページ参照

摂受《しょうじゅ》と折伏《しゃくぶく》　※本書39ページ参照

薩埵《さった》王子　釈尊《しゃくそん》が過去世に王子として修行していた時の名。飢《う》えに苦しんでいた虎《とら》を哀《あわ》れみ、自分の身を与えて虎を助けたという。

戒律《かいりつ》を破《やぶ》る人や戒律を持《たも》たない人　御書本文は「破戒《はかい》・無戒《むかい》」。戒律とは非《ひ》を防ぎ悪を止《とど》めるためのもので、仏道《ぶつどう》修行のために守るべき規《き》範《はん》のこと。ここで「破戒」とは受持《じゅじ》した戒律を破る人で、「無戒」とは戒律を初めから持たない人。

戒律《かいりつ》を持《たも》ち、正法《しょうほう》を行《ぎょう》ずる人　御書本文は「持《じ》戒《かい》・正法」。ここで「持戒」とは、仏法者としての戒《いまし》めや規律《きりつ》を守る人。「正法」とは、正しく仏法を実践する人。

小乗《しょうじょう》と大乗《だいじょう》　※本書59ページ参照

権経《ごんきょう》と実経《じつきょう》　※本書60ページ参照

天台大師《てんだいだいし》　※本書20ページ「天台」参照

伝教大師《でんぎょうだいし》　※本書38ページ参照

顕教《けんきょう》（経）と密教《みっきょう》（経）　顕教（経）とは経文上《きょうもんじょう》に言葉で明らかに説き示された教え、経典《きょうてん》。密教（経）とは秘密に説かれ、表面からは知り得《え》ぬ教え、経典のこと。当時においては、真《しん》言《ごん》密教と天台《てんだい》密教が知られる。いずれも密教が勝《すぐ》れるとされていた。

無熱池《むねっち》　古代インドの想像上の池。炎熱《えんねつ》の苦しみがない。

師子身中《しししんちゅう》の虫　師子（ライオン）の身の内部に発生してその師子を食べてしまう虫のこと。仏法が、仏教以外を信じる者によってではなく、かえって仏教者によって破壊《はかい》されることをたとえている。

大果報《だいかほう》を受けている人　御書本文は「大果報の人」。果報は善悪《ぜんあく》の行《おこな》いの結果としてもたらされる報《むく》い。

七難《しちなん》　正法《しょうほう》に背《そむ》き、また正法を受持《じゅじ》する者を迫《はく》害《がい》することによって起こる7種の災難。仁王《にんのう》経《きょう》には①日月失度難《にちがつしつどなん》（太陽や月の異常現象）②星宿《しょうしゅく》失度難（星の異常現象）③災火難《さいか》（種々の火災）④雨水難《うすい》（異常な降雨《こうう》・降雪《こうせつ》や洪水《こうずい》）⑤悪風難《あくふう》（異常な風）⑥亢陽難《こうよう》（干《かん》ばつ）⑦悪賊難《あくぞく》（内外の賊による戦乱）。

三十三の諸天《しょてん》　※本書112ページ参照

阿闍世王《あじゃせおう》　釈尊在世《しゃくそんざいせ》から滅後《めつご》にかけてのインド

の大国・マガダ国の王。釈尊に敵対《てきたい》していた提婆達多《だいばだった》にそそのかされ、釈尊に帰依《きえ》していた父を幽閉《ゆうへい》して死亡させ王位についた。その後も提婆達多と結託《けったく》し、象《ぞう》に酒を飲ませて暴《あば》れさせるなどして釈尊や弟子たちを殺《ころ》そうとした。後に、父を殺した罪《つみ》に悩み、全身に大《だい》悪瘡《あくそう》（悪いできもの）ができた。その際、大臣・耆婆《ぎば》の勧《すす》めで釈尊の説法《せっぽう》を聞いて癒《い》えたという。阿闍世王は深く罪を詫《わ》び、仏法に帰依した。釈尊滅後《めつご》は仏典結集《ぶってんけつじゅう》を外護《げご》するなど、仏法を護《まも》ったとされる。

阿羅漢《あらかん》　※本書36ページ参照

提婆達多《だいばだった》　※本書39ページ「提婆」参照

大鬼《だいき》　※本書107ページ「大鬼神」参照

其罪畢已《ございひっち》　法華経常不軽菩薩品《ほけきょうじょうふきょうぼさつほん》第20の文《もん》。不軽菩薩は人々からの迫害《はくがい》を受けたことで、過去の謗法《ほうぼう》の罪《つみ》を受け尽くして消し去《さ》ることができた。

不軽菩薩《ふきょうぼさつ》　※本書37ページ参照

旃陀羅《せんだら》　古代インドの身分制度で四つの身分のさらに下とされた最下層《さいかそう》の身分。

身は人間に似ながら畜生《ちくしょう》の身　御書本文は「身は人身《じんしん》に似て畜身《ちくしん》なり」。魚や鳥を食べて自分の体ができていることから、内実は畜生の身と変わりがないということ。

勝意比丘《しょういびく》　諸法無行経《しょほうむぎょうきょう》では、師子音王仏《ししおんのうぶつ》の末法《まっぽう》の世に菩薩道《ぼさつどう》を行《ぎょう》じた比丘とされる。同じく菩薩道を行じ、諸法の実相《じっそう》を衆生《しゅじょう》に教えていた喜根《きこん》比丘を誹謗《ひぼう》した。

大天《だいてん》　※本書61ページ参照

大通智勝仏《だいつうちしょうぶつ》の昔に縁《えん》しても発心《ほっしん》しなかった者たちの流れをくんでいる　御書本文は「大通第三の余流《よりゅう》」。大通第三とは、釈尊《しゃくそん》の過去世の姿《すがた》の一つ、大通智勝仏の第16王子が法華経《ほけきょう》を説《と》いた時に、法華経を聞きながら発心できなかった者のこと。余流とは、その流れをくむ者をいう。

六師外道《ろくしげどう》　釈尊《しゃくそん》の時代にガンジス川中流域のインド中心部で勢力《せいりょく》のあった、６人の仏教以外の思想の指導者のこと。六師は既成《きせい》のバラモンの権威《けんい》を否定して自由な思想を展開し、新《しん》興《こう》の王侯《おうこう》貴族《きぞく》・商人たちの支持と援助《えんじょ》を受けた。それぞれが独自の主張《しゅちょう》をもち、当時の社会で新しい思想の代表と見なされていた。

法然《ほうねん》　※本書40ページ参照

大日能忍《だいにちのうにん》　御書本文は「大日」。生没年不詳。平安末期から鎌倉初期の僧《そう》。日本達磨宗《だるましゅう》の祖《そ》。もとは天台密教《てんだいみっきょう》の僧だったが、弟子を介《かい》して中国・宋《そう》から臨済宗《りんざいしゅう》の禅《ぜん》を輸入《ゆにゅう》し、「達磨宗」と称して、摂津国《せっつのくに》の三宝寺《さんぽうじ》（大阪府吹田市）を拠点《きょてん》に広めた。

百三十六の地《じ》獄《ごく》　御書本文は「一百三十六地獄」。八大地獄にはそれぞれに16の付随的《ふずいてき》な小地獄があるので、合計１３６の地獄の苦しみとなる。

一闡提人《いっせんだいにん》　※本書117ページ参照

比叡山《ひえいざん》の僧《そう》　園城寺《おんじょうじ》の僧　御書本文は「山僧《さんそう》」「寺法師《てらほっし》」。比叡山とは、ここでは日本天台宗《てんだいしゅう》の総本山《そうほんざん》である延暦寺《えんりゃくじ》のこと。園城寺は天台宗寺門派《じもんは》の総本山。

十善戒《じゅうぜんかい》　御書本文は「善戒」。身《しん》・口《く》・意《い》の三《さん》業《ごう》にわたって十悪《じゅうあく》を防止《ぼうし》する制戒《せいかい》で、十善道《じゅうぜんどう》ともいう。①不殺生《ふせっしょう》②不偸盗《ふちゅうとう》③不邪婬《ふじゃいん》④不妄《ふもう》語《ご》⑤不両舌《ふりょうぜつ》（二枚舌《にまいじた》を使わない）⑥不悪口《ふあっく》⑦不綺語《ふきご》（偽《いつわ》り飾《かざ》る言葉を言わない）⑧不貪欲《ふとんよく》⑨不瞋恚《ふしんに》⑩不邪見《ふじゃけん》。十善を行《ぎょう》ずる果報《かほう》は、天《てん》上《じょう》に生《しょう》じて梵天王《ぼんてんのう》となり、世間《せけん》に生じては転《てん》輪聖王《りんじょうおう》となると経典《きょうてん》に説《と》かれている。

通常の因果《いんが》　御書本文は「常《つね》の因果」。普通一般の因果応報《おうほう》のこと。因果応報とは、あらゆる物事《ものごと》には三世《さんぜ》にわたって因果律《りつ》が貫《つらぬ》かれており、悪因《あくいん》には必ず苦果《くか》、善因《ぜんいん》には必ず楽果《らっか》が生《しょう》ずること。

婆羅門《ばらもん》　バラモンのこと。古代インドの身分制度における最上位の階層《かいそう》。ここでは社会的に尊貴《そんき》とされた人々を指すと思われる。

無間地獄《むけんじごく》　※本書40ページ「阿鼻地獄」参照

跋陀婆羅《ばつだばら》　法華経《ほけきょう》の説法《せっぽう》に出席した菩薩《ぼさつ》の一人。過去世に増上慢《ぞうじょうまん》の四衆《ししゅ》の一人として不軽《ふきょう》菩薩《ぼさつ》に対して誹謗《ひぼう》し、一千劫《こう》の間、阿鼻地獄《あびじごく》に堕《お》ちたが、後に逆縁《ぎゃくえん》の功徳《くどく》によって釈尊《しゃくそん》の在世《ざいせ》に生まれ、法華経に巡《めぐ》り合えた。

仏《ほとけ》は十八界《かい》だが私たちは十九界である　御書本文は「仏は十八界我《われ》は十九界」。仏が四諦《したい》、五陰《ごおん》、十二入《にゅう》、十八界を説いたのに対し、魔《ま》王《おう》が仏を中傷《ちゅうしょう》するために五諦《ごたい》、六陰《ろくおん》、十三入、十九界と、それぞれ一つずつ加えて、自分がより広い覚《さと》りを得《え》たと自慢《じまん》し、人々を惑《まど》わせ退転《たいてん》させようとした。

仏《ほとけ》は一究竟道《いちくきょうどう》だが私は九十五究竟道である　御書本文は「仏は一究竟道我《われ》は九十五究竟道」。究竟とは極《きわ》め尽くしたことの意。釈尊《しゃくそん》が一仏乗《いちぶつじょう》を説《と》いたのに対して、外道《げどう》は95派《は》に分かれ、95の覚《さと》りがあるとしていた。

蟻塚《ありづか》　アリやシロアリが作った柱状《ちゅうじょう》・円錐状《えんすいじょう》の巣《す》。土砂《どしゃ》や落ち葉などを積《つ》み上げて固《かた》めたもの。

鵲《かささぎ》　御書本文は「烏鵲《かささぎ》」。カラス科の鳥。全長約45センチ。尾が長く、肩と腹が白く、ほかは緑《りょく》色光沢《しょくこうたく》のある黒色。

鸞鳳《らんほう》　鸞鳥《らんちょう》と鳳凰《ほうおう》のこと。古代中国で聖人《しょうにん》が出現する時、その瑞相《ずいそう》として現れるとされる伝説上の鳥。

いざわの入道《にゅうどう》 さかべの入道 かわのべ山城得行寺殿《やましろとくぎょうじどの》 いずれも大聖人御在世《だいしょうにんございせ》当時の門下《もんか》と考えられる。詳細は不明で、一説には、竜の口《たつのくち》の法難《ほうなん》の際、土牢《つちろう》に幽閉《ゆうへい》された人々とされているが、定《さだ》かではない。

『貞観政要《じょうがんせいよう》』 中国・唐《とう》の歴史家・呉兢《ごきょう》の編著《へんちょ》。10巻。貞観とは唐の太宗《たいそう》時代の年号。太宗の伝記《でんき》や、太宗と群臣《ぐんしん》との問答《もんどう》、名臣《めいしん》たちの事績《じせき》を分類・編纂《へんさん》したもの。帝王《ていおう》の書、治道《ちどう》の書として広く読まれ、日本にも早くから伝わった。

八宗《はっしゅう》の相伝書《そうでんしょ》 御書本文は「八宗の相伝」。倶舎《くしゃ》・成実《じょうじつ》・律《りつ》・法相《ほっそう》・三論《さんろん》・華厳《けごん》・天台《てんだい》・真言《しんごん》の八宗の相伝を記《しる》した書物のこと。

可延定業書《かえんじょうごうしょ》

（御書九八五ページ～九八六ページ）

本抄について

本抄《ほんしょう》は、下総国葛飾郡《しもうさのくにかつしかぐん》八幡荘若宮《やわたのしょうわかみや》（千葉県市川市若宮）に住む富木常忍《ときじょうにん》の妻、富木尼御前《あまごぜん》に送られたお手紙です。これまで弘安《こうあん》2年（1279年）の御《ご》述作《じゅっさく》とされてきましたが、現在では文永《ぶんえい》12年（1275年）説が有力とされています。

題号《だいごう》にある「定業《じょうごう》」の「業」とは、身や口（言葉）や心による善悪《ぜんあく》にわたる行為《こうい》を指します。それが原因となって、さまざまな苦楽の報《むく》いが結果として現《あらわ》れます。「定業」は、報いの内容や現れる時期が定《さだ》まっている業のことです。本抄《ほんしょう》では、この定業を特に「寿命《じゅみょう》」の意味で用《もち》いられています。

富木尼御前《ときあまごぜん》は病《やまい》と闘《たたか》っており、日蓮大聖人《にちれんだいしょうにん》は本抄《ほんしょう》で、妙法の力《ちから》で必ず定業《じょうごう》を転換し寿命《じゅみょう》を延《の》ばすことができると、励《はげ》まされています。

病《やまい》には二種類あります。一つは軽い病、二つは重い病です。重い病でさえ、良い医者に出会って、すぐに治療《ちりょう》すれば命が助かります。まして軽い病であれば、言うまでもありません。

業《ごう》には二種類あります。一つは*定業《じょうごう》、二つは*不定業《ふじょうごう》です。定業でさえ、よくよく*悔《く》い改《あらた》めれば必ず消滅《しょうめつ》します。まして不定業であれば、言うまでもありません。

法華経《ほけきょう》の第七巻に「この経は全世界の人の病《やまい》の良薬《りょうやく》である」（薬王菩薩本事品《やくおうぼさつほんじほん》第23）とあります。この経文《きょうもん》は法華経の文です。

釈尊《しゃくそん》が生涯《しょうがい》に説《と》いた尊《とうと》い教えは、皆、仏《ほとけ》のお言葉であり、計《はか》り知れないほどの昔から今まで、偽《いつわ》りを説かなかった人の言葉です。その中でも特にこの法華経《ほけきょう》は、仏が「きっぱりと仮《かり》の教えを捨てて（正直捨方便《しょうじきしゃほうべん》）」（方便品《ほうべんぼん》第2）と言われているように、真実の中の真実なのです。加えて、*多宝如来《たほうにょらい》が正しいと証明し、あらゆる仏が天まで*舌を伸《の》ばして真実だと証明しました。どうして真実の経典《きょうてん》でないことがあるでしょうか。

その上、最も第一の秘密《ひみつ》のことがあります。この経文《きょうもん》（＝薬王菩薩本事品《やくおうぼさつほんじほん》第23）は「後《のち》の五百年」、つまり釈尊《しゃくそん》が亡《な》くなった後、二千五百年余《あま》りの時、女の人に病《やまい》があるだろうと説《と》かれている文なのです。

＊阿闍世王《あじゃせおう》は五十歳の年の二月十五日に大きな悪性のできものが体に出てきました。名医・耆婆《ぎば》の力《ちから》も及《およ》ばず、三月七日には必ず死んで＊無間地獄《むけんじごく》に堕《お》ちるはずでした。五十年余《あま》りの間の大きな楽しみが一度に消え、一生の大きな苦しみがこの＊二十一日間に集まりました。定業《じょうごう》によって、寿命《じゅみょう》に限りがありましたが、仏《ほとけ》が法華経《ほけきょう》の教えを再《ふたた》び詳《くわ》しく説《と》いて、涅槃経《ねはんぎょう》と名付けて阿闍世大王に与えたところ、身の病《やまい》はたちまちに治《なお》り、心の重罪《じゅうざい》も一度に露《つゆ》のように消えました。

仏《ほとけ》の亡《な》くなった後、千五百年余《あま》りの時、陳臣《ちんしん》という人がいました。「寿命《じゅみょう》は＊天命《てんめい》を知る年まで」といって五十年に定《さだ》まっていましたが、弟の＊天台大師《てんだいだいし》の教えを受けて、十五年寿命を延《の》ばして六十五歳まで生きました。

その上、不軽菩薩《ふきょうぼさつ》においては「更《さら》に寿命《じゅみょう》を増す＊（更増寿命《きょうぞう》）」（常不軽菩薩品《じょうふきょうぼさつほん》第20）と説《と》かれているように、法華経《ほけきょう》を修行して業《ごう》によって定《さだ》まっていた寿命を延《の》ばしました。

彼らは皆、男性です。女性ではありませんが、法華経《ほけきょう》を修行して寿命《じゅみょう》を延《の》ばしました。

また陳臣《ちんしん》は、「後《のち》の五百年」の時にも当たりません。冬に稲が実り、夏に菊の花が咲いたようなものです。

今、末法《まっぽう》の女性が法華経《ほけきょう》を修行して定業《じょうごう》を転換することは、秋に稲が実り、冬の初めに菊の花が咲くのと同じです。誰が驚《おどろ》くでしょうか。

ですから、日蓮《にちれん》が悲母《はは》のことを祈ったところ、生きているうちに病《やまい》を治《なお》しただけではなく、四年寿命《じゅみょう》を延《の》ばしました。

あなたは今、女性の身で病《やまい》にかかっています。試《こころ》みに法華経《ほけきょう》の信心を奮《ふる》い起こしてごらんなさい。

しかも良い医者がいます。その人、中務三郎左衛門尉殿《なかつかさのさぶろうざえもんのじょうどの》（＝*四条金吾《しじょうきんご》）は法華経《ほけきょう》の行者《ぎょうじゃ》です。

命というものは、この身にとって第一の貴重《きちょう》な宝です。たとえ一日でも、寿命《じゅみょう》を延《の》ばすなら、千万両もの莫大《ばくだい》な金にも勝《まさ》るのです。法華経《ほけきょう》が、釈尊《しゃくそん》の生涯《しょうがい》に説《と》いた全《すべ》ての教えの中で、他《た》をはるかに超《こ》えて、大変素晴《すば》らしいと言われるのは、*寿量品《じゅりょうほん》があるからなのです。

世界一の王子であっても、短命《たんめい》であれば草よりも軽い。太陽のように智慧《ちえ》の輝《かがや》いている人であっても、若くして死んでしまえば、生きている犬にも劣《おと》ります。

早く「心ざし」という財《たから》（＝信心）を重ねて、早急に病《やまい》を治《なお》しなさい。

私から四条金吾殿《しじょうきんごどの》に話してもよいけれども、人というものは、他人が頼《たの》むことによって良い場合もあり、また、他人が頼むと、本人の誠意《せいい》が足りないのではと思う人もいます。

人の心は分かりにくい上、以前に少々同じようなことがありました。この人（＝四条金吾）はほかの人から言われると、少し快《こころよ》く思わない人です。私から話すのは、かえって良くないでしょう。人を介《かい》さず一途《いちず》に真心で、また余計《よけい》な心配をしないで頼んでいきなさい。

四条金吾殿《しじょうきんごどの》は去年の十月、身延《みのぶ》（＝山梨県南巨摩郡《みなみこまぐん》）に来ましたが、あなたのご病気のことを大変心配して話していました。「今は大《たい》したこともないので、気付いていないのでしょうが、明年一月、二月ごろには必ず病《やまい》が起こるでしょう」と言ったので、私も心配していたのです。

また、金吾殿《きんごどの》は「富木常忍殿《ときじょうにんどの》もこの尼御前《あまごぜん》をこそ、杖《つえ》とも柱とも頼《たの》みにしているのに」などと言っていました。非常に心配されていたのですよ。金吾殿は極《きわ》めて負けじ魂《だましい》の人で、自分の味方（＝信心の同志）のことを大事に思う人です。

くれぐれも申し上げておきますが、身の財《たから》（＝行動すること）を惜《お》しんでいては、この病《やまい》を治《なお》すのは難《むずか》しいでしょう。一日の命はこの宇宙全《すべ》ての財にも勝《まさ》っているのです。まず志《こころざし》を自身の行動で示していきなさい。

法華経《ほけきょう》の第七巻に「この宇宙全《すべ》ての財《たから》を供養《くよう》するよりも、手の指《ゆび》一本を焼《や》いて仏《ほとけ》、法華経に供養しなさい」（薬王菩薩本事品《やくおうぼさつほんじほん》第23）と説《と》かれているのは、このことです。命は全宇宙にも超《こ》えて素晴《すば》らしいのです。

しかも尼御前《あまごぜん》は、お年もまだそれほど取ってはいらっしゃいません。その上、法華経《ほけきょう》に巡《めぐ》り合《あ》われました。一日でも長く生きていれば、それだけ功徳《くどく》も積《つ》もるでしょう。

ああ、惜《お》しく、大切な命です。

お名前とお年を自分でお書きになって、使《つか》いを立ててよこしなさい。（法華経守護《ほけきょうしゅご》の諸天《しょてん》善神《ぜんじん》である）＊大日天《だいにってん》・大月天《だいがってん》に申し上げましょう。

御子息《ごしそく》の＊伊予殿《いよどの》も非常に心配しているので、きっと日天《にってん》・月天《がってん》に向かって自我偈《じがげ》を読んでいることでしょう。謹《つつし》んで申し上げます。

日蓮《にちれん》（花押《かおう》）

尼御前御返事《あまごぜんごへんじ》

【語句の解説】

定業《じょうごう》　不定業《ふじょうごう》　業《ごう》の報《むく》いの内容や現《あらわ》れる時期が定《さだ》まっている業を定業、定まっていない業を不定業という。寿命《じゅみょう》も業の報いとして定まるものと考えられていた。ここでの定業は特に寿命の意味で用《もち》いられていると拝せる。

悔《く》い改《あらた》めれば　御書本文は「懺悔《ざんげ》すれば」。仏法の「懺悔」とは、犯《おか》した罪悪《ざいあく》を告白し悔い改めること。大聖人《だいしょうにん》の仏法では御本尊を信じ、題目を唱えることで、罪障《ざいしょう》が消滅《しょうめつ》できる。ここでは、当時病床《びょうしょう》にあった富木尼御前《ときあまごぜん》に、定業《じょうごう》であっても妙法の力《ちから》で転換して苦しみの果報《かほう》を消滅させ、寿命《じゅみょう》を延《の》ばすことができると励《はげ》まされている。

多宝如来《たほうにょらい》　御書本文は「多宝」。法華経見宝塔《ほけきょうけんほうとう》品《ほん》第11で出現《しゅつげん》し、釈尊《しゃくそん》の説《と》いた法華経が真実であることを証明（保証《ほしょう》）した仏《ほとけ》。

舌《した》を伸《の》ばして　御書本文では「舌相《ぜっそう》を添《そ》え」。「舌相」とは広長《こうちょう》舌相のこと。仏《ほとけ》の舌は柔軟《じゅうなん》で薄《うす》く、また額《ひたい》に届くほど長く広いとされる。教えがうそではなく真実であることを表《あらわ》す。

阿闍世王《あじゃせおう》　※本書138ページ参照

無間地獄《むけんじごく》　御書本文は「無間大城」。※本書40ページ「阿鼻地獄」参照

二十一日間　御書本文では「三七日《さんしちにち》」。21日間を指す。祈願《きがん》・勤行などを行《おこな》う日数の単位である7日を三つ重ねた期間。

天命《てんめい》を知る年　御書本文は「知命《ちめい》」。孔子《こうし》の『論語《ろんご》』に「五十にして天命を知る」とあり、転《てん》じて50歳をさす。

天台大師《てんだいだいし》　※本書20ページ「天台」参照

更増寿命《きょうぞうじゅみょう》　法華経常不軽菩薩品《ほけきょうじょうふきょうぼさつほん》第20の文。不軽菩薩の命がまさに尽きようとした時、空中から声で威音王仏《いおんのうぶつ》の法華経の偈《げ》を聞いて、よく受持《じゅじ》し、寿命を二百万億那由他歳《なゆたさい》延《の》ばしたとある。

四条金吾《しじょうきんご》　四条中務三郎左衛門尉頼基《なかつかさのさぶろうざえもんのじょうよりもと》のこと。日蓮大聖人《にちれんだいしょうにん》の御在世《ございせ》中に鎌倉に在住した中心的信徒《しんと》の一人。父の代から引き続いて、北条《ほうじょう》氏《し》の一族、江間氏《えまし》に仕《つか》えた。武術に優《すぐ》れ、医術にも通達《つうたつ》していた。文永《ぶんえい》8年（1271年）9月12日の竜《たつ》の口《くち》の法難《ほうなん》の際には、大聖人に呼ばれて駆《か》けつけ頸《くび》の座《ざ》にお供《とも》をした。

寿量品《じゅりょうほん》　法華経如来寿量品《ほけきょうにょらいじゅりょうほん》第16のこと。同品で釈尊《しゃくそん》は、久遠実成《くおんじつじょう》を説《と》き明かし、成仏《じょうぶつ》した因《いん》と果《か》、仏《ほとけ》として振《ふ》る舞《ま》ってきた国土を明かしている。

大日天《だいにってん》**・大月天**《だいがってん》　※本書108ページ「日天　月天」参照

伊予殿《いよどの》　富木尼《ときあま》の子。伊予房《ぼう》（伊与房）、伊予阿闍梨《あじゃり》と呼ばれた。大聖人《だいしょうにん》のもとで薫陶《くんとう》を受けた。後に日頂《にっちょう》と名乗り、六老僧《ろくろうそう》の一人に定《さだ》められた。日興上人《にっこうしょうにん》に帰伏《きぶく》した。

転《てん》重《じゅう》軽《きょう》受《じゅ》法《ほう》門《もん》

（御書一〇〇〇ページ～一〇〇一ページ）

本抄について

本抄《ほんしょう》は、文永《ぶんえい》8年（1271年）10月、日蓮大聖人《にちれんだいしょうにん》が50歳《さい》の時、下総国《しもうさのくに》（千葉県北部周辺）で信心に励《はげ》んでいた大田乗明《おおたじょうみょう》（大田左衛門尉《さえもんのじょう》）、曾谷教信《きょうしん》（曾谷入道《にゅうどう》）、金原法橋《かなばらほっきょう》に宛《あ》てて認《したた》められたお手紙です。

大聖人《だいしょうにん》は、同年9月12日に竜《たつ》の口《くち》の法難《ほうなん》に遭《あ》われ、その後、佐渡《さど》に向けて出発されるまでの約1カ月間、相模国依智《さがみのくにえち》（神奈川県厚木市内《あつぎしない》）の本間六郎左衛門尉重連《ほんまろくろうざえもんのじょうしげつら》の屋敷《やしき》にとどめ置かれました。

そこに師匠の身を案《あん》じて駆《か》けつけた弟子の真心の行動に応えて認《したた》められたのが本抄《ほんしょう》です。

題号《だいごう》の「転重軽受《てんじゅうきょうじゅ》」とは「重きを転じて軽く受《う》く」と読み下します。正法《しょうほう》を護持《ごじ》する功徳《くどく》の力《ちから》によって、過去世の重罪《じゅうざい》を転じて、現世《げんぜ》でその報《むく》いを軽く受け、消滅《しょうめつ》させるとの意味です。

*修利槃特《すりはんどく》というのは、兄弟二人の名前です。兄弟のうち一人でもいたならば、「すりはんどく」と呼ばれたのです。あなた方《がた》三人（＝大田左衛門尉《おおたさえもんのじょう》・曾谷入道《そやにゅうどう》・金原法橋《かなばらほっきょう》）もまた、これと同じです。一人来られたならば、三人一緒《いっしょ》に来られたと思っています。

涅槃経《ねはんぎょう》に「転重軽受《てんじゅうきょうじゅ》（＝重きを転《てん》じて軽く受ける）」という法門《ほうもん》があります。*過去世でつくった悪業《あくごう》が重くて、現在の一生では消し尽くせず、未来世に地獄《じごく》の苦しみを受けるはずであったものが、今の一生において、このような大難《だいなん》という重い苦しみに遭《あ》ったので、地獄の苦しみはぱっと消えて、死んだ後には*人《にん》・天乗《てんじょう》の利益《りやく》、声聞《しょうもん》・縁覚《えんがく》・菩薩《ぼさつ》の三乗《さんじょう》の利益、そして*一仏乗《いちぶつじょう》の利益である成仏《じょうぶつ》の功徳《くどく》を得《え》ることがあるのです。

*不軽菩薩《ふきょうぼさつ》が悪口を言われ、ののしられ、杖《つえ》や棒《ぼう》で打たれ、瓦《かわら》や小石を投げつけられたのも、理由がないことではありません。過去世に正法《しょうほう》を誹謗《ひぼう》したためであろうと考えられます。経文《きょうもん》に「自分の罪《つみ》がなくなって（*其罪畢已《ございひっち》）」（常不軽菩薩品《じょうふきょうぼさつほん》第20）と説《と》かれているのは、不軽菩薩は難《なん》に遭《あ》ったことによって、過去世の罪が滅《めっ》したのだと拝《はい》されるのです〈これが難の第一の意味です〉。

また、*付法蔵《ふほうぞう》の二十五人のうち、釈尊《しゃくそん》を除《のぞ》いて二十四人は皆、仏《ほとけ》がその出現《しゅつげん》を前もって記《しる》しおいた*化身《けしん》の者です。そのうちの第十四の提婆菩薩《だいばぼさつ》は*外道《げどう》の者に殺《ころ》され、第二十五の師子尊者《ししそんじゃ》は檀弥栗王《だんみりおう》によって頸《くび》をはねられ、そのほか、仏陀密多《ぶっだみった》や竜樹《りゅうじゅ》菩薩なども多くの難《なん》に遭《あ》いました。

一方、難《なん》がなく、国王からのあつい*帰依《きえ》を受けて、法を弘《ひろ》めた人もいました。

このように難《なん》がある場合とない場合があることは、世に*悪国《あっこく》と善国《ぜんこく》があり、法の弘通《ぐつう》に*摂受《しょうじゅ》と折伏《しゃくぶく》があるからかと思われます。*正法《しょうほう》時代や*像法《ぞうほう》時代でさえ、このような難があったのです。また、仏教の中心地（＝インド）でさえ、そうなのです。

ここ日本は仏教の中心から離《はな》れた土地であり、時代は*末法《まっぽう》の初めです。このような大難《だいなん》が必ずあるだろうと前から覚悟《かくご》していました。その時をこそ待っていたのです〈これが難の第二の意味です〉。

以上のように、法華経《ほけきょう》を弘《ひろ》めるゆえに身命《しんみょう》に及《およ》ぶ大難《だいなん》を受けることは、以前にお話ししておいたことです。目新《めあたら》しいことではありません。

＊法華円教《ほっけえんぎょう》を修行する菩薩《ぼさつ》の六種の位《くらい》（の三番目）に、観行即《かんぎょうそく》という位があり、その位については、「行《おこな》うことは言うことの如《ごと》く、言うことは行うことの如し」と言われます。（一番目、二番目の）理即《りそく》、名字即《みょうじそく》の位の人は、円教を信じる人ではあっても、経文《きょうもん》の文言《もんごん》があるだけで、（実践して）その教えを真実とすることは難《むずか》しいのです。

例《たと》えば、仏教以外の聖典《せいてん》である＊三墳五典《さんぷんごてん》を読む人は、数え切れないほど多いですが、その書が示す通りに、世を治《おさ》め、振《ふ》る舞《ま》うことは千万のうち、一つでも難《むずか》しいのです。ですから世が治まることもまた難しいのです。

法華経《ほけきょう》は、紙に書いてある通りに声を上《あ》げて読んだとしても、その経文《きょうもん》に説《と》かれる通りに振《ふ》る舞《ま》うことは、難《むずか》しいものでしょう。

譬喩品《ひゆほん》第三には「法華経を読み唱え、書写《しょしゃ》し、受持《じゅじ》している者を見て、軽《かろ》んじ、卑《いや》しみ（＝見下《みくだ》し）、憎《にく》み、嫉《そね》み、恨《うら》みを抱《いだ》く」とあり、法師品《ほっしほん》第十には「釈尊《しゃくそん》の存命中《ぞんめいちゅう》でさえ、反発《はんぱつ》し敵対《てきたい》する者が多い。まして釈尊が亡《な》くなった後は、なおさらである（如来現在猶多怨《にょらいげんざいゆたおん》嫉《しつ》　況滅度後《きょうめつどご》）」とあります。

勧持品《かんじほん》第十三には「刀《かたな》や棒《ぼう》で危害《きがい》を加えられ（中略）たびたび追放《ついほう》されるだろう（及加刀《ぎゅうかとう》

杖者《じょうしゃ》　数数見擯出《さくさくけんひんずい》）」とあり、安楽行品第十四《あんらくぎょうほん》には「全世界の人々が反発《はんぱつ》することが多くて、信じることがなかなかできない（一切世間多怨難信《いっさいせけんたおんなんしん》）」とあります。

これらのことは経文《きょうもん》には説《と》かれていますが、いつの時代にそうなるのかは、分かりません。まさに過去の不軽菩薩《ふきょうぼさつ》や覚徳比丘《かくとくびく》などが、身をもってそれらの経文を読まれたと思われます。

正法《しょうほう》・像法《ぞうほう》時代の二千年はさておいて、現在では、末法《まっぽう》に入って、この日本国の今の時に、（これらの経文《きょうもん》を身をもって読んだのは）日蓮《にちれん》一人しかいないではありませんか。

昔の悪王の時代に、多くの聖僧《せいそう》が難《なん》にあった時には、付き従《したが》ってきた者や眷属《けんぞく》（＝仲間）、弟子たちはどれほど嘆《なげ》いたことであろうかと、現在の境遇《きょうぐう》から推察《すいさつ》されます。

今、日蓮《にちれん》は、法華経《ほけきょう》全八巻二十八品《ぽん》を、身をもって読みました。（釈尊《しゃくそん》の時代の声聞《しょうもん》たちは）法華経の一句一偈《いっくいちげ》でも身をもって読むことで、仏《ほとけ》から成仏《じょうぶつ》する保証《ほしょう》を受けたのです。ましてや全巻を身をもって読んだからには、どうなるかと、いよいよ頼《たの》もしく思っています。

ただ、身に不相応《ふそうおう》のことながら、国土までも安穏《あんのん》にしたいと思っていましたが、日蓮《にちれん》を進んで用《もち》いようとしない世なので力《ちから》が及《およ》びません。
煩雑《はんざつ》になるので、筆をおくことにします。

文永《ぶんえい》八年（＝1271年）十月五日

日蓮《にちれん》（花押《かおう》）

大田左衛門尉殿《おおたさえもんのじょうどの》
蘇谷《そや》（＝曾谷）入道《にゅうどう》殿
金原法橋《かなばらほっきょう》御房《ごぼう》
御返事《ごへんじ》

【語句の解説】

修利槃特《すりはんどく》　須梨槃特。「しゅりはんどく」とも読む。ある伝承《でんしょう》では、兄を修利、弟を槃特としているため、修利槃特は1人でも修利槃特、兄弟2人でも修利槃特と理解されたと推《すい》測《そく》される。修利槃特は愚鈍《ぐどん》であったが、師・釈尊《しゃくそん》から教えられた一言の教えをひたすら守り、謙虚《けんきょ》に修行を続けた結果、覚《さと》りを得《え》たという。

過去世でつくった悪業《あくごう》　御書本文は「先業《せんごう》」。前世《ぜんせ》・過去世につくった業因《ごういん》のこと。

人《にん》・天乗《てんじょう》　人界《にんかい》と天界《てんかい》に至《いた》るまでの修行と、それによって得《え》た境涯《きょうがい》。

一仏乗《いちぶつじょう》　御書本文は「一乗《いちじょう》」。成仏《じょうぶつ》のための修行、また、それによって得《え》られた仏《ほとけ》の境涯《きょうがい》。

不軽菩薩《ふきょうぼさつ》　※本書37ページ参照

其罪畢已《ございひっち》　※本書139ページ参照

付法蔵《ふほうぞう》の二十五人　釈尊《しゃくそん》の仏法を正法《しょうほう》時代にインドで死身弘法《ししんぐほう》して、次々に伝えた24人（23人との説《せつ》もある）の正師《しょうし》に、釈尊を加えて「付法蔵の二十五人」としている。本抄《ほんしょう》では、提婆菩薩《だいばぼさつ》、師子尊者《ししそんじゃ》らが取り上げられている。

化身《けしん》の者　御書本文は「権者《ごんしゃ》」。仏《ほとけ》・菩薩《ぼさつ》が衆《しゅ》生《じょう》を救《すく》うために現実の世界に仮《かり》（＝権《かり》）の姿《すがた》で現《あらわ》れたもの。権化《ごんげ》、権現《ごんげん》ともいう。

外道《げどう》　※本書20ページ参照

帰依《きえ》　神や仏《ほとけ》、またその教えを尊崇《そんすう》し、身も心も従《したが》い、よりどころとすること。

悪国《あっこく》と善国《ぜんこく》　悪国とは、仏法に無智《むち》あるいは、生命が濁《にご》っているため素直《すなお》に受け入れようとしない衆生《しゅじょう》の充満《じゅうまん》する国土をいう。善国とは衆生が正法《しょうほう》に帰依《きえ》している国、衆生の生命が清《きよ》らかで素直に正法を受け入れる国をいう。

摂受《しょうじゅ》と折伏《しゃくぶく》　※本書39ページ参照

正法《しょうほう》　像法《ぞうほう》　末法《まっぽう》　※本書59ページ参照

法華円教《ほっけえんぎょう》を修行する菩薩《ぼさつ》の六種の位《くらい》　御書本文は「円教の六即《ろくそく》の位」。天台大師智顗《てんだいだいしちぎ》が『摩《ま》訶止観《かしかん》』巻1下で、法華経《ほけきょう》（円教）を修行する者の境地《きょうち》を6段階に立て分けたもの。①理《り》即《そく》。生命の本性《ほんしょう》（理）としては仏《ほとけ》の境地を具《そな》えているが、それが迷《まよ》いと苦悩《くのう》に覆《おお》われている段階②名字即《みょうじそく》。言葉（名字）の上で仏と同じという意味で、仏の教えを聞いて仏弟子《ぶつでし》となり、あらゆる物事《ものごと》は全《すべ》て仏法であると信じる段階③観行即《かんぎょうそく》。「観行」とは、観心《かんじん》（自分の心を観察する）の修行のことであり、観行即は修行内容の上で仏と等しいという意。仏の教えの通りに実践できる段階④相似即《そうじそく》は、修行の結果、仏の覚《さと》りに相似した智慧《ちえ》が得《え》られる段階⑤分真即《ぶんしんそく》（分証即《ぶんしょうそく》）は、真理《しんり》の一部分を体現《たいげん》している段階⑥究竟即《くきょうそく》は、完全なる覚りに到達《とうたつ》している段階。

三墳五典《さんぷんごてん》　古代中国の伝説上の理想的な王《おう》たちである三皇《さんこう》や五帝《ごてい》の書のこと。

曾谷殿御返事《そやどのごへんじ》
（成仏用心抄《じょうぶつようじんしょう》）

（御書一〇五五㌻～一〇五六㌻）

本抄について

本抄《ほんしょう》は建治《けんじ》2年（1276年）8月、日蓮大聖人《にちれんだいしょうにん》が55歳《さい》の時、身延《みのぶ》（山梨県南巨摩郡《みなみこまぐん》）の地で著《あらわ》され、下総国《しもうさのくに》（千葉県北部周辺）の中心的な門下《もんか》だった曾谷教信《そやきょうしん》か、その一族の誰かに送られたお手紙です。

別名を「成仏用心抄《じょうぶつようじんしょう》」といいい、成仏のために用心すべきことが認《したた》められています。

本抄《ほんしょう》で大聖人《だいしょうにん》は、成仏《じょうぶつ》の根本法、すなわち仏種《ぶっしゅ》である妙法を教えてくれた「根源《こんげん》の師」を忘れて成仏はないことを示されます。さらに、正しい師につき、謗法《ほうぼう》を責《せ》めることが、成仏の要諦《ようてい》であると明かされています。

法華経《ほけきょう》第一巻の方便品《ほうべんぽん》第二に「諸仏《しょぶつ》の智慧《ちえ》は、甚《はなは》だ深く、量《はか》り知れない（諸仏智慧甚深無量《しょぶつちえじんじんむりょう》）」と説《と》かれています。*天台《てんだい》の釈《しゃく》には「境《きょう》の淵《ふち》（＝例《たと》えば川や湖などで水量が豊かな箇所《かしょ》）が果てしなく広く深いので『甚だ深い』といい、その淵を満たしている智慧の水は、その量を測《はか》ることができないので『量り知れない』という」とあります。

そもそもこの経文《きょうもん》と釈《しゃく》の意味は、仏《ほとけ》になる道は境智《きょうち》の二法（＝境と智という二つの事柄《ことがら》が合致《がっち》すること）にこそある、ということです。すなわち、境というのは万法《ばんぽう》の体（＝認識《にんしき》の対象《たいしょう》となる、あらゆる物事《ものごと》の本質）をいい、智というのは自体顕照《じたいけんしょう》（＝仏の智慧《ちえ》によって万法の体を照らし現《あらわ》すこと）の姿《すがた》をいうのです。

従《したが》って、境《きょう》の淵《ふち》が果てしなく深い時は、智慧《ちえ》の水が流れるのに滞《とどこお》ることがありません。（法華経《ほけきょう》の実践では）この境に智が合致《がっち》するので、凡夫《ぼんぷ》のその身のままで仏《ほとけ》になるのです。法華経以前の経は、境と智がそれぞれ別で、しかも*権教《ごんきょう》・方便《ほうべん》の教えであるので、成仏《じょうぶつ》しないのです。

今、法華経《ほけきょう》では境《きょう》と智《ち》が一体不二《いったいふに》であるので、*開示悟入《かいじごにゅう》の四仏知見《しぶっちけん》（＝仏《ほとけ》の智慧《ちえ》）に気付いて成仏《じょうぶつ》するのです。この仏の覚《さと》りに、声聞《しょうもん》や辟支仏《ひゃくしぶつ》（＝縁覚《えんがく》）がまったく及《およ》ばないことを、先に挙《あ》げた方便品《ほうべんぽん》第二の文《もん》の続きに「一切の声聞・辟支仏は知ることができない（一《いっ》切声聞《さいしょうもん》　辟支仏所不能知《ひゃくしぶつしょふのうち》）」と説《と》かれています。

この「境智《きょうち》の二法」とは何か。それは、ただ南無妙法蓮華経の五字なのです。この五字を、釈尊《しゃくそん》は地涌《じゆ》の菩薩《ぼさつ》を呼び出《いだ》し、法華経《ほけきょう》の肝要《かんよう》として与えて託《たく》しました（＝*結要付嘱《けっちょうふぞく》）。これを*本化《ほんげ》付嘱の法門《ほうもん》というのです。

ですから、*上行菩薩《じょうぎょうぼさつ》たちが、末法《まっぽう》の初めの五百年に出現《しゅつげん》して、この「境智《きょうち》の二法」である妙法五字を弘《ひろ》められるであろうとはっきりと書かれており、経文《きょうもん》に照らせば極《きわ》めて明快《めいかい》です。誰がこれについて異論《いろん》を立てるでしょうか。

日蓮《にちれん》は、上行菩薩《じょうぎょうぼさつ》その人でもありませんし、またその御使《おんつか》いでもありませんが、まず先《さき》駆《が》けとして、あらあら弘《ひろ》めているのです。

すでに上行菩薩《じょうぎょうぼさつ》は釈尊《しゃくそん》から妙法の智慧《ちえ》の水を受けており、これを、末法《まっぽう》の悪世《あくせ》において智慧と福徳《ふくとく》の枯《か》れ尽きた人々に流れ通わせるのです。これが（境智《きょうち》のうちの）智慧の意義です。

（境智《きょうち》の二法である妙法五字は）釈尊《しゃくそん》から上行菩薩《じょうぎょうぼさつ》へ譲《ゆず》り与えられたものです。そして日蓮《にちれん》は、日本国において、この法門《ほうもん》を弘《ひろ》めているのです。

また、法華経《ほけきょう》の付嘱《ふぞく》には「総別《そうべつ》の二義《にぎ》」（＝総付嘱と別付嘱）*があります。この「総別の二義」に少しでも背《そむ》いたなら、成仏《じょうぶつ》は思いもよらず、苦しみの生死《しょうじ》を繰《く》り返す原因となってしまいます。

例を挙《あ》げれば、過去世に（この娑婆《しゃば》世界で）大通智勝仏《だいつうちしょうぶつ》*の十六番目の王子である釈尊《しゃくそん》に妙法を教えられた声聞《しょうもん》は、今世《こんぜ》で（他《た》の国土に住む仏《ほとけ》である）阿弥陀如来《あみだにょらい》や薬師《やくし》如来に縁《えん》しても、決して成仏《じょうぶつ》しません。

例《たと》えば、大海の水を家の中にくんでくれば、一家の者は皆その水に縁《えん》して潤《うるお》うことができます。けれども、くんできた大海の水を一滴《いってき》も使わずに、また別の世界の大海の水を求めようとすることは、大変に間違《まちが》ったことであり、愚《おろ》かなことです。

同じように、法華経《ほけきょう》の大海の智慧《ちえ》の水を受けた「根源《こんげん》の師」を忘れて、ほかへ心を移すなら、必ず苦しみの生死《しょうじ》を繰《く》り返す災《わざわ》いとなるのです。

ただし、師であっても、誤《あやま》りのある者は捨てなければなりません。また、捨てない場合もあります。これらは世間《せけん》の道理、仏法の道理によるべきです。

末法《まっぽう》の僧《そう》らは、仏法の道理を知らないで、自分だけが正しいとする慢心《まんしん》にとらわれ、師匠を軽《かろ》んじ、信徒《しんと》に媚《こ》び諂《へつら》っています。ただ正法《しょうほう》に対して素直《すなお》で、*少欲知足《しょうよくちそく》である僧こそが真実の僧なのです。

『法華文句《ほっけもんぐ》』の第一巻には「まだ真実を覚《さと》らないでいるうちは、第一義天《だいいちぎてん》、すなわち究極《きゅうきょく》の真実を覚った仏《ほとけ》に対して恥《は》じ、多くの聖人《しょうにん》に対して恥じるのを、有羞《うしゅう》の僧《そう》(=恥《はじ》を知る心をもち、真摯《しんし》に法を求める僧)というのである。もし観心《かんじん》によって智慧《ちえ》を現《あらわ》すなら、その僧は真実の僧である」とあります。涅槃経《ねはんぎょう》には「たとえ仏道《ぶつどう》修行をしている者であっても、仏法を破壊《はかい》する者を見ておきながら、それを放置《ほうち》して、強く責《せ》め、追放《ついほう》し、罪状《ざいじょう》を明らかにしなければ、その人自身が仏法の敵《かたき》となってしまうと知るべきである。追放し、強く責め、罪状を明らかにしてこそ、この人は私の弟子であり、真の仏弟子《ぶつでし》である」と説《と》かれています。

この文《もん》の中にある「仏法を破壊《はかい》する者を見て」の「見て」と、「放置《ほうち》して強く責《せ》めず」の「放置して」とを、よくよく心肝《しんかん》に染《そ》めるべきです。

法華経《ほけきょう》の敵《かたき》を見ながら、放置《ほうち》して責《せ》めなければ、師も弟子もともに*無間地獄《むけんじごく》に堕《お》ちることは疑《うたが》いないことです。南岳大師《なんがくだいし》は「多くの悪人とともに地獄に堕ちるであろう」と言っています。

謗法《ほうぼう》を責《せ》めないで成仏《じょうぶつ》を願《ねが》うのは、火の中に水を求め、水の中に火を探《さが》し求めるようなものです。あまりにもはかないことです。どれほど法華経《ほけきょう》を信じていても、謗法があるなら必ず地獄《じごく》に堕《お》ちるのです。*千杯分の漆《うるし》の中に蟹《かに》の足を一つ入れたようなものです。「毒気《どっけ》が深く入《はい》って本心を失《うしな》ったからである*（毒気深入《じんにゅう》　失本心故《しっぽんしんこ》）」（如来寿量品《にょらいじゅりょうほん》第16）とあるのは、このことです。

経文《きょうもん》には「いたるところの諸仏《しょぶつ》の国土に、常に師とともに生まれる（在在諸仏土《ざいざいしょぶつど》　常与師《じょうよし》倶生《くしょう》）」（化城喩品《けじょうゆほん》第7）と説《と》かれています。また「もし法華経《ほけきょう》の法師《ほっし》に親《した》しむなら、速《すみ》やかに菩薩《ぼさつ》の道《どう》を得《え》ることができる。この師に従《したが》って学ぶなら、ガンジス川の砂の数ほどの無数の仏《ほとけ》にお会いすることができるであろう」（法師品《ほっしほん》第10）と説かれています。この法華経の教えを解釈《かいしゃく》した書には「はじめに、この仏に従って仏の覚《さと》りを求める心を起こし、またこの仏に従って不退《ふたい》の境地《きょうち》に到達《とうたつ》する」（『法華玄義《ほっけげんぎ》』）とあり、また「はじめにこの仏・菩薩に従って縁《えん》を結び、最後に、この仏・菩薩によって仏の覚りを成就《じょうじゅ》する」（『法華文句記《ほっけもんぐき》』）とあります。

くれぐれも、もともと従《したが》うべき師を間違《まちが》えないで、成仏《じょうぶつ》していきなさい。釈尊《しゃくそん》は一切衆《いっさいしゅ》生《じょう》の＊本従《ほんじゅう》の師であって、しかも主《しゅ》の徳《とく》と親《おや》の徳を備《そな》えられています。

この法門《ほうもん》を日蓮《にちれん》が説《と》くので、〝忠言《ちゅうげん》は耳に逆《さか》らう〟の道理で、流罪《るざい》にされ、命の危険《きけん》にも及《およ》んだのです。しかしながら、（日蓮は）いまだ懲《こ》りてはいません。例《たと》えていえば、法華《ほけ》経《きょう》は種《たね》であり、仏《ほとけ》は植え手であり、衆生《しゅじょう》は田です。

もし、これらの成仏《じょうぶつ》の要諦《ようてい》に背《そむ》くならば、日蓮《にちれん》もあなたの来世《らいせ》を助けることはできないでしょう。謹《つつし》んで申し上げます。

建治《けんじ》二年（＝1276年）八月二日　日蓮《にちれん》（花押《かおう》）

曾谷殿《そやどの》

【語句の解説】

天台《てんだい》　※本書20ページ参照

権教《ごんきょう》・方便《ほうべん》の教え　※本書20ページ「方便」「仮の教え」参照

開示悟入《かいじごにゅう》の四仏知見《しぶっちけん》　あらゆる衆生《しゅじょう》の生命に具《そな》わっている仏《ほとけ》の智慧《ちえ》（仏知見）を開かせ、示し、悟《さと》らせ、その境地《きょうち》に入らせること。

結要付嘱《けっちょうふぞく》　肝要《かんよう》をまとめて付嘱する意。法華経《ほけきょう》如来神力品《にょらいじんりきほん》第21で、法華経の肝要を四句《しく》にまとめて述《の》べ（四句の要法《ようほう》）、その肝要の法を滅後《めつご》に弘通《ぐつう》するよう、上行菩薩《じょうぎょうぼさつ》をリーダーとする地涌《じゆ》の菩薩に付嘱した。別《べつ》付嘱ともいう。

本化《ほんげ》　本仏《ほんぶつ》に教化《きょうけ》された衆生《しゅじょう》のこと。具体的には地涌《じゆ》の菩薩《ぼさつ》をいう。

上行菩薩《じょうぎょうぼさつ》　地涌《じゆ》の菩薩を代表する四菩薩の筆《ひっ》頭《とう》。

総付嘱《そうふぞく》と別《べつ》付嘱　別付嘱は結要《けっちょう》付嘱と同義《どうぎ》。末《まっ》法《ぽう》においては別付嘱された南無妙法蓮華経を弘通《ぐつう》すべきである。総付嘱とは別付嘱の後、法華経嘱累品《ほけきょうぞくるいほん》第22において、その他の無数の菩薩たちにも、釈尊滅後《しゃくそんめつご》に法華経を弘通するよう託《たく》したこと。

大通智勝仏《だいつうちしょうぶつ》の十六番目の王子である釈尊《しゃくそん》　御書本文は「大通仏《だいつうぶつ》の第十六の釈迦如来《しゃかにょらい》」。「大通智勝仏」とは、法華経化城喩品《ほけきょうけじょうゆほん》第7に説《と》かれる、三千塵点劫《じんてんごう》の昔に出現《しゅつげん》して法華経を説いた仏《ほとけ》。大通智勝仏には16人の王子がおり、その第16が釈尊《しゃくそん》の過去世の姿《すがた》である。この十六王子は大通智勝仏の説いた法華経をそれぞれの世界で弘《ひろ》め、多くの衆生《しゅじょう》を法華経に結縁《けちえん》させた。

少欲知足《しょうよくちそく》　欲望が少なく、得《え》られたもので満足していること。

無間地獄《むけんじごく》 ※本書40ページ「阿鼻地獄」参照

千杯分の漆《うるし》の中に蟹《かに》の足を一つ入れたようなものです 御書本文は「うるし《漆》千ばいに蟹の足一つ入《い》れたらんが如《ごと》し」。樹皮《じゅひ》に疵《きず》をつけて時間をかけて少しずつ採取した器《うつわ》千杯分の漆液《うるしえき》の中に、わずか一本のカニの足を入れるだけで、カニの成分によって漆の効力がなくなること。このことから、信心で積《つ》んだ豊かな福《ふく》徳《とく》も、少しの謗法《ほうぼう》で無に帰《き》することを例《たと》えている。

毒気深入《どっけじんにゅう》　失本心故《しっぽんしんこ》 法華経如来寿量品《ほけきょうにょらいじゅりょうほん》第16の「良医病子《ろういびょうし》の譬《たと》え」に出てくる言葉で、「毒気は深く入《い》って、本心を失《うしな》えるが故《ゆえ》に」（法華経486ページ）と読み下《くだ》す。良医の子どもたちは、父の留守中に毒薬《どくやく》を飲んでしまった。正気《しょうき》を失っていない子どもは、良医の薬を素直《すなお》に飲んで治《なお》ったが、毒気が深く入《はい》り正気を失った子どもは、薬を飲もうとしなかった。これは、謗法《ほうぼう》の毒が深く入ってしまったために、深い迷《まよ》いに陥《おちい》り、本来持っている仏《ほとけ》の智慧《ちえ》の力《ちから》が現《あらわ》れなくなってしまったことを意味する。

本従《ほんじゅう》の師 過去からもともと従《したが》ってきた師。

兄《きょう》弟《だい》抄《しょう》

（御書一〇七九ページ〜一〇八九ページ）

本抄について

本抄《ほんしょう》は日蓮大聖人《にちれんだいしょうにん》が、武蔵国池上《むさしのくにいけがみ》（東京都大田区池上）の門下《もんか》である池上宗仲《むねなか》・宗長《むねなが》兄弟と、その夫人《ふじん》たちに送られたお手紙です。

池上家は、有力な工匠《こうしょう》で、鎌倉幕府《ばくふ》に仕《つか》えていました。ところが、父が兄弟の法華経《ほけきょう》の信仰に反対し、兄・宗仲《むねなか》を勘当《かんどう》（親子の縁《えん》を切って追放《ついほう》すること）し、弟・宗長《むねなが》に信仰を捨てれば家督《かとく》を譲《ゆず》ると迫《せま》ります。本抄《ほんしょう》は、その報告に対する激励《げきれい》のお手紙です。文永《ぶんえい》12年（1275年）の御執筆《ごしっぴつ》とされていましたが、現在では建治《けんじ》2年（1276年）と考えられています。

当時の社会における勘当《かんどう》は、家督相続権《かとくそうぞくけん》を失《うしな》うことであり、経済的基盤《けいざいてききばん》も、社会的立場も奪《うば》われることを意味しました。本抄《ほんしょう》が認《したた》められて以後、兄への 2度目の勘当もありましたが、兄弟は大聖人《だいしょうにん》のご指導《しどう》通りに実践し、最後は父が入信《にゅうしん》するに至《いた》ります。

法華経《ほけきょう》という経典《きょうてん》は、*八万法蔵《はちまんほうぞう》の肝心《かんじん》、*十二部経《じゅうにぶきょう》の骨髄《こつずい》です。過去世・現在世・未来世の三世《さんぜ》のあらゆる仏《ほとけ》は、この法華経の教えを師として真《しん》の覚《さと》りを開き、全宇宙の仏は、この一仏乗《いちぶつじょう》（＝法華経）の教えを眼目《がんもく》として人々を成仏《じょうぶつ》へ導《みちび》いていくのです。

今、実際に、経蔵《きょうぞう》に入って一切経《いっさいきょう》を見てみると、後漢《ごかん》の時代の永平《えいへい》年間から唐《とう》の時代の末期《まっき》に至《いた》るまでに、インドから中国に渡《わた》った一切の経典《きょうてん》や論書《ろんしょ》には二通りあります。いわゆる旧訳《くやく》の経典は五千四十八巻であり、新訳《しんやく》の経典は七千三百九十九巻です。これらの一切経は、いずれもそれぞれの立場から「われこそが第一である」と言っています。

しかしながら法華経《ほけきょう》と、それ以外の経々《きょうぎょう》を比《くら》べてみると、勝劣《しょうれつ》は天と地ほどの差があり、高下《こうげ》には雲泥《うんでい》の開きがあります。これらの経々は多くの星のようなものであり、法華経は月のようなものです。これらの経々を灯火《ともしび》や松明《たいまつ》、星や月とすれば、法華経は太陽のようなものです。

これまで述《の》べたことは、法華経《ほけきょう》と諸経《しょきょう》とを比較《ひかく》し、説明したものです。

さらに法華経《ほけきょう》の文《もん》について詳《くわ》しく見てみると、二十の重要な法門《ほうもん》があります。そのうちの第一、第二は、*三千塵点劫《じんてんごう》、*五百塵点劫という二つの法門です。

その三千塵点劫《じんてんごう》という法門《ほうもん》は、法華経《ほけきょう》第三巻の化城喩品《けじょうゆほん》第七という箇所《かしょ》に出ています。この三千大千世界《だいせんせかい》(=古代インドの世界観で「一つの宇宙」)をすりつぶして塵《ちり》にして、東の方向へ千個の三千大千世界を過ぎて、その塵の一つを落とします。またさらに千の三千大千世界を過ぎて塵の一つを落とします。

このようにして、すりつぶした三千大千世界《だいせんせかい》の塵《ちり》がなくなるまで落としていきます。さてその上で、塵を落とした三千大千世界と落とさなかった三千大千世界を、全《すべ》てまとめて、またすりつぶして塵にします。

この全《すべ》ての塵《ちり》を並べ、一つの塵を一劫《こう》として、一劫が過ぎ終わったらまた次の塵の一劫が始まり、それが終わればまた始めるというようにして、この全ての塵を尽くすまでの長遠《ちょうおん》の時間を三千塵点劫《じんてんごう》というのです。

その三千塵点劫《じんてんごう》という遠い遠い昔に、*大通智勝仏《だいつうちしょうぶつ》と申し上げる仏《ほとけ》がおられ、その十六番目の王子であられる菩薩《ぼさつ》がいました。

今、*三周《さんしゅう》の声聞《しょうもん》と呼ばれる舎利弗《しゃりほつ》、迦葉《かしょう》、阿難《あなん》、羅云《らうん》(=羅睺羅《らごら》)などという人々は、この菩薩《ぼさつ》から法華経《ほけきょう》を習っていましたが、彼らは悪縁《あくえん》にだまされて、法華経を捨てる心が生《しょう》じてしまったのです。

こうして、あるいは華厳経《けごんぎょう》へ落ち、あるいは般若経《はんにゃきょう》へ落ち、あるいは大集経《だいじっきょう》へ落ち、あるいは涅槃経《ねはんぎょう》へ落ち、あるいは大日経《だいにちきょう》、あるいは深密経《じんみっきょう》、あるいは観無量寿経《かんむりょうじゅきょう》などへ落ち、あるいは阿含《あごん》の小乗経《しょうじょうきょう》へ落ちたりしているうちに、次第《しだい》に落ちていって、後に人界《にんかい》、天界《てんかい》という境涯《きょうがい》に落ち、さらには、悪道《あくどう》へと落ちていったのです。

このように落ちていくうちに、三千塵点劫《じんてんごう》の間、ほとんどが*無間地獄《むけんじごく》に生まれ、少しは*七大《しちだい》地獄に生まれ、たまたま、それ以外の百余《あま》りの地獄に生まれ、まれに餓鬼界《がきかい》、畜生《ちくしょう》界《かい》、修羅界《しゅらかい》などに生まれ、長い長い時間を経《へ》て人界《にんかい》、天界《てんかい》に生まれてきたのです。

それゆえ、法華経《ほけきょう》の第二巻に「常に地獄《じごく》にいることが、庭園で遊んでいるようであり、餓鬼《がき》・畜生《ちくしょう》・修羅《しゅら》の悪道《あくどう》にいる様子は、まるで自分の家にいるようである」（譬喩品《ひゆほん》第3）とあります。

*十悪《じゅうあく》を犯《おか》した人は、*等活地獄《とうかつじごく》や*黒縄《こくじょう》地獄などという地獄に堕《お》ちて五百回の生死《しょうじ》を繰《く》り返

したり、あるいは一千年という長い歳月《さいげつ》を過ごします。*五逆罪《ごぎゃくざい》を犯した人は無間《むけん》地獄に堕ち、一中劫《いっちゅうこう》という長い時間を過ごして、その後また人界《にんかい》に生まれてくるのです。

ところがどうしたことでしょうか、法華経《ほけきょう》を捨てる人は、退転《たいてん》する時には、父母を殺《ころ》すなどのように非常に重大な罪《つみ》であるようには見えないのに、無間地獄《むけんじごく》に堕《お》ちて、計《はか》り知れない時間を過ごすのです。

たとえ父母を一人、二人、十人、百人、千人、万人、十万人、百万人、億万人《おくまんにん》等々と殺《ころ》したとしても、どうして無間地獄《むけんじごく》に堕《お》ちて三千塵点劫《じんてんごう》を過ごすことがあるでしょうか。たとえ、一仏《いちぶつ》、二仏、十仏、百仏、千仏、万仏、さらに億万仏を殺したとしても、どうして五百塵点劫も過ごすことがあるでしょうか。

ところが、法華経《ほけきょう》を捨ててしまった罪《つみ》によって、三周《さんしゅう》の声聞《しょうもん》が無間地獄《むけんじごく》に堕《お》ちて三千塵《じん》点劫《てんごう》を過ごし、多くの大菩薩《だいぼさつ》が無間地獄に堕ちて五百塵点劫も過ごしたのです。このことは、大変重大なことに思われます。

このことを突《つ》き詰《つ》めてみると、拳《こぶし》で空を打っても拳は痛《いた》くはありませんが、石を打てば拳は痛みます。悪人を殺《ころ》すことは罪《つみ》が浅いとしても、善人《ぜんにん》を殺すことは罪が深い。あるいは他人を殺すのは、拳で泥《どろ》を打つようなものであり、父母を殺すことは、拳で石を打つようなものです。

鹿《しか》に向かってほえても、犬は頭が割《わ》れませんが、師子に向かってほえる犬は、はらわたが腐《くさ》ってしまいます。日天《にってん》、月天《がってん》をのみ込もうとした阿修羅《あしゅら》は頭が七つに割れ、釈尊《しゃくそん》を傷《きず》つけた提婆達多《だいばだった》は大地が割れて無間地獄《むけんじごく》に堕《お》ちました。このように相手や対象によって罪《つみ》の軽重《けいちょう》はあるのです。

そもそも、この法華経《ほけきょう》は一切の仏《ほとけ》たちにとっての眼目《がんもく》であり、教主釈尊《きょうしゅしゃくそん》の根本の師匠です。一字一点でも法華経を捨てる人があったならば、その罪《つみ》は千万の父母を殺《ころ》した罪よりも重く、全宇宙の仏の身から血を出す罪より重いために、三千塵点劫《じんてんごう》、五百塵点劫もの長い間、無間地獄《むけんじごく》に堕《お》ちて過ごしたのです。

この法華経《ほけきょう》については、ひとまずおいておきます。

また、法華経《ほけきょう》を経文《きょうもん》の通りに説《と》く人に巡《めぐ》り合《あ》うことは難《むずか》しいことです。たとえ＊一眼《いちげん》の亀《かめ》が浮《う》き木《ぎ》に巡り合うことがあっても、＊蓮《はす》の糸で須弥山《しゅみせん》を大空につるすことができたとしても、法華経を経文の通りに説く人に巡り合うことは難しいのです。

さて、慈恩大師《じおんだいし》という人は玄奘三蔵《げんじょうさんぞう》の弟子であり、唐《とう》の太宗皇帝《たいそうこうてい》の師匠です。慈恩大師は、*梵語《ぼんご》、漢語《かんご》の書をそらんじ、一切の経々《きょうぎょう》を胸に刻《きざ》み、筆を執《と》れば、筆の先から*仏舎利《ぶっしゃり》を雨のように降《ふ》らせ、説法《せっぽう》すれば、その歯が光を放《はな》った聖人《しょうにん》です。

当時の人々も、太陽や月のように仰《あお》ぎ敬《うやま》い、後世《こうせい》の人々もその教えを眼目《がんもく》として仰ぎ求めました。しかし、*伝教大師《でんぎょうだいし》は、この慈恩《じおん》大師を破折《はしゃく》して、「*雖讃《すいさん》法華経　還死法華心《げんしほっけしん》」(『法華秀句《しゅうく》』)と言っています。

この意味は、慈恩大師《じおんだいし》は自分では法華経《ほけきょう》をたたえていると思っていても、法理《ほうり》に照らせば法華経をころす人になっている、ということです。

善無畏三蔵《ぜんむいさんぞう》は、インドの烏仗那国《うじょうなこく》の国王でした。王位《おうい》を捨てて出家《しゅっけ》し、インドの五十を超《こ》える国々で修行して*顕教《けんきょう》・密教《みっきょう》の二道《にどう》を究《きわ》め、後には中国に渡《わた》って玄宗皇帝《げんそうこうてい》の師匠となりました。中国・日本の真言《しんごん》の僧《そう》で、この人の流れをくまない者は誰もいません。

このように尊《とうと》い人でしたが、ある時、急死《きゅうし》して、閻魔王《えんまおう》の責《せ》めに遭《あ》ったのです。どういう理由でそうなったのか、誰も知りません。

日蓮《にちれん》がこのことを考えてみると、善無畏三蔵《ぜんむいさんぞう》はもともとは法華経《ほけきょう》の行者《ぎょうじゃ》であったのが、大日経《だいにちきょう》を見て法華経より勝《まさ》っていると言ったためです。つまり、先の舎利弗《しゃりほつ》、目連《もくれん》らが三千塵点劫《じんてんごう》、五百塵点劫もの長い間を無間地獄《むけんじごく》で過ごしたことは、十悪《じゅうあく》や五逆《ごぎゃく》という仏法の罪《つみ》を犯《おか》したものでもなく、*謀反《むほん》や八逆《はちぎゃく》という世間《せけん》の罪によるものでもありません。ただ、悪知識《あくちしき》によって、法華経の信心を破《やぶ》って権経《ごんきょう》に心が移ったからなのです。

*天台大師《てんだいだいし》はこれを解釈《かいしゃく》して「もし悪人にあえば、すなわち本心《ほんしん》を失《うしな》ってしまう」（『法華《ほっけ》玄義《げんぎ》』）と説《と》いています。この「本心」とは、法華《ほけ》経《きょう》を信じる心です。「失う」とは、法華経を信じる心を翻《ひるがえ》して、他《た》の経《きょう》へ移る心です。

法華経《ほけきょう》には、このような人について「良薬《りょうやく》を与えても、決して飲もうとしない（*然与良《ねんよろう》薬《やく》　而不肯服《にふこうぶく》）」（如来寿量品《にょらいじゅりょうほん》第16）と説《と》かれています。この文《もん》を天台大師《てんだいだいし》は「信じる心を失《うしな》う者は、良薬を与えても決して飲もうとせず、生死《しょうじ》の苦しみの中をさまよって、他国に逃《に》げ去《さ》ってしまう」（『法華玄義《ほっけげんぎ》』）と解釈《かいしゃく》しています。

従《したが》って、法華経《ほけきょう》を信じる人が恐《おそ》れなければならないものは、盗賊《とうぞく》、強盗《ごうとう》、夜討《ようち》ち、虎《とら》や狼《おおかみ》、獅子《しし》などよりも、現在の蒙古《もうこ》の襲来《しゅうらい》よりも、法華経の行者《ぎょうじゃ》の修行を妨《さまた》げ悩《なや》ます人々なのです。

この世界は*第六天《だいろくてん》の魔王《まおう》が支配する所であり、あらゆる人々は、限りなく遠い過去から、この魔王の家来《けらい》です。

第六天《だいろくてん》の魔王《まおう》は、六道《ろくどう》の中に、*二十五種類の牢《ろう》を構《かま》えて、あらゆる人々をそこに入れるだけでは終わらず、妻子《さいし》という手かせ足かせをかけ、父母、主君という網《あみ》を空に張《は》り、貪《むさぼ》り・瞋《いか》り・癡《おろ》かの酒を飲ませて、仏性《ぶっしょう》という本心を惑《まど》わせようとします。ひたすら、悪の肴《さかな》だけを勧《すす》めて、三悪道《さんあくどう》の大地に寝転《ねころ》がせておくのです。

そしてたまたま、善《ぜん》の心を起こす人がいれば、その邪魔《じゃま》をします。法華経《ほけきょう》を信じる人を、なんとしてでも悪へ落とそうと思うが、それがかなわない時には、徐々《じょじょ》にだまそうとして、法華経に似ている華厳経《けごんぎょう》へ落としたのです。杜順《とじゅん》、智儼《ちごん》、法蔵《ほうぞう》、澄観《ちょうかん》らが、その悪縁《あくえん》となった者たちです。

また、般若経《はんにゃきょう》へだまし落とす悪人は、嘉祥《かじょう》、僧詮《そうせん》らです。また、深密経《じんみっきょう》へだまし落とす悪人は、玄奘《げんじょう》、慈恩《じおん》です。また、大日経《だいにちきょう》へだまし落とす悪人は、善無畏《ぜんむい》、金剛智《こんごうち》、不空《ふくう》、弘法《こうぼう》、慈覚《じかく》、智証《ちしょう》です。また、禅宗《ぜんしゅう》へだまし落とす悪人は、達磨《だるま》、慧可《えか》らです。また、観《かん》無量寿経《むりょうじゅきょう》へだまし落とす悪人は善導《ぜんどう》、法然《ほうねん》です。

これは、第六天《だいろくてん》の魔王《まおう》がこれらの智者《ちしゃ》の身に入って、善人《ぜんにん》をだますのです。法華経の第五巻に「悪鬼《あっき》がその身に入る《い》（悪鬼入其身《にゅうごしん》）」（勧持品《かんじほん》第13）と説《と》かれているのはこのことです。たとえ、*等覚《とうがく》という最上位の菩薩《ぼさつ》であっても、*元品《がんぽん》の無明《むみょう》という大悪鬼《だいあっき》がその身に入って、法華経《ほけきょう》という妙覚《みょうかく》、すなわち最高の仏《ほとけ》の覚《さと》りの功徳《くどく》を得《え》ることを妨《さまた》げるのです。ましてや、その等覚の菩薩より下の修行の位《くらい》の人々では、なおさらのことでしょう。

また、第六天《だいろくてん》の魔王《まおう》が、ある時は妻や子の身に入って親や夫を惑《まど》わし、ある時は国王の身に入って法華経《ほけきょう》の行者《ぎょうじゃ》を脅《おど》し、ある時は父母の身に入って、親孝行の子を責《せ》めることもあります。

悉達太子《しったたいし》（＝釈尊《しゃくそん》の出家前《しゅっけまえ》の名）は出家するために王子の位《くらい》を捨てようとしたところ、すでに妃《きさき》が子の羅睺羅《らごら》を身ごもっていたので、父の浄飯王《じょうぼんのう》が「この子が産《う》まれてから出家しなさい」と忠告《ちゅうこく》しました。すると、魔王《まおう》はこの子が産まれるのを六年間抑《おさ》えたのです。

舎利弗《しゃりほつ》は、昔、禅多羅仏《せんだらぶつ》という仏《ほとけ》の末法《まっぽう》の世に、菩薩《ぼさつ》の修行を立てました。六十劫《こう》という長い時が過ぎ、すでにあと四十劫がたてば百劫となって菩薩の修行が完成するはずであったのを、第六天《だいろくてん》の魔王《まおう》が、舎利弗の菩薩の修行が完成するのを危《あぶ》ないと思ったのでしょう、自《みずか》ら＊婆羅門《ばらもん》となって舎利弗に眼を求めました。すると、舎利弗はその望《のぞ》み通りに眼を取って与えたけれども、（婆羅門がその眼を踏《ふ》みつぶしたことによって）菩薩の修行から退《しりぞ》く心が起きて、無量劫《むりょうこう》という長遠《ちょうおん》の間、無間地獄《むけんじごく》に堕《お》ちたのでした。

大荘厳仏《だいしょうごんぶつ》の末法《まっぽう》の六百八十億《おく》の門下《もんか》たちは、苦岸《くがん》らの四人の僧《そう》にだまされて、仏《ほとけ》の教えを正しく弘《ひろ》めた普事比丘《ふじびく》を迫害《はくがい》したため、大地微塵劫《だいちみじんこう》という長い間、無間地獄《むけんじごく》に堕《お》ちたのです。

師子音王仏《ししおんのうぶつ》の末法《まっぽう》の男女は、勝意比丘《しょういびく》という持戒《じかい》の僧《そう》を頼《たの》みにして、正法《しょうほう》を弘《ひろ》める喜根《きこん》比丘《びく》をばかにしたために、無量劫《むりょうこう》の間、地獄《じごく》に堕《お》ちたのでした。

今また日蓮《にちれん》の弟子たちも、これと同じです。法華経《ほけきょう》には「釈尊《しゃくそん》の存命中《ぞんめいちゅう》でさえ、反発《はんぱつ》し敵対《てきたい》する者が多い。まして釈尊が亡《な》くなった後は、なおさらである。（如来現在猶多怨嫉《にょらいげんざいゆたおんしつ》　況《きょう》滅度後《めつどご》)」(法師品《ほっしほん》第10)と説《と》かれ、また「全世界の人々が反発することが多くて、信じることがなかなかできない(一切世間多怨難信《いっさいせけんたおんなんしん》)」(安楽行品《あんらくぎょうほん》第14)と説かれています。

涅槃経《ねはんぎょう》には「不慮《ふりょ》の死を遂《と》げたり、強く責《せ》められたり、ののしり辱《はずかし》められたり、むちや棒《ぼう》で打たれたり、監禁《かんきん》されつながれたり、飢餓《きが》や困窮《こんきゅう》に陥《おちい》るなど、このような現世《げんぜ》の軽い報《むく》いを受けるだけで、未来に地獄《じごく》に堕《お》ちることはない」と説《と》かれています。

般泥洹経《はつないおんぎょう》には「衣服《いふく》は足りず、食べ物は粗末《そまつ》でわずかであり、富《とみ》を求めても得《え》られず、貧しく身分《みぶん》の低い家や誤《あやま》った思想の家に生まれ、あるいは、権力者による迫害《はくがい》に遭《あ》う。また、他《た》のさまざまな人間の過去世の行《おこな》いの報《むく》いとしての苦しみを受ける。こうした報いを現世《げんぜ》で軽く受けるのは、正法《しょうほう》を護《まも》る功徳《くどく》の力《ちから》によるのである」と説《と》かれています。

これらの経文《きょうもん》が示す意味は、私たちは過去世に、正法《しょうほう》を実践する者に反発《はんぱつ》しましたが、今は反対に自分が正法を信じ実践していく立場になりました。そのため、過去世に人の修行を妨《さまた》げた罪《つみ》によって未来世には大地獄《だいじごく》に堕《お》ちるはずだったのが、現在世に正法を実践する功徳《くどく》が大きいので、未来世に受けるはずの大きな苦しみを現在世に呼び起こして、小さな苦しみとして受けるということです。

この経文《きょうもん》には、過去世の正法誹謗《しょうほうひぼう》の罪《つみ》によって、さまざまな報《むく》いを受ける中に、あるいは貧《まず》しい家に生まれ、あるいは誤《あやま》った思想の家に生まれ、あるいは権力者からの迫害《はくがい》に遭《あ》うなどと説《と》かれています。この中で、「誤った思想の家」とは、正法を誹謗する家のことです。「権力者による迫害に遭う」とは、悪王の世に生まれ合わせることです。この二つの大難《だいなん》は、あなた方《がた》の身に当たって感じていることでしょう。

過去世の謗法《ほうぼう》の罪《つみ》を消滅《しょうめつ》させるために、誤《あやま》った思想をもつ父母に責《せ》められるのです。また、法華経《ほけきょう》の行者《ぎょうじゃ》を迫害《はくがい》する権力者による難《なん》に遭《あ》ったのです。経文《きょうもん》に明らかにはっきりと書かれています。

自分の身が、過去世に謗法《ほうぼう》の者であったことを疑《うたが》ってはなりません。これを疑って、現《げん》世《ぜ》の軽い苦しみを耐《た》えることができずに、慈父《じふ》の責《せ》めに従《したが》ってしまい、思いのほか法華経《ほけきょう》を捨てるようなことがあったとしたら、自身が地獄《じごく》に堕《お》ちるだけでなく、悲母《ひも》も慈父も大《だい》阿鼻《あび》地獄に堕ちて、ともに悲しむであろうことは疑いないのです。大道心《だいどうしん》とはこのことをいうのです。

あなた方《がた》兄弟は、精一杯《せいいっぱい》、法華経《ほけきょう》を信じられてきたので、過去世の重罪《じゅうざい》を今、責《せ》め出《いだ》しているのです。例《たと》えば、鉄を十分に鍛《きた》え打てば内部の疵《きず》が表面に現《あらわ》れるのと同様《どうよう》です。石は焼《や》けば灰《はい》となります。金は焼けば真金《しんきん》となります。

このたびの難《なん》においてこそ、あなた方《がた》の本当の信心が現《あらわ》れて、法華経《ほけきょう》で行者《ぎょうじゃ》を護《まも》ることを誓《ちか》った*十羅刹女《じゅうらせつにょ》も、必ず守護《しゅご》するに違《ちが》いありません。*雪山童子《せっせんどうじ》の前に現れた鬼神《きじん》は帝釈天《たいしゃくてん》であり、*尸毘王《しびおう》が助けた鳩《はと》は毘沙門天《びしゃもんてん》だったのです。十羅刹女が信心を試《ため》すために、父母の身に入ってあなた方兄弟を責《せ》めることもあるでしょう。そのことを踏《ふ》まえても、心が浅ければ後悔《こうかい》するに違いありません。

*「前の車が覆《くつがえ》ったことは、後の車の戒《いまし》め」なのです。

今の乱《みだ》れた世にあっては、特別なことがなくても、仏《ほとけ》を求める心が起こるものです。この世のありさまは、避《さ》けようと思っても決して避けることはできません。日本の人々は、間違《まちが》いなく大きな苦しみに遭《あ》うことは目に見えています。まさに、眼前《がんぜん》の出来事《できごと》なのです。

文永《ぶんえい》九年（＝1272年）二月十一日（＝*二月騒動《そうどう》）は、咲き誇《ほこ》っていた花が大風《おおかぜ》に折られたようなものであり、また、清絹《すずし》（＝生糸《きいと》で織《お》った衣服《いふく》）が大火《たいか》に焼《や》かれたようなものでした。どうして、この世を嫌《いや》にならない人がいるでしょうか。また文永十一年（＝1274年）の十月（＝*蒙古《もうこ》の襲来《しゅうらい》）、壱岐《いき》・対馬《つしま》の人々が一度に殺《ころ》されたことは、どうして人ごとと思えるでしょうか。

現在も、蒙古《もうこ》の討伐《とうばつ》に向かっていった人々の嘆《なげ》きはどれほどでしょうか。年老《としお》いた親、幼《おさな》い子、若い妻、そして大切な住み家《か》を捨てて、縁《えん》もゆかりもない海を守り、雲《くも》が見えれば敵の旗《はた》かと疑《うたが》い、釣船《つりぶね》が見えれば兵船《へいせん》ではないかと肝《きも》をつぶしています。日に一、二度は山に登《のぼ》って敵を見張《みは》り、夜には敵が来たといっては三、四度馬に鞍《くら》を置いています。まさに、この身に修羅《しゅら》の世界を実感《じっかん》しているのです。

あなた方《がた》兄弟が今、父親に責《せ》められていることも、結局は権力者が法華経《ほけきょう》の敵《かたき》となっているからです。権力者が法華経の敵となることは、律宗《りっしゅう》の僧《そう》たちや、念仏《ねんぶつ》、真言《しんごん》の僧たちの謗法《ほうぼう》から始まったことです。このたびの難《なん》を耐《た》え忍《しの》び抜いて、法華経の功徳力《くどくりき》を試《ため》してみなさい。日蓮《にちれん》もまた強盛《ごうじょう》に諸天《しょてん》に申し上げています。決して恐《おそ》れる心や姿《すがた》があってはいけません。きっと女性は心が揺《ゆ》れ動きやすいので、あなた方《がた》の夫人《ふじん》たちは心が翻《ひるがえ》っているかもしれません。

強盛《ごうじょう》に歯をくいしばり、たゆむ心があってはいけません。例《たと》えば日蓮《にちれん》が、平左衛門尉《へいのさえもんのじょう》の前で、堂々《どうどう》と振《ふ》る舞《ま》い、言い切ったように、少しも畏《おそ》れる心があってはいけません。（北条氏《ほうじょうし》との戦《いくさ》で敗《やぶ》れた）＊和田義盛《わだよしもり》の一族となった者、（北条時頼《ときより》と戦って敗れた）＊三浦若狭守《みうらわかさのかみ》の一族となった者、あるいは＊平将門《たいらのまさかど》の家来《けらい》や、＊安倍貞任《あべのさだとう》の家来となった者たちは、仏《ほとけ》になる道ではないけれども、わが身の恥《はじ》を思ったので命を惜《お》しみませんでした。それが武士の習いです。特別なことがなくても、人は、一度は死ぬことが定《さだ》まっています。見苦《みぐる》しい姿《すがた》を見せて、人に笑われてはいけません。

あまりに心配なので、大事な物語を一つ申し上げましょう。伯夷《はくい》、叔斉《しゅくせい》という兄弟は、胡竹国《こちくこく》の王の二人の王子でした。父の王は、弟の叔斉に王位《おうい》を譲《ゆず》りました。しかし父の死んだ後、叔斉は王位に就《つ》きませんでした。

兄の伯夷《はくい》が「王位《おうい》に就《つ》きなさい」と言うと、叔斉《しゅくせい》は「兄上が王位を継《つ》いでください」と言いました。伯夷が「どうして親の遺言《ゆいごん》に背《そむ》くのか」と問《と》うと、叔斉は「父の遺言はそうですが、どうして兄上を差し置いて弟の私が王位に就けましょうか」と辞退《じたい》しました。

そこで二人はともに、父母の国を捨てて他国に渡《わた》りました。

そして周《しゅう》の文王《ぶんおう》に仕《つか》えていましたが、文王が殷《いん》の紂王《ちゅうおう》に討《う》たれると、子の武王《ぶおう》は、父の死後、百日たたないうちに紂王討伐《とうばつ》の軍《ぐん》を起こしました。伯夷《はくい》、叔斉《しゅくせい》は、武王の馬の口に取りすがって諌《いさ》め、「親が死んだ後、三年のうちに戦《いくさ》を起こすのは、親不孝《ふこう》ではありませんか」と言いました。武王は怒《いか》り、伯夷、叔斉を斬《き》ろうとしましたが、太公望《たいこうぼう》が制《せい》して斬らせませんでした。

二人は、この武王《ぶおう》を嫌《きら》い、首陽山《しゅようざん》という山に隠《かく》れ住んで、わらびを採《と》って命をつないでいました。すると、麻子《まし》という者と出会いました。麻子は「どうしてこんな所にいらっしゃるのですか」と聞きました。二人がこれまでのいきさつを話すと、麻子は「それならば、そのわらびも武王の物ではありませんか」と言いました。二人はそのように責《せ》められて、その時からわらびを食べなくなりました。

天は賢人《けんじん》を見捨てることはないので、天は白鹿《はくろく》となって現《あらわ》れ、その乳《ちち》で二人を養《やしな》ったのです。白鹿が去《さ》った後に、叔斉《しゅくせい》が「この白鹿は乳を飲んでさえ、うまい。ましてその肉を食べたら……」と言ったので、伯夷《はくい》が制《せい》したけれども、天はこれを聞き、二度と現れませんでした。その結果、二人は飢《う》えて死んでしまったのです。
一生の間、賢人《けんじん》の生き方をした人も、ただ一言で身を滅《ほろ》ぼすということです。あなた方《がた》兄弟も、お心の内《うち》は、私には分からないので、非常に心配しています。

釈尊《しゃくそん》が太子《たいし》であられた時、父の浄飯王《じょうぼんのう》は太子を惜《お》しんで出家《しゅっけ》を許《ゆる》されませんでした。城《しろ》の四方《しほう》の門に二千人の兵士《へいし》を配置《はいち》して守らせましたが、太子はとうとう親の心に背《そむ》いて家を出られたのです。

一切のことは親に従《したが》うべきではありますが、仏《ほとけ》になる道においては親に従わないことが孝養《こうよう》の根本なのではないでしょうか。

そのため、心地観経《しんじかんぎょう》には孝養《こうよう》の根本について、「恩《おん》を棄《す》てて仏道《ぶつどう》に入る者が、真実の報《ほう》恩《おん》の者である」と説《と》かれているのです。この言葉の意味は、真《しん》の道に入るに当たって、父母の心に従《したが》わないで家を出て仏《ほとけ》になることが、真の報恩である、ということです。

世間《せけん》の道理でも、父母が謀反《むほん》などを起こす時には、従《したが》わないのが孝養《こうよう》とされています。儒教《じゅきょう》の孝経《こうきょう》という書に、そのことが出ています。天台大師《てんだいだいし》も法華経《ほけきょう》の＊三昧《さんまい》に入っていたときに、父母が左右の膝《ひざ》に取りすがって、仏道《ぶつどう》修行を妨《さまた》げようとしました。これは第六天《だいろくてん》の魔王《まおう》が、父母の姿《すがた》となって現《あらわ》れて妨げたのです。

伯夷《はくい》・叔斉《しゅくせい》の故事《こじ》は、先述《せんじゅつ》した通りです。また、ほかにも大切な故事があります。日本国の人王《にんのう》第十六代に応神天皇《おうじんてんのう》という王がいました。今の八幡大菩薩《はちまんだいぼさつ》のことです。この王に息子《むすこ》が二人いました。兄を仁徳《にんとく》、弟を宇治王子《うじのみこ》といいました。王は、弟の宇治王子に位《くらい》を譲《ゆず》られたのです。

しかし、王がお亡《な》くなりになった後、宇治王子《うじのみこ》は「兄君《あにぎみ》が王の位《くらい》に就《つ》くべきです」と言い、兄の仁徳《にんとく》は「親から位を譲《ゆず》られたのに、どうして、その通りになさらないのか」と言いました。このように互《たが》いに言い合って、三年の間、王位《おうい》は空白《くうはく》のままでした。民衆《みんしゅう》の嘆《なげ》きは言いようもなく、天下《てんか》の災《わざわ》いとなっていたところ、宇治王子《うじのみこ》は「私が生きているから兄君《あにぎみ》が即位《そくい》されない」と言って亡《な》くなってしまいました。仁徳《にんとく》がこのことを嘆かれて、また、床《とこ》に伏《ふ》してしまったので、宇治王子は生き返って、さまざまに言い残して、また亡くなりました。

その後、仁徳《にんとく》が位《くらい》に就《つ》かれたところ、国内は安穏《あんのん》に保《たも》たれた上、新羅《しんら》・百済《ひゃくさい》・高麗《こうらい》（＝ここでは高句麗《こうくり》のこと。以上は古代の朝鮮半島《ちょうせんはんとう》に存在《そんざい》した三国《さんごく》）も日本国に対して、毎年貢《みつ》ぎ物を八十艘《そう》の船《ふね》に積《つ》んで献上《けんじょう》したと伝えられています。

賢王《けんおう》の中でも、兄弟の仲《なか》が穏《おだ》やかでなかった例もあります。それなのに、どのような過去世からの約束によって、あなた方《がた》兄弟の仲は、このように良いのでしょうか。

*浄蔵《じょうぞう》・浄眼《じょうげん》の二人の太子《たいし》が生まれ変わられたのでしょうか。薬王《やくおう》・薬上《やくじょう》の二人なのでしょうか。

大夫志殿《たいふのさかんどの》（＝兄）が父上《ちちうえ》に勘当《かんどう》されたことは伺《うかが》いましたが、兵衛志殿《ひょうえのさかんどの》（＝弟）のことについては、「今度はいくらなんでも兄の側《がわ》には付かないだろう。そうなると、ますます大夫志殿に対する父上のご不審《ふしん》は強くなり、並大抵《なみたいてい》のことでは許《ゆる》されないだろう」などと思っていました。

それなのに、この使《つか》いの者が言ったことは本当でしょうか。兵衛志殿《ひょうえのさかんどの》も兄と同じ心であるというので、あまりの不思議《ふしぎ》さに、別《べつ》にこのお手紙を差し上げるのです。未来までの語り継《つ》がれるべき物語として、あなた方《がた》兄弟以上の物語がどこにあるでしょう。

『大唐西域記《だいとうさいいき》』という書には、次のように書いてあります。

インドの婆羅痆斯国《はらなしこく》・施鹿林《せろくりん》というところに、一人の*隠士《いんし》がいました。この隠士は、*仙《せん》人《にん》の法を体得《たいとく》しようと考えました。すでに瓦礫《がれき》を宝に変えたり、人間や動物の姿《すがた》を変えることができましたが、いまだ風雲《ふううん》に乗って仙人の宮殿《きゅうでん》に遊ぶことはできませんでした。

このことを成《な》し遂《と》げるために、一人の*烈士《れっし》に協力《きょうりょく》を求め、長刀《ちょうとう》を持たせて、壇上《だんじょう》の隅《すみ》に立たせ、息を殺《ころ》して言葉を出さないように求めました。日が暮《く》れてから朝に至《いた》るまで、烈士が一言も言葉を発《はっ》しなければ、隠士《いんし》は仙人《せんにん》の法を成就《じょうじゅ》することができるのです。

仙人《せんにん》の法を求める隠士《いんし》は、壇上《だんじょう》の中央に座《すわ》って、手に長刀《ちょうとう》を持ち、口に呪文《じゅもん》を唱えました。重ねて烈士《れっし》に言いました。「たとえ死にそうになることがあっても、決して、ものを言ってはならない」

烈士《れっし》は「死んでも、ものを言いません」と誓《ちか》いました。

このようにして、すでに夜中を過ぎ、まさに夜が明けようとした時、何を思ったのでしょうか、烈士《れっし》が大声を上《あ》げて叫《さけ》びました。この瞬間《しゅんかん》、仙人《せんにん》の法は成就《じょうじゅ》しませんでした。隠《いん》士《し》は烈士に、「どうして約束を破《やぶ》ったのか。残念なことだ」と言いました。烈士は嘆《なげ》いて次のように語りました。

「少し眠《ねむ》っていたら、昔仕《つか》えていた主人が自《みずか》らやって来て、私を責《せ》めましたが、あなたの師恩《しおん》があついので、耐《た》えて、ものを言いませんでした。すると、その主人は怒《おこ》って、頸《くび》をはねるぞと言いました。しかし、それでも、ものを言いませんでした。主人は、ついに私の頸をはねました。

＊中陰《ちゅういん》に向かう自分の死骸《しがい》を見ると、残念で嘆《なげ》かわしく思いました。しかしそれでも、ものを言いませんでした。ついには、南インドの婆羅門《ばらもん》の家に生まれました。母の胎内《たいない》に宿《やど》る時と、母胎《ぼたい》から出る時、その大きな苦痛《くつう》は、耐《た》え難《がた》いものでした。しかしそれでも、息を殺《ころ》して、ものを言いませんでした。

やがて、成人《せいじん》して妻を迎《むか》えました。それから、親が死にました。子どもを授《さず》かりました。悲しいことや、喜ばしいこともありましたが、ものを言いませんでした。このように過ごすうちに六十五歳になりました。

妻が私に、『あなたが、もし、ものを言わなければ、あなたが愛《あい》している子を殺《ころ》します』

と言いました。その時、私は『自分はすでに年老《としお》いた。もし、この子を殺されたならば再《ふたた》び子を授《さず》かることはできない』と思った時に声を出してしまいました。あっと思ったところ、眠《ねむ》りから覚《さ》めたのです」

師の隠士《いんし》は、「力《ちから》が及《およ》ばなかった。私もあなたも魔《ま》にたぶらかされたのだ。結局、私は仙人《せんにん》の法を成就《じょうじゅ》できなかった」と語りました。

これを聞いた烈士《れっし》は大いに嘆《なげ》き、「私の心が弱かったので、師の仙人《せんにん》の法を成就《じょうじゅ》することができませんでした」と言うと、隠士《いんし》は、「私の誤《あやま》ちである。あらかじめ戒《いまし》めておかなかったことが」と後悔《こうかい》しました。しかし、烈士は、師の恩《おん》に報《むく》いることができなかったことを嘆いて、ついに思い詰《つ》めて死んでしまった、と『西域記《さいいきき》』に書かれています。

仙人《せんにん》の法というのは、中国では儒教《じゅきょう》から出ており、インドでは*外道《げどう》の法の一つです。取るに足りない仏教の小乗《しょうじょう》の阿含経《あごんぎょう》にすら及《およ》びません。まして、*通教《つうぎょう》、別教《べっきょう》、円教《えんぎょう》にも及ばず、もちろん法華経《ほけきょう》に及ぶはずもありません。

このような浅い法でさえ成《な》し遂《と》げようとすれば、四魔《しま》が競《きそ》い起こって成就《じょうじゅ》し難《がた》いのです。まして、法華経《ほけきょう》の極理《ごくり》である南無妙法蓮華経の七字を初めて持《たも》ち、日本国に弘通《ぐつう》する最初の人である日蓮《にちれん》の弟子となる人々に、大難《だいなん》が押し寄せて来ることは、言葉では言い尽くせません。心で推《お》し量《はか》ることはできるでしょうか。

さて、天台大師《てんだいだいし》の『摩訶止観《まかしかん》』という書は、天台の生涯《しょうがい》における大事であり、釈尊《しゃくそん》が一生の間に説《と》いた全《すべ》ての教えの肝要《かんよう》を述《の》べたものです。

仏法が中国に渡《わた》って五百年余《あま》りの時、*南三北七《なんさんほくしち》の十派の指導者《しどうしゃ》がいました。その智慧《ちえ》は太陽や月に等《ひと》しいとたたえられ、その徳《とく》は天下《てんか》に響《ひび》いていましたが、いまだ釈尊《しゃくそん》の全《すべ》ての教えの浅深《せんじん》、勝劣《しょうれつ》、説《と》かれた順序《じゅんじょ》と位置づけについては迷《まよ》っていました。

そうした中で、天台智者大師《てんだいちしゃだいし》は、再《ふた》び仏《ほとけ》の教えを明らかにしたばかりでなく、妙法蓮華《みょうほうれんげ》経《きょう》の五字の蔵《くら》の中から一念三千《いちねんさんぜん》の*如意宝珠《にょいほうしゅ》を取り出して、三国《さんごく》（＝インド・中国・日本）のあらゆる人々に広く与えられたのです。

この一念三千《いちねんさんぜん》の法門《ほうもん》は、中国で初めて明かされたばかりでなく、インドの*論師《ろんじ》たちでさえも明かさなかったことなのです。

そのため天台《てんだい》の弟子の章安大師《しょうあんだいし》は「摩訶止観《まかしかん》ほど、明らかで揺《ゆ》るぎない法門《ほうもん》は、これまでの時代にいまだ聞いたことがない」と述《の》べています。また「インドの偉大な論師《ろんじ》たちの著作《ちょさく》も、なおその比較《ひかく》にならない」（『法華玄義《ほっけげんぎ》』）とも述べています。

その上、『摩訶止観《まかしかん》』の第五巻に説《と》かれる一念三千《いちねんさんぜん》の法門《ほうもん》は、もう一重《いちじゅう》深く立ち入《い》った法門です。この法門を説く時には、必ず魔《ま》が現《あらわ》れます。魔が競《きそ》い起こらないならば、正法《しょうほう》であると知ることができないのです。

『摩訶止観《まかしかん》』の第五巻には「仏法の修行が進み、その理解が深まれば、*三障四魔《さんしょうしま》が入《い》り乱《みだ》れて競《きそ》い起こる。（中略）だが、この三障四魔に、決して従《したが》ってはならない。畏《おそ》れてはならない。これに従うならば、必ず人を悪道《あくどう》に向かわせる。これを畏れるならば、正法《しょうほう》を修行することを妨《さまた》げる」とあります。この『摩訶止観』の解釈《かいしゃく》は、日蓮《にちれん》の身に当てはまるだけでなく、わが一門《いちもん》の明鏡《みょうきょう》です。謹《つつし》んで習い伝え、未来にわたる糧《かて》とすべきです。

この釈《しゃく》にある「三障《さんしょう》」というのは、煩悩障《ぼんのうしょう》・業障《ごうしょう》・報障《ほうしょう》のことです。煩悩障というのは、貪《むさぼ》り・瞋《いか》り・癡《おろ》かなどによって妨《さまた》げが現《あらわ》れるのです。業障というのは、妻子《さいし》らによって妨げが現れるのです。報障というのは、権力者や父母らによって妨げが現れるのです。また、「四魔《しま》」の中で天子魔《てんしま》というのも同様《どうよう》です。

今の日本国で、「私も止観《しかん》を体得《たいとく》した」「私も止観を体得した」と言っている人々の中で、一体《いったい》誰に三障四魔《さんしょうしま》が競《きそ》い起こっているでしょうか。

「これに従《したが》うならば、必ず人を悪道《あくどう》に向かわせる」（『摩訶止観《まかしかん》』）というのは、ただ地獄《じごく》界《かい》・餓鬼界《がきかい》・畜生界《ちくしょうかい》の三悪道だけではなく、人界《にんかい》や天界《てんかい》、そして仏界《ぶっかい》以外の九界全《すべ》てを悪道と書いています。そのため、法華経《ほけきょう》を除《のぞ》いて、華厳経《けごんぎょう》、阿含経《あごんぎょう》、方等経《ほうどうきょう》、般若経《はんにゃきょう》、涅槃《ねはん》経《ぎょう》、大日経《だいにちきょう》などが、これに当たるのです。天台宗《てんだいしゅう》を除いて、他《た》の*七宗《しちしゅう》の人々は、人を悪道に向かわせる地獄《じごく》の鬼です。天台宗の人々の中でも、法華経を信じているように見えて、実《じつ》は人を法華経以前の教えへと向かわせる者は、やはり人を悪道に追いやる地獄の鬼なのです。

今、あなた方《がた》二人の兄弟は、隠士《いんし》と烈士《れっし》のようです。一人でも欠《か》けるならば、仏道《ぶつどう》を成《じょう》就《じゅ》することはできないでしょう。例《たと》えば、鳥の両翼《りょうよく》や、人の両眼のようなものです。

また、二人のご夫人方《ふじんがた》は、あなた方兄弟の大事な支えなのです。女性とは、ものに従《したが》ってものを従える身です。夫が楽しければ妻も栄《さか》えることができるでしょう。夫が盗人《ぬすびと》ならば、妻も盗人となるでしょう。これは、ひとえに今世《こんぜ》だけのことではありません。世に生まれ出るたびに、影《かげ》と身と、花と果実《かじつ》と、根と葉とのように、離《はな》れずにあるものなのです。

木にすむ虫は木を食べます。水の中の魚は水を飲みます。*芝《しば》が枯《か》れれば蘭《らん》が泣き、松《まつ》が栄《さか》えれば柏《かしわ》は喜びます。草木でさえ、このように一体《いったい》なのです。比翼《ひよく》という鳥は、体は一つで頭が二つあります。二つの口から入った食物《しょくもつ》が、一つの体を養《やしな》います。比目《ひぼく》という魚は、雌雄《しゆう》に一つずつ目があるために、一生の間、離《はな》れることはありません。夫と妻とはこのようなものです。

この法門《ほうもん》のためには、たとえ夫から害を受けるようなことがあっても後悔《こうかい》してはなりません。夫人《ふじん》たちが心を合わせて夫の心を諫《いさ》めるならば、二人は*竜女《りゅうにょ》の跡《あと》を継《つ》ぎ、末法《まっぽう》の悪《あく》世《せ》の女性たちの成仏《じょうぶつ》の手本となることでしょう。このように振《ふ》る舞《ま》われるならば、たとえどのようなことがあっても、日蓮《にちれん》が、二聖《にしょう》（＝薬王菩薩《やくおうぼさつ》・勇施菩薩《ゆぜぼさつ》）、二天《にてん》（＝毘沙門天王《びしゃもんてんのう》・持国《じこく》天王《てんのう》）、十羅刹女《じゅうらせつにょ》、釈迦《しゃか》、多宝《たほう》に申し上げ、次の世には、必ず成仏の境涯《きょうがい》を得《え》させましょう。

「心の師とはなっても、自分の心を師としてはならない」とは、六波羅蜜経《ろっぱらみつきょう》の文《もん》です。たとえ、どんな煩《わずら》わしいことがあっても、夢だと思って、ただ法華経《ほけきょう》のことだけに専念《せんねん》していきなさい。

中でも日蓮《にちれん》の法門《ほうもん》は、昔には信じることが難《むずか》しかったけれども、今は前々に言っておいた*ことが的中《てきちゅう》しているので、理由もなく誹謗《ひぼう》した人々も、悔《く》いる心が起きているでしょう。たとえ、これより後に信じる男女がいても、あなた方《がた》に替《か》えて思うことはできません。初めは信じていたけれども、世間《せけん》の迫害《はくがい》の恐《おそ》ろしさに、信仰を捨てた人々は数知れません。その中には、最初から誹謗《ひぼう》していた人々よりも、かえって強盛《ごうじょう》に悪口を言う人々がたくさんいるのです。釈尊《しゃくそん》がいた時代でも、*善星比丘《ぜんしょうびく》らは初めは信じていたけれども、後に釈尊《しゃくそん》の教えを捨てたばかりでなく、かえって仏《ほとけ》を誹謗したので、釈尊であっても救うことができず、無間地獄《むけんじごく》に堕《お》ちてしまったのです。

このお手紙は、特に兵衛志殿《ひょうえのさかんどの》に宛《あ》てたものです。また大夫志殿《たいふのさかんどの》の夫人《ふじん》、兵衛志殿の夫人にも、よくよく言い聞かせてください。言い聞かせてください。南無妙法蓮華経、南無妙法蓮華経。

文永《ぶんえい》十二年（＝1275年）四月十六日

日蓮《にちれん》（花押《かおう》）

【語句の解説】

八万法蔵《はちまんほうぞう》　釈尊《しゃくそん》が生涯《しょうがい》にわたって説《と》いた教えの全《すべ》て。八万は実際の数ではなく多数の意。

十二部経《じゅうにぶきょう》　仏教の経典《きょうてん》を形式《けいしき》や内容の上から12種に分類《ぶんるい》したもの。ここでは、釈尊《しゃくそん》の教えの総称《そうしょう》として用《もち》いられている。

三千塵点劫《じんてんごう》　大通智勝仏《だいつうちしょうぶつ》の滅後《めつご》から釈尊在世《しゃくそんざいせ》に至《いた》るまでの時が長遠《ちょうおん》であることを表《あらわ》す語。法《ほ》華経化城喩品《けきょうけじょうゆほん》第7において、釈尊が在世の弟子との結縁《けちえん》を明かす中で述《の》べられている。

五百塵点劫《じんてんごう》　「五百千万億那由他阿僧祇《おくなゆたあそうぎ》」の「五百」を取って五百塵点劫という。法華経《ほけきょう》如来寿量品《にょらいじゅりょうほん》第16で、釈尊《しゃくそん》の成道《じょうどう》は五百塵点劫という長遠《ちょうおん》な過去（久遠《くおん》）であり、それ以来、衆生《しゅじょう》を説法教化《せっぽうきょうけ》してきたことが明かされた。

大通智勝仏《だいつうちしょうぶつ》　※本書166ページ参照

三周《さんしゅう》**の声聞**《しょうもん》　釈尊《しゃくそん》が法華経迹門《ほけきょうしゃくもん》において声聞たちに、三周《まわ》り、すなわち3回、それぞれの受《じゅ》容《よう》能力に応じて語り方《かた》を変えて説法《せっぽう》をした。これによって成仏《じょうぶつ》の記別《きべつ》を受けた声聞たちのこと。

無間地獄《むけんじごく》　※本書40ページ「阿鼻地獄」参照

七大地獄《しちだいじごく》　八大地獄のうち、無間《むけん》地獄を除《のぞ》いた、等活《とうかつ》地獄・黒縄《こくじょう》地獄・衆合《しゅごう》地獄・叫喚《きょうかん》地獄・大叫喚地獄・焦熱《しょうねつ》地獄・大焦熱地獄をいう。

十悪《じゅうあく》　身《しん》の3種、口《く》の4種、意《い》の3種、合計《ごうけい》10種の悪業《あくごう》をいう。十不善業《じゅうふぜんごう》ともいう。①殺生《せっしょう》②偸盗《ちゅうとう》③邪婬《じゃいん》④妄語《もうご》（うそをつく）⑤綺語《きご》（お世辞《せじ》をいう）⑥悪口《あっく》⑦両舌《りょうぜつ》（二枚舌《にまいじた》を使《つか》う）⑧貪欲《とんよく》（貪《むさぼ》り）⑨瞋恚《しんに》（怒《いか》り）⑩愚癡《ぐち》（癡《おろ》か）または邪見《じゃけん》。

等活地獄《とうかつじごく》　獄卒《ごくそつ》に鉄杖《てつじょう》で打たれ刀《かたな》で切られても、身体がよみがえり同じ苦しみを繰《く》り返す。

黒縄地獄《こくじょうじごく》　熱鉄《ねってつ》の黒縄を身体に当てられ、それに沿《そ》って切り刻《きざ》まれる。

五逆罪《ごぎゃくざい》　※本書116ページ参照

一眼《いちげん》の亀《かめ》　仏《ほとけ》や仏の説《と》く正法《しょうほう》に巡《めぐ》り合うことがいかに難《むずか》しいかを示すたとえに登場する亀。深海《しんかい》にいたこの亀は、背中《せなか》が寒く、腹《はら》が熱いが、1000年に一度、水面《すいめん》に浮《う》かび上がった時に、ちょうどいい大きさの赤栴檀《しゃくせんだん》の香木《こうぼく》に巡り合えれば、腹を冷やし、背中を温めることができるという。

蓮《はす》の糸で須弥山《しゅみせん》を大空につるす　蓮の茎《くき》から作った細い糸で、世界の中心にあるとされた巨大《きょだい》な須弥山をつり上げること。不可能《ふかのう》であることのたとえ。

梵語《ぼんご》　古代インドで用《もち》いられた文章語。サンスクリット語のこと。

仏舎利《ぶっしゃり》　釈尊《しゃくそん》の遺骨《いこつ》。また、仏《ほとけ》の遺骨。

伝教大師《でんぎょうだいし》　※本書38ページ参照

雖讃法華経《すいさんほけきょう》　還死法華心《げんしほっけしん》　「法華経を讃《さん》すと雖《いえど》も還《かえ》って法華の心を死《ころ》す」と読み下《くだ》す。伝教《でんぎょう》大師《だいし》の『法華秀句《しゅうく》』の中の言葉。慈恩《じおん》大師の『法華玄賛《げんざん》』は法華経を褒《ほ》めているが、経の真意《しんい》をつかんでいないため、法華の心をころしてしまっている、と破折《はしゃく》した文《もん》。

顕教《けんきょう》・密教《みっきょう》　※本書138ページ参照

謀反《むほん》や八逆《はちぎゃく》　謀反は、主君に背《そむ》いて兵を起こすこと。八逆は、「大宝令《たいほうりょう》」（日本古代の法制《ほうせい》）で重罪とされた8種の罪《つみ》のこと。

天台大師《てんだいだいし》　※本書20ページ「天台」参照

然与良薬《ねんよろうやく》　而不肯服《にふこうぶく》　「然《しか》も良薬を与《あた》うれども而《しか》も肯《あ》えて服せず」と読み下《くだ》す。法華経如来《ほけきょうにょらい》寿量品《じゅりょうほん》第16の「良医病子《ろういびょうし》」の譬《たと》えにおいて、医師《いし》である父が良薬を与えたにもかかわらず、本心《ほんしん》を失《うしな》っていたため服《ふく》さなかった病子もいた、という文《もん》。

第六天《だいろくてん》の魔王《まおう》　※本書113ページ参照

二十五種類《しゅるい》の牢《ろう》　御書本文は「二十五有《う》と申すろう《籠》」。「二十五有」は三界六道《さんがいろくどう》の迷《まよ》いの世界を25種類に分けたもの。そして、この迷いの世界全体に人々を閉じ込めることを「二十五有と申すろう」と述《の》べられたと解《かい》した。

等覚《とうがく》　菩薩《ぼさつ》の修行の段階《だんかい》。長期にわたる菩薩の修行を完成して、間《ま》もなく妙覚《みょうかく》の仏果《ぶっか》を得《え》ようとする段階。

元品《がんぽん》の無明《むみょう》　無明とは、根本の煩悩《ぼんのう》の一つで、生命に具《そな》わる根源的《こんげんてき》な無知《むち》。特に自《みずか》らをはじめ万物《ばんぶつ》が妙法の当体《とうたい》であることが分からない、最も根源的な無知をいう。

婆羅門《ばらもん》　※本書141ページ参照

十羅刹女《じゅうらせつにょ》　※本書40ページ参照

雪山童子《せっせんどうじ》　※本書107ページ参照

尸毘王《しびおう》　釈尊《しゃくそん》が過去世で菩薩行《ぼさつぎょう》をしていた時の姿《すがた》の一つ。帝釈天《たいしゃくてん》と毘沙門天《びしゃもんてん》が鷹《たか》と鳩《はと》に化身《けしん》し、尸毘王の慈悲心《じひしん》を試《ため》した。鳩が鷹に追われて王の懐《ふところ》に逃《のが》れ、鳩を救い、同時に飢《う》えた鷹を助けるために王は自《みずか》らの肉を割《さ》いて与えたとされる。

前の車が覆《くつがえ》ったことは、後の車の戒《いまし》め　前人《ぜんじん》の失敗《しっぱい》を見て、後人《こうじん》の戒めとすべきであることをたとえたもの。古代中国の『周書《しゅうしょ》』『漢書《かんじょ》』『文選《もんぜん》』など多くの書に見られる。

二月騒動《そうどう》　文永《ぶんえい》9年（1272年）2月に京都と鎌倉で起こった内乱《ないらん》。日蓮大聖人《にちれんだいしょうにん》が予言された二難《になん》のうちの「自界叛逆難《じかいほんぎゃくなん》」に当たる。

蒙古《もうこ》の襲来《しゅうらい》　鎌倉時代、蒙古（モンゴル帝国《ていこく》、元《げん》）が2度にわたって日本に襲来したこと。

文永《ぶんえい》の役《えき》・弘安《こうあん》の役のことをいう。日蓮大聖《にちれんだいしょう》人《にん》が予言された「他国侵逼難《たこくしんぴつなん》」に当たる。

和田義盛《わだよしもり》の一族　和田義盛（1147年〜1213年）は、鎌倉幕府《ばくふ》初期の功臣《こうしん》の一人であるが、北条氏《ほうじょうし》の陰謀《いんぼう》によって滅《ほろ》ぼされた。その時、和田氏の子どもたちは戦乱《せんらん》の中、奮戦《ふんせん》した。

三浦若狭守《みうらわかさのかみ》の一族　鎌倉時代中期の武将《ぶしょう》・三浦泰村《やすむら》（?年〜1247年）が、北条氏《ほうじょうし》に攻《せ》められ、一族全員が滅《ほろ》ぼされた。その折《おり》、三浦泰村は一族を率《ひき》いて法華堂《ほっけどう》に立てこもり、最後まで交戦《こうせん》して、一族500人が自刃《じじん》した。

平将門《たいらのまさかど》　?年〜940年。平安時代中期の豪《ごう》族《ぞく》。常陸《ひたち》（茨城県）、下野《しもつけ》（栃木県）、上野《こうずけ》（群馬県）を制圧《せいあつ》し、自《みずか》ら新皇《しんのう》と名乗《なの》って東《とう》国《ごく》の独立《どくりつ》を標榜《ひょうぼう》したが、天慶《てんぎょう》3年（940年）、平貞盛《さだもり》によって滅《ほろ》ぼされた。

安倍貞任《あべのさだとう》　?年〜1062年。平安時代中期の武将《ぶしょう》。陸奥国《むつのくに》（福島・宮城・岩手・青森県と秋田県の一部）の豪族《ごうぞく》。前九年《ぜんくねん》の役《えき》では源頼《みなもとのより》義《よし》・義家《よしいえ》と戦い抵抗《ていこう》したが、康平《こうへい》5年（1062年）、朝廷軍《ちょうていぐん》に滅《ほろ》ぼされた。

三昧《さんまい》　心を一つの処《ところ》に定《さだ》めて動《どう》じないこと。

浄蔵《じょうぞう》・浄眼《じょうげん》　法華経妙荘厳王本事品《ほけきょうみょうしょうごんのうほんじほん》第27に登場《とうじょう》する兄弟の王子《おうじ》。外道《げどう》を信じている父・妙荘厳王のため、さまざまな神通力《じんずうりき》を見せて、父王を化導《けどう》した。後に二人は薬王《やくおう》・薬上菩薩《やくじょうぼさつ》になったと説《と》かれている。

隠士《いんし》　俗世《ぞくせ》を逃《のが》れ山野《さんや》・森林《しんりん》などに隠《かく》れて道を修《おさ》める人。ここでは、仙人《せんにん》の道を修める隠者《いんじゃ》。

仙人《せんにん》の法　古代インドの外道《げどう》の方術《ほうじゅつ》のこと。

烈士《れっし》　信念《しんねん》が強く節義《せつぎ》に堅《かた》い人。

中陰《ちゅういん》　死んだ後、次の世に再《ふたた》び生《せい》を受けるまでの中間《ちゅうかん》の生命の状態《じょうたい》。中有《ちゅうう》。

外道《げどう》　※本書20ページ参照

通教《つうぎょう》、別教《べっきょう》、円教《えんぎょう》　釈尊《しゃくそん》の一代《いちだい》の教えをその内容によって4種（蔵教《ぞうきょう》・通教・別教・円教）に分類《ぶんるい》した天台宗《てんだいしゅう》の教判《きょうはん》を化法《けほう》の四教《しきょう》という。蔵教は小乗教《しょうじょうきょう》のこと。通教は大乗《だいじょう》の初門《しょもん》となる教えで、前の蔵教と後の別教・円教とに通ずる教えのこと。別教は、特別に菩薩《ぼさつ》のために説《と》かれる教えのこと。円教は円融円満《えんゆうえんまん》な完全無欠《むけつ》の教えのこと。ここでは蔵教を除《のぞ》いた三つのこと。

南三北七《なんさんほくしち》の十派の指導者《しどうしゃ》　※本書37ページ参照

如意宝珠《にょいほうしゅ》　意のままに宝物《ほうもつ》や衣服《いふく》、食物《しょくもつ》などを取り出すことができるという宝の珠《たま》。

論師《ろんじ》　「論」を著《あらわ》して、仏法を宣揚《せんよう》する人。ここでは、竜樹《りゅうじゅ》・天親《てんじん》などを指す。

三障四魔《さんしょうしま》　※本書113ページ参照

七宗《しちしゅう》　ここでは、奈良時代までに日本に伝わった仏教の六つの学派《がくは》である南都六宗《なんとろくしゅう》（三論《さんろん》・成実《じょうじつ》・法相《ほっそう》・倶舎《くしゃ》・華厳《けごん》・律《りつ》）に真言宗《しんごんしゅう》を加えた7宗のこと。

芝《しば》が枯《か》れれば蘭《らん》が泣き、松《まつ》が栄《さか》えれば柏《かしわ》は喜びます　芝（霊芝《れいし》）と蘭は共に芳香《ほうこう》ある植物。松と柏は共に常緑樹《じょうりょくじゅ》で、それぞれ互《たが》いに助け合って成長《せいちょう》していくゆえに、古来《こらい》より愛情《あいじょう》や友情《ゆうじょう》が深いことにたとえられる。ここでは、夫婦の関係のたとえとして述《の》べられている。

竜女《りゅうにょ》　海中《かいちゅう》の竜宮《りゅうぐう》に住む娑竭羅竜王《しゃかられゅうおう》の8歳の娘。法華経提婆達多品《ほけきょうだいばだったほん》第12には、文殊師利菩薩《もんじゅしりぼさつ》が法華経を説《と》くのを聞いて発心《ほっしん》し、法華経の説法《せっぽう》の場で即身成仏《そくしんじょうぶつ》の姿《すがた》を現《げん》じたと説かれ、一切の女人成仏《にょにんじょうぶつ》の手本とされる。

前々《まえまえ》に言っておいたことが的中《てきちゅう》している　御書本文は「前前《さきざき》いひをきし事既《ことすで》にあひ《合》ぬれば」。大聖人《だいしょうにん》が「立正安国論《りっしょうあんこくろん》」で予言された自界叛《じかいほん》逆難《ぎゃくなん》と他国侵逼難《たこくしんぴつなん》が、それぞれ文永《ぶんえい》９年（１２７２年）の二月騒動《そうどう》、文永11年（１２７４年）10月の蒙古襲来《もうこしゅうらい》（文永の役《えき》）として現実のものとなり、的中したこと。

善星比丘《ぜんしょうびく》　※本書39ページ「善星」参照

経王殿御返事《きょうおうどのごへんじ》

（御書一二二四ジペー～一二二五ジペー）

本抄について

本抄《ほんしょう》は、文永《ぶんえい》10年（1273年）8月15日、日蓮大聖人《にちれんだいしょうにん》が52歳《さい》の時に、流《る》罪地《ざいち》の佐渡《さど》・一谷《いちのさわ》（佐渡市市野沢《いちのさわ》）で認《したた》められたお手紙です。

宛名《あてな》は経王御前《きょうおうごぜん》となっていますが、経王御前はまだ幼《おさな》かったため、実際には、その親である門下《もんか》に送られたものと考えられます。

本抄《ほんしょう》は、この門下《もんか》が大聖人《だいしょうにん》に、幼《おさな》い経王御前《きょうおうごぜん》の病気平癒《へいゆ》の祈念《きねん》をお願《ねが》いしたことに対する御返事《ごへんじ》です。

大聖人《だいしょうにん》は本抄《ほんしょう》を認《したた》める直前、この門下《もんか》に御本尊を与えられています。御本尊を強盛《ごうじょう》に信じるならば、必ず諸天善神《しょてんぜんじん》に護《まも》られ、福徳《ふくとく》に満ちた境涯《きょうがい》になることを教えられています。

その後、ご様子を伺《うかが》いたいと思っていましたところ、わざわざ使《つか》いの人を送ってくださいました。また、あなたから頂《いただ》いた、何よりも貴重《きちょう》なお金は、山や海を探《さが》しても得《え》がたく、日蓮《にちれん》の身にとっては（流罪中《るざいちゅう》の）今の時だからこそ大切なものです。

あなたのお便《たよ》りにあった経王御前《きょうおうごぜん》のことは、一日中、*日天《にってん》、月天《がってん》に祈っております。先日差し上げた*御本尊を、片時《かたとき》も身から離《はな》さず持《たも》っていきなさい。その御本尊は、*正法《しょうほう》・像《ぞう》法《ほう》の二つの時代には、習った人さえもなく、まして書き顕《あらわ》すことはありませんでした。

師子王は*前三後一《ぜんさんごいち》といって、蟻《あり》を取ろうとする時も、また猛獣《もうじゅう》を取ろうとする時も、勢《いきお》いを出す様子はまったく同じです。日蓮《にちれん》が、（経王御前《きょうおうごぜん》を）護《まも》るための御本尊を認《したた》めたことも、その姿勢《しせい》は師子王に劣《おと》るはずがありません。経文《きょうもん》に「*師子奮迅之力《ししふんじんしりき》」（従地涌出品《じゅうじゆじゅっぽん》第15）とあるのは、このことです。

また、この*曼荼羅《まんだら》（＝御本尊）をよくよく信じていきなさい。南無妙法蓮華経は師子吼《ししく》と同じです。どのような病《やまい》が、障《さわ》りとなるでしょうか。なるはずがありません。*鬼子母《きしも》神《じん》、*十羅刹女《じゅうらせつにょ》は、法華経《ほけきょう》の題目を持《たも》つ人を必ず守護《しゅご》すると、経文《きょうもん》には書かれています。「幸《さいわ》い」は*愛染明王《あいぜんみょうおう》のように、「福徳《ふくとく》」は*毘沙門天《びしゃもんてん》のように満ちていくことでしょう。

どのような所で遊び楽しんでいても、災《わざわ》いがあるはずはありません。どこに行っても何も畏《おそ》れることがないのは、師子王のようです。十羅刹女《じゅうらせつにょ》の中でも＊皐諦女《こうだいにょ》の守護《しゅご》が特に深いことでしょう。

ただし、これら全《すべ》ては、あなたの信心によるのです。剣《つるぎ》なども、進もうとしない人のためには役に立ちません。法華経《ほけきょう》（＝御本尊）という剣は、勇気ある信心の人が持ってこそ役に立つのです。まさに「鬼に金棒《かなぼう》」なのです。

日蓮《にちれん》の魂《たましい》を墨《すみ》に染《そ》め流して書き顕《あらわ》した御本尊です。信じなさい。釈尊《しゃくそん》の本意は法華経《ほけきょう》にあります。日蓮の魂は、南無妙法蓮華経以外にありません。＊妙楽《みょうらく》は「＊久遠《くおん》の寿命《じゅみょう》という仏《ほとけ》の本地《ほんじ》を明かしたことをもって法華経の命とする」（『法華文句記《ほっけもんぐき》』）と解釈《かいしゃく》されています。

経王御前《きょうおうごぜん》にとっては、災《わざわ》いも転《てん》じて幸《さいわ》いとなることでしょう。心して信心を奮《ふる》い起こして、この御本尊に祈念《きねん》していきなさい。どのような願《ねが》いでも、かなわないはずがありません。

「全《すべ》ての人々の願《ねが》いを満たすことは、清涼《せいりょう》の池が人々の渇《かわ》きを満たすようなものである（充満其願《じゅうまんごがん》　如清涼池《にょしょうりょうち》）」（薬王菩薩本事品《やくおうぼさつほんじほん》第23）、「（妙法を聞く者は）現世《げんぜ》では安穏《あんのん》な境涯《きょうがい》となり、後に生まれてくる時には、善《よ》い処《ところ》に生まれる（現世安穏　後生善処《ごしょうぜんしょ》）」（薬草喩品第《やくそうゆほん》5）と示されている法華経《ほけきょう》の経文《きょうもん》通りになることは疑《うたが》いないでしょう。

また、重ねて申し上げますが、佐渡《さど》への流罪《るざい》という大難《だいなん》が許《ゆる》されたならば、何を差し置いても鎌倉へ行き、お会いしましょう。法華経《ほけきょう》の功徳《くどく》の力《ちから》を思えば、不老不死《ふろうふし》は目前《もくぜん》にあります。ただ嘆《なげ》くことは、人の寿命《じゅみょう》が露《つゆ》のように、はかないことだけです。「諸天《しょてん》よ、助けなさい」と強盛《ごうじょう》に祈っております。*浄徳夫人《じょうとくふじん》や*竜女《りゅうにょ》の跡《あと》を継《つ》いでいきなさい。南無妙法蓮華経、南無妙法蓮華経。謹《つつし》んで申し上げます。

日蓮《にちれん》（花押《かおう》）

八月十五日

経王御前御返事《きょうおうごぜんごへんじ》

【語句の解説】

日天《にってん》、月天《がってん》　※本書108ページ参照

御本尊　御書本文は「まほり《守》」。この門下《もんか》が頂《いただ》いたのは、身につけておく御守《おまも》りのための御本尊と思われる。

正法《しょうほう》・像法《ぞうほう》　※本書59ページ参照

前三後一《ぜんさんごいち》　ライオン（師子王）が獲物《えもの》をとる時、力《ちから》をためて飛びかかろうとする姿勢のこと。

師子奮迅之力《ししふんじんしりき》　法華経従地涌出品《ほけきょうじゅうじゆじゅっぽん》第15の文《もん》（法華経463ページ）。「師子奮迅の力《ちから》」と読む。仏《ほとけ》が衆生《しゅじょう》を救うに当たって出す偉大な力を、師子王が戦う姿《すがた》にたとえたもの。

曼荼羅《まんだら》　サンスクリットのマンダラの音写《おんしゃ》。道場、壇《だん》、功徳聚《くどくじゅ》、輪円具足《りんえんぐそく》と訳《やく》す。祈りや儀式の本尊として、仏《ほとけ》などを総集《そうしゅう》して図顕《ずけん》したもの。

鬼子母神《きしもじん》　女性の神。鬼子母神は、自《みずか》らにも多くの子がいたが、人間の子を食べていた。後に仏《ほとけ》の教えを受けて、人の子を食べることをやめ、かえって子どもの守護者《しゅごしゃ》となった。法華経陀羅尼品《ほけきょうだらにほん》第26では、十羅刹女《じゅうらせつにょ》とともに法華経を読誦《どくじゅ》し受持《じゅじ》する者を守護することを誓《ちか》っている。

十羅刹女《じゅうらせつにょ》　※本書40ページ参照

愛染明王《あいぜんみょうおう》　愛染は、根本的な煩悩《ぼんのう》の一つである「貪《とん》（愛）」の意。愛染明王は、浄化《じょうか》された貪愛《とんあい》を神格化したもの。日蓮大聖人《にちれんだいしょうにん》は御本尊の向かって左端に、愛染明王を象徴する梵字《ぼんじ》を書かれている。右端に書かれている不動明王《ふどうみょうおう》が妙法の功徳《くどく》である生死即涅槃《しょうじそくねはん》を表《あらわ》すのに対して、煩悩即菩提《ぼんのうそくぼだい》の法門《ほうもん》を表すとされる。

毘沙門天《びしゃもんてん》　古代インドの世界観で、一つの世界

の中心にある須弥山《しゅみせん》の中腹《ちゅうふく》の四方《しほう》の主とされる四人の神々「四天王《してんのう》」の一人で「多聞天《たもんてん》王《のう》」ともいう。法華経陀羅尼品《ほけきょうだらにほん》第26で法華経の行者《ぎょうじゃ》の守護《しゅご》を誓《ちか》っている。四天王は、日蓮《にちれん》大聖人《だいしょうにん》が御図顕《ごずけん》された御本尊の四隅《よすみ》に認《したた》められている。

皐諦女《こうだいにょ》　十羅刹女《じゅうらせつにょ》の一人。法華経陀羅尼品《ほけきょうだらにほん》第26に「皐諦よ。汝等《なんだち》、及《およ》び眷属《けんぞく》は応当《まさ》に是《か》くの如《ごと》き法師《ほっし》を擁護《おうご》すべし」（法華経649ページ）とあり、法華経の行者《ぎょうじゃ》の守護《しゅご》が託《たく》されている。

妙楽《みょうらく》　※本書20ページ参照

久遠《くおん》の寿命《じゅみょう》という仏《ほとけ》の本地《ほんじ》を明《あ》かしたことをもって法華経《ほけきょう》の命《いのち》とする　御書本文は「顕本遠寿《けんぽんおんじゅ》を以《もっ》て其《そ》の命と為《な》す」。妙楽大師《みょうらくだいし》の『法華文《ほっけもん》句記《ぐき》』の文《もん》。「顕本遠寿」とは、法華経如来《にょらい》寿量品《じゅりょうほん》第16で、釈尊《しゃくそん》が五百塵点劫《じんてんごう》という遠い昔に成仏《じょうぶつ》したことを顕《あらわ》し、仏の寿命の長遠《ちょうおん》を示したことをいう。「其の命と為す」とは仏が自《みずか》らの教えの根本、極意《ごくい》とするということ。

浄徳夫人《じょうとくふじん》　法華経妙荘厳王本事品《ほけきょうみょうしょうごんのうほんじほん》第27に説《と》かれる妙荘厳王の妻。子である浄蔵《じょうぞう》、浄眼《じょうげん》とともに王を成仏《じょうぶつ》の道へと導《みちび》いた。

竜女《りゅうにょ》　※本書201ページ参照

崇《す》峻《しゅん》天《てん》皇《のう》御《ご》書《しょ》

（三種財宝御書《さんしゅざいほうごしょ》）

（御書一一七〇ページ～一一七四ページ）

本抄について

本抄《ほんしょう》は建治《けんじ》3年（1277年）9月、日蓮大聖人《にちれんだいしょうにん》が56歳《さい》の時、身延《みのぶ》（山梨県南巨摩郡《みなみこまぐん》）で認《したた》められ、四条金吾《しじょうきんご》に送られたお手紙です。別名を「三種財宝《さんしゅざいほう》御書《ごしょ》」といいます。

金吾《きんご》は、主君の江間氏《えまし》を折伏《しゃくぶく》したことで遠ざけられるようになり、同僚《どうりょう》たちからも圧迫《あっぱく》が激《はげ》しくなりました。さらに、讒言《ざんげん》（事実無根の訴え）によって、江間氏から〝法華経《ほけきょう》の信仰を捨てなければ所領《しょりょう》を没収《ぼっしゅう》する〟と迫《せま》られ、最大の危機《きき》に直面《ちょくめん》します。しかし、金吾は大聖人《だいしょうにん》のご指導《しどう》通り誠実《せいじつ》に振《ふ》る舞《ま》い、信心を貫《つらぬ》いていきました。

そんな中、江間氏《えまし》が重い病《やまい》に倒《たお》れ、医術《いじゅつ》の心得《こころえ》のあった金吾《きんご》が治療《ちりょう》にあたることになったのです。本抄《ほんしょう》は、この報告に対する御返事《ごへんじ》です。

白小袖《しろこそで》一枚、銭一結《ぜにひとゆい》、また*富木殿《ときどの》のお手紙の中身、何よりも柿《かき》、梨《なし》、生《なま》ひじき、干《ほし》ひじきなど、さまざまな物を頂戴《ちょうだい》し、その品々を使いの方《かた》から受け取りました。

さて、何よりも、主君（＝江間氏《えまし》）のご病気のことを、深く嘆《なげ》いております。たとえ主君は法華経《ほけきょう》を信仰されていないようであっても、あなたが江間家の中にいて、その主君の*御恩《ごおん》のおかげで法華経のために尽くしているのですから、それはそのまま主君の祈りとなっているでしょう。

大木《たいぼく》の下に生《は》える小木《しょうぼく》や大河《たいが》のほとりの草は、直接雨に当たらず水に触《ふ》れることがなくても、自然《しぜん》に露《つゆ》が伝わり生気《せいき》を得《え》て茂《しげ》るものです。あなたと主君との関係も、それと同じです。*阿闍世王《あじゃせおう》は釈尊《しゃくそん》の敵でしたが、その臣下《しんか》であった*耆婆大臣《ぎばだいじん》が、釈尊を信じて常に供養《くよう》をしていたので、その功徳《くどく》が阿闍世王に帰ったと説《と》かれています。

仏法には、*「内薫外護《ないくんげご》」という大変に大事な法門《ほうもん》があって、それは仏法の要《かなめ》の教えです。法華経《ほけきょう》には*「私は深くあなた方《がた》を敬《うやま》います」（常不軽菩薩品第20《じょうふきょうぼさつほん》）、涅槃経《ねはんぎょう》には「あらゆる人々に一人も残らず仏性《ぶっしょう》がある」、馬鳴菩薩《めみょうぼさつ》の『起信論《きしんろん》』には*「真如《しんにょ》の法（＝仏性）が常に薫習《くんじゅう》する故《ゆえ》に、妄心《もうしん》（＝迷《まよ》いの生命）がすなわち滅《めっ》して、法身《ほっしん》が顕現《けんげん》するのである」と説《と》かれ、弥勒《みろく》菩薩の『瑜伽論《ゆがろん》』にも説かれております。

目立《めだ》たない善《ぜん》の行《おこな》いが、はっきりと現《あらわ》れた徳《とく》となるのです。

そこで、江間《えま》家《け》の家中《かちゅう》の人々には天魔《てんま》*が取り付いて、以前からこうした道理を知って、あなたがこの法門《ほうもん》（＝法華経《ほけきょう》）に尽くすのを妨《さまた》げるために、このたびの大うそ*をつくり出したのです。しかし、あなたのご信心が深いので、十羅刹女《じゅうらせつにょ》*があなたを助けようとして、今回の主君の病《やまい》は起こったのでしょうか。

主君はあなたを自分の敵とはお思いではありませんが、一度は彼ら（＝江間《えま》家《け》の人々）が言うことを用《もち》いたために、ご病気が重くなり、長引《ながび》かれているのでしょうか。

彼らが柱と頼《たよ》っていた竜象房《りゅうぞうぼう》*はすでに倒《たお》れました。陥《おとし》い*れるためにうそを流した人々も、またその病《やまい》に侵《おか》されました。良観《りょうかん》*は、さらに重い大罪《だいざい》がある者なので、重大事《じゅうだいじ》に直面《ちょくめん》し、大事件を引き起こして、大変なことになるでしょう。まさか、ただではすまないでしょう。

それにしても、あなたの身も危《あやう》く思われてなりません。必ず敵に狙《ねら》われるでしょう。す*

ごろくの石は二つ並んでいれば取られず、車の輪《わ》は二つあれば道で傾《かたむ》くことがありません。敵も二人でいる者には躊躇《ちゅうちょ》するものです。どのような過《あやま》ちがあったとしても、弟たちを少しの間も側《そば》から離《はな》さないようにしなさい。

あなたはまったく短気《たんき》な相《そう》が顔に表《あらわ》れています。私があなたのことをどんなに大事な方《かた》だと思っても、短気な者を諸天《しょてん》はお護《まも》りにならないと知りなさい。あなたが人に危害《きがい》を加えられ、殺《ころ》されたならば、たとえ成仏《じょうぶつ》したとしても、彼ら敵にとっては喜《よろこ》びとなり、こちらにとっては嘆《なげ》きとなり、残念なことです。

彼らは、あなたをどうしてやろうかと躍起《やっき》になっているのに、あなたが以前よりも主君に信用されているので、表面は静《しず》かなようではあるけれども、胸の内は怒《いか》りに燃《も》え上がるばかりでしょう。普段《ふだん》は彼らの目に付かないようにして、以前よりも江間家《えまけ》の一族を敬《うやま》い、ご子息《しそく》たちが主君の元《もと》に来られているときには、主君のお呼びがあったとしても、しばらくは慎《つつし》みなさい。

江間入道殿《えまにゅうどうどの》に万が一のことがあれば彼らは流浪《るろう》の身になってしまうのに、そのことを顧《かえり》みず、道理をわきまえずに、あなたがいよいよ主君の元《もと》へ再《ふたた》び仕《つか》えるのを見たならば、必ず嫉妬《しっと》の炎《ほのお》を胸に燃《も》やし、息を荒《あら》くすることでしょう。
もし子息《しそく》たちや権力のある方《かた》の妻たちが、「主君のご病気はいかがですが」と問《と》われたならば、それがどのような方であったとしても、膝《ひざ》をかがめて手を合わせ、「私の力《ちから》の及《およ》ぶようなご病気ではありませんが、どのように辞退《じたい》申し上げても、ともかくとの仰《おお》せつけでありますので、主君にお仕《つか》えする身であるゆえ、このように治療《ちりょう》しております」と答《こた》えなさい。髪形《かみがた》も立派《りっぱ》にはせず、*直垂《ひたたれ》もぱりっとしたものではなくして、鮮《あざ》やかな小袖《こそで》や目《め》立《だ》つようなものなどは着ないで、しばらく辛抱《しんぼう》していきなさい。

よくよく心得《こころえ》ていることとは思いますが、末法《まっぽう》のありさまを仏《ほとけ》がお説《と》きになることには、「濁《にご》った世の中には、聖人《しょうにん》であっても聖人として生き続けることは難《むずか》しい。大火《たいか》の中の石のようなもので、しばらくはこらえているようであっても、ついには焼《や》け砕《くだ》けて灰《はい》となる。賢人《けんじん》も*五常《ごじょう》を口には説くが、わが身に振《ふ》る舞《ま》うことは難しい」とある通りなのです。「*一番の上席《じょうせき》は去《さ》れ」とも言われるではありませんか。

何人もの人が、あなたをうそで陥《おとし》れようとしたのに陥れられず、すでに勝利した身であるのに、事を荒立《あらだ》てて陥れられるようなことがあれば、世間《せけん》で言われる、一生懸命《けんめい》に漕《こ》いできた船があと少しのところで浸水《しんすい》するようなものであり、また、食後に白湯《さゆ》がないようなものです。

主君から部屋を頂《いただ》いて住んでいるので、そこでは何ごともないでしょうが、日暮《ひぐ》れや明《あ》け方《がた》など、人の出入りなどには、必ず敵は狙《ねら》うでしょう。また、自分の家の妻戸《つまど》*の脇《わき》や持*仏堂《じぶつどう》、家の中の板敷《いたじき》の下や天井《てんじょう》などには、よくよく用心して振《ふ》る舞《ま》いなさい。これからは、以前よりも彼らの謀略《ぼうりゃく》は巧《たく》みになるでしょう。なんといっても、鎌倉の荏柄《えがら》（＝神奈川県鎌倉市二階堂《にかいどう》の地名）の*夜廻《よめぐ》りの人たちほど頼《たよ》りになる人々はおりません。どんなに気に入らないことがあっても、仲良くしていきなさい。

源義経《みなもとのよしつね》は、どのようにしても平家《へいけ》を攻め落とすことは難《むずか》しかったけれども、田口成良《たぐちしげよし》を味方に引き入れて平家を滅《ほろ》ぼしました。源頼朝《よりとも》は、長田忠致《おさだただむね》を親の敵《かたき》と思っていましたが、平家を攻め落とすまでは、頸《くび》を斬《き》りませんでした。

まして、この夜廻《よめぐ》りの四人は、遠くは法華経《ほけきょう》のために、近くは日蓮《にちれん》のために、命を懸《か》けて得《え》た屋敷《やしき》を主君に取り上げられてしまったのです。日蓮と法華経とを信じている人々を、これからどのようなことがあったとしても、心にかけてあげなさい。

その上、あなたの屋敷《やしき》へこの人々が常に通《かよ》うならば、敵は夜に行って出会うことを恐《おそ》れるでしょう。敵の彼らにしても親の敵《かたき》というわけではありませんから、まさか、表沙汰《おもてざた》になってもよいとは思わないでしょう。人目《ひとめ》をはばかる者に対しては、これほど頼《たよ》りになる兵士《へいし》はおりません。常に親《した》しくしていきなさい。

あなたは短気《たんき》な人ですから、私の言ったこともきっと聞き入れないでしょう。もしそうであるなら、日蓮《にちれん》の祈りの力《ちから》も及《およ》びません。

竜象房《りゅうぞうぼう》＊とあなたの兄とは、あなたにとって悪人でした。それが、諸天《しょてん》のお計《はか》らいによって、あなたの思う通りになったのです。それなのに、どうしてあなたは諸天のお心に背《そむ》こうと思われるのでしょうか。

たとえ千万の財《たから》を得《え》たとしても、主君に捨てられてしまっては何の意味があるでしょうか。すでに主君からは親のように思われ、水が器《うつわ》に従《したが》うように、子牛が母を慕《した》うように、老人が杖《つえ》を頼《たの》みにするように、主君があなたのことを頼《たよ》りにされているのは、法華経《ほけきょう》の加《か》護《ご》ではありませんか。

「ああうらやましいことだ」と江間家《えまけ》に仕《つか》える人々には思われていることでしょう。一刻《いっこく》も早くこの夜廻《よめぐ》りの四人と語り合って、その結果を日蓮《にちれん》に聞かせてください。そうすれば、強盛《ごうじょう》に諸天《しょてん》に祈りましょう。

また、あなたの亡《な》*き*お父上《ちちうえ》、お母上《ははうえ》の死後のことについても、私が諸天《しょてん》に「左衛門尉《さえもんのじょう》(=四条金吾《しじょうきんご》)が、ご両親のことを非常に嘆《なげ》いております」と、申し上げてあります。きっと釈尊《しゃくそん》の御前《おんまえ》で(お父上・お母上に対して)さまざまな配慮《はいりょ》があることでしょう。

なんといっても今でも忘れられないことは、(竜《たつ》の口《くち》の法難《ほうなん》の際《さい》)私が頸《くび》を斬《き》られようとした時、あなたがお供《とも》をしてくださり、馬の口にしがみついて泣き悲しまれたことです。このことは、どのような世になっても忘れることはできません。

もし、あなたの罪《つみ》が深くて地獄《じごく》に堕《お》ちるようなことがあれば、この日蓮《にちれん》に対して釈尊《しゃくそん》が「仏《ほとけ》になりなさい」と、どんなに導《みちび》いたとしても、私は従《したが》うことはありません。あなたと同じく地獄へ入るでしょう。日蓮とあなたがともに地獄に入るならば、釈尊も法華経《ほけきょう》も地獄にこそいらっしゃるに違《ちが》いありません。そうなれば、闇夜《やみよ》に月が出るようなものであり、湯《ゆ》に水を入れ、氷に火を焚《た》き、太陽に闇を投げつけるようなもので、地獄即寂光《そくじゃっこう》の浄《じょう》土《ど》となるでしょう。

もし少しでも、*これまで申し上げてきたことに背《そむ》くなら、どのようなことになっても日《にち》蓮《れん》を恨《うら》んではなりません。

今の世間《せけん》ではやっている疫病《えきびょう》は、あなたの言う通り、年が改《あらた》まれば身分の高い人々にまでも及《およ》ぶことでしょう。あなたを助けるための十羅刹女《じゅうらせつにょ》の働《はたら》きでしょうか。今しばらくは、この世に生きて、世の中の様子をよくご覧《らん》なさい。

また、世間《せけん》が過ごしにくいなどと愚痴《ぐち》を言って人に聞かせてはなりません。もしそのようなことをすれば、賢人《けんじん》から外《はず》れたことになります。

本当にもしそのようなことをすれば、夫の死後、残された妻子《さいし》が、恥《はじ》を言うつもりはなくても、夫との別《わか》れの惜《お》しさに、他人に向かって自分の夫の恥を全《すべ》て語ることになります。これはひとえに、妻が悪いのではなく、夫自身の振《ふ》る舞《ま》いが悪かったからなのです。

人間として生《せい》を受けることはまれであり、爪《つめ》の上に乗った土のようにごく少ない。人間として命を持《たも》つことは難《むずか》しく、草の上の露《つゆ》のようにはかない。百二十歳まで生きて名を汚《けが》して死ぬよりは、生きて一日でも名を上《あ》げることこそ大切です。

「中務《なかつかさ》三郎《さぶろう》左衛門尉《ざえもんのじょう》（＝四条金吾《しじょうきんご》）は、主君に仕《つか》えることにおいても、仏法に尽くすことにおいても、世間《せけん》における心掛《こころが》けにおいても、素晴《すば》らしい、素晴らしい」と鎌倉の人々の口にうたわれていきなさい。

くれぐれも、よくお聞きなさい。「蔵《くら》の財《たから》」（＝物質的《ぶっしつてき》な財産）よりも「身の財」（＝立場や健康・身につけた技能《ぎのう》など）が優《すぐ》れている。「身の財」よりも「心の財」（＝心の強さや豊かさ、境涯《きょうがい》）が第一である。この手紙をご覧《らん》になってからは、「心の財」を積《つ》んでいきなさい。

一番重要《じゅうよう》な秘蔵《ひぞう》の物語があります。書いて差し上げましょう。日本国が誕生《たんじょう》して以来、天皇《てんのう》が二人、臣下《しんか》に殺《ころ》されています。その一人は*崇峻天皇《すしゅんてんのう》です。

この天皇《てんのう》は、欽明《きんめい》天皇の太子《たいし》であり、聖徳《しょうとく》太子の伯父《おじ》に当たります。第三十三代の天皇でいらっしゃいましたが、聖徳太子を呼んで仰《おお》せつけられました。

「お前は徳《とく》があり智慧《ちえ》の優《すぐ》れた者であると聞く。私の相《そう》を占《うらな》ってみよ」と。

聖徳太子《しょうとくたいし》は三度にわたり辞退《じたい》しましたが、たびたびのご命令に辞退しきれず、謹《つつし》んで相《そう》を占《うらな》いました。

「陛下《へいか》は、人に殺《ころ》される相《そう》がおありです」と申し上げると、天皇《てんのう》は顔色を変えて、「どのような証拠《しょうこ》をもって、このことを信じればよいのか」と仰《おお》せになりました。太子《たいし》は「眼に赤い筋《すじ》が通《とお》っております。人に恨《うら》まれる相です」と申し上げました。

天皇《てんのう》は重ねて仰《おお》せつけられました。「どうしたら、この難《なん》を逃《のが》れられるだろうか」。太子《たいし》は申し上げました。「逃れることは難《むずか》しいでしょう。ただし、五常《ごじょう》という〝兵士《へいし》〟に相当《そうとう》する徳目《とくもく》があります。それを身から離《はな》さなければ、難を逃れるでしょう。この〝兵士〟を仏典《ぶってん》では忍波羅蜜《にんはらみつ》といって、*六波羅蜜《ろくはらみつ》の修行の一つとしております」

天皇《てんのう》は、しばらくは五常《ごじょう》を持《たも》たれていましたが、ともすれば気の短い天皇であったので、これをお破《やぶ》りになりました。

ある時、ある人が猪《いのしし》を献上《けんじょう》したところ、笄《こうがい》（＝髪《かみ》をかきあげるために用《もち》いた道具）を抜いて猪の眼をずぶずぶと刺《さ》し、「いつの日か憎《にく》いと思う奴《やつ》を、このようにしてやろう」と仰《おお》せになりました。

その席におられた聖徳太子《しょうとくたいし》は、「ああ、なんとひどいことを。陛下《へいか》は、必ず人に恨《うら》まれるでしょう。このお言葉は自身を傷《きず》つける剣のようなものです」と言われ、多くの財宝を取り寄せて、天皇《てんのう》の前でこの言葉を聞いた者に、（口止めとして）贈《おく》り物を与えました。

しかし、ある人が大臣《おおおみ》の*蘇我馬子《そがのうまこ》という者に語ったので、馬子は、それは自分のことであると思い、東漢直磐井《やまとのあやのあたいいわい》という者の子である東漢直駒《あたいこま》を味方に引き入れて、天皇《てんのう》を殺害したのです。

それゆえ、天皇《てんのう》という身であっても、思っていることをたやすくは言わないものなのです。

*孔子《こうし》という賢人《けんじん》は、「九思一言《きゅうしいちげん》」といって、九度思索《しさく》してから、一つ語りました。

*周公旦《しゅうこうたん》という人は、三度、沐浴《もくよく》している時に髪《かみ》を握《にぎ》って応対《おうたい》し、食事の時には三度、口の中のものを吐《は》き出して応対《おうたい》し、決して人を待たせませんでした。

しっかりとお聞きなさい。私を恨《うら》んではなりません。仏法というのは、このように振《ふ》る舞《ま》いに現《あらわ》れるのです。

釈尊《しゃくそん》が生涯《しょうがい》に説《と》いた教えの肝要《かんよう》は法華経《ほけきょう》であり、法華経の修行の肝要は*不軽品《ふきょうぼん》です。不軽菩薩《ぼさつ》が人を敬《うやま》ったことには、どのような意味があるのでしょうか。教主釈尊《きょうしゅ》の出世《しゅっせ》の本《ほん》懐《かい》（＝この世に出現《しゅつげん》した究極《きゅうきょく》の目的《もくてき》）は、人の振《ふ》る舞《ま》いを示すことにあったのです。

くれぐれも、よくお聞きなさい。賢《かしこ》きを人といい、思慮《しりょ》のない行動を畜生《ちくしょう》というのです。

建治《けんじ》三年（＝1277年）九月十一日　日蓮《にちれん》（花押《かおう》）

四条左衛門尉殿御返事《しじょうさえもんのじょうどのごへんじ》

【語句の解説】

富木殿《ときどの》のお手紙　四条金吾《しじょうきんご》が、富木常忍《じょうにん》から手紙を預《あず》かり、それを大聖人《だいしょうにん》の元《もと》に届けたと考えられる。

御恩《ごおん》　武家《ぶけ》社会で、家臣《かしん》が主君のために働《はたら》くことを奉公《ほうこう》と言い、それに対し主君が与える所《しょ》領安堵《りょうあんど》などを御恩という。大聖人《だいしょうにん》は四条金吾《しじょうきんご》に対し、江間氏《えまし》は恩恵《おんけい》を受けた大恩《だいおん》ある主君であり、この主君の御恩のおかげで、法華《ほけ》経《きょう》に御供養《ごくよう》できるのである、と教えられている。

阿闍世王《あじゃせおう》　※本書138ページ参照

耆婆大臣《ぎばだいじん》　釈尊存命中《しゃくそんぞんめいちゅう》の名医《めいい》。阿闍世王《あじゃせおう》に大臣として仕《つか》えた。仏教を深く信じ、悪逆《あくぎゃく》を尽くす阿闍世王を諫《いさ》め、釈尊に帰依《きえ》させた。

内薫外護《ないくんげご》　あらゆる衆生《しゅじょう》の生命に内在《ないざい》する仏性《ぶっしょう》が開き現《あらわ》れ生命に薫習《くんじゅう》して覚《さと》りを生《しょう》じていく力《ちから》になることを「内薫」といい、この内薫に呼応《こおう》して、外からその人を護《まも》り助ける働《はたら》きが起こることを「外護」という。

私は深くあなた方を敬《うやま》います　御書本文は「我《われ》深く汝等《なんだち》を敬う」。法華経常不軽菩薩品《ほけきょうじょうふきょうぼさつほん》第20の文《もん》（法華経557ページ）。威音王仏《いおんのうぶつ》の像法《ぞうほう》時代、不軽菩薩は、悪口罵詈《あっくめり》されながらも、この言葉を唱えて全《すべ》ての人に対して礼拝行《らいはいぎょう》を行《おこな》った。

真如《しんにょ》の法（仏性《ぶっしょう》）が常に薫習《くんじゅう》する故《ゆえ》に、妄心《もうしん》（迷《まよ》いの生命）がすなわち滅《めっ》して、法身《ほっしん》が顕現《けんげん》するのである　御書本文は、「真如の法常《ほうつね》に薫習するを以《もっ》ての故に妄心即滅《もうしんそくめつ》して法身顕現す」。一切衆生《いっさいしゅじょう》の心のうちにある真如（法《ほっ》性《しょう》）が、衆生の生命に薫習（香りが衣服《いふく》などの物に次第《しだい》に移るように影響《えいきょう》を与えること）

して覚《さと》りを生《しょう》ずる力《ちから》となり、それが衆生の迷いの生命を滅することになり、法身が自身の生命に顕現するようになる、という趣旨《しゅし》。『大乗起信論《だいじょうきしんろん》』では、この法身が顕現することによって、その人は、本来の仏《ほとけ》の力を発揮《はっき》し、仏の働きをなすと説《と》かれている。

天魔《てんま》　天子魔《てんしま》。四魔《しま》のうちの一つ。第六天《だいろくてん》の魔《ま》王《おう》のこと。仏道《ぶつどう》修行を妨《さまた》げる働《はたら》きをする。

こうした道理　「内薫外護《ないくんげご》」の原理《げんり》に基《もと》づいて、四条金吾《しじょうきんご》の信心によって、江間氏《えまし》一族一門が金吾を護《まも》り助ける働《はたら》きをするようになること。

このたびの大うそ　建治《けんじ》3年（1277年）、鎌倉の桑ケ谷《くわがやつ》で竜象房《りゅうぞうぼう》が説法《せっぽう》を行《おこな》っていた。その法座《ほうざ》に大聖人門下《だいしょうにんもんか》の三位房《さんみぼう》が臨《のぞ》み、竜象房を完膚《かんぷ》なきまでに破折《はしゃく》した（桑ケ谷問《もん》答《どう》）。この時、四条金吾《しじょうきんご》が、その場に座を連《つら》ねていたことを利用し、江間家《えまけ》の家臣《かしん》たちが、あたかも金吾が説法の座に乱入《らんにゅう》したなどというような讒言《ざんげん》（事実無根《むこん》の訴え）をし、金吾を陥《おとしい》れようとしたことを指《さ》す。

十羅刹女《じゅうらせつにょ》　※本書40ページ参照

竜象房《りゅうぞうぼう》　生没年未詳《せいぼつねんみしょう》。鎌倉時代の僧《そう》。極楽寺良《ごくらくじりょう》観《かん》の庇護《ひご》を受け、桑ケ谷に法席を構えて説法し、釈尊《しゃくそん》の再来《さいらい》であるなどとうたわれていたが、大聖人門下《だいしょうにんもんか》の三位房《さんみぼう》に破折《はしゃく》された。

陥《おとしい》れるためにうそを流《なが》した　御書本文は「和《わ》讒《ざん》」。一方では親しそうなふりをしながら、他方《たほう》で人を誹《そし》り、陥れること。

良観《りょうかん》　※本書40ページ参照

すごろくの石は二つ並んでいれば取られず　現在のすごろくではなく、当時、大陸から渡《わた》っていたゲームの一種。自分の駒《こま》が二つ並んでいると、相手の駒に技《わざ》をかけられることはない。

直垂《ひたたれ》　武家《ぶけ》の代表的衣服《いふく》。袴《はかま》と合わせて用《もち》いた。武家の正装《せいそう》として用いられた。

五常《ごじょう》　中国の思想で、常に人が守るべき五つの道。仁《じん》・義《ぎ》・礼《れい》・智《ち》・信《しん》のこと。本書219ページに出てくる「五常という〝兵士《へいし》〟」とは、この五常を持《たも》っていけば、災《わざわ》いから守られるので兵士にたとえられている。

一番の上席《じょうせき》は去《さ》れ　御書本文は「かう《甲》の座《ざ》をば去れ」。「甲《こう》の座」とは、一番の上席、最重要《さいじゅうよう》の地位のこと。甲は、十二支《し》と組み合わせて用《もち》い、年や日などを表《あらわ》した十干《じっかん》（甲《きのえ》・乙《きのと》・丙《ひのえ》・丁《ひのと》・戊《つちのえ》・己《つちのと》・庚《かのえ》・辛《かのと》・壬《みずのえ》・癸《みずのと》）の第一であるところから、最上を表《あらわ》す。ここでは、四《し》条金吾《じょうきんご》が主君から病《やまい》の治癒《ちゆ》を任《まか》されたからといって、調子《ちょうし》に乗ってはならないとの戒《いまし》め。

妻戸《つまど》　寝殿造《しんでんづく》りなどで部屋の四隅《よすみ》にあった両開《りょうびら》きの戸《と》。一般の屋敷《やしき》では、家の端《はし》の方にある開き戸を指す。「妻」は「端」と同意《どうい》。

持仏堂《じぶつどう》　本尊を安置《あんち》しておく堂。

夜廻《よめぐ》りの人たち　御書本文は「夜廻りの殿《との》原《ばら》」。夜回《よまわ》り警備《けいび》の役を持った人たち。

あなたの兄《あに》　四条金吾《しじょうきんご》の兄については、詳細は不明だが、金吾の信仰を妨害《ぼうがい》していたと考えられている。

亡《な》きお父上《ちちうえ》、お母上《ははうえ》　金吾《きんご》とその父は、二代にわたって江間氏《えまし》に仕《つか》えた。一方、金吾の母は、金吾とともに法華経《ほけきょう》を信じていたと思われる。

これまで申し上げてきたこと　本抄《ほんしょう》で大聖人《だいしょうにん》が四条金吾《しじょうきんご》に対して主《おも》に仕事や生活における振《ふ》る舞《ま》いについてさまざまに注意《ちゅうい》してきたこと。例《たと》えば、他人との関わりで自分の短気《たんき》な性格に注意すること、敵が狙《ねら》っていることを忘れずに用心《ようじん》を重ねること、主君に対する行動も常に人目《ひとめ》に注意すること、目立《めだ》つ身なりを慎《つつし》むこと、家の出入りなどにも細心《さいしん》の心配《こころくば》りをすること、夜廻《よめぐ》りの人と仲良くすること、などである。

崇峻天皇《すしゅんてんのう》　第33代（あるいは32代）の天皇。６世紀後半の在位《ざいい》とされる。欽明《きんめい》天皇の皇子《おうじ》。用明《ようめい》天皇の没後《ぼつご》、蘇我馬子《そがのうまこ》に擁立《ようりつ》される。馬子の権勢《けんせい》を不快《ふかい》に思ったが、反対に馬子の配《はい》下《か》・東漢直駒《やまとのあやのあたいこま》によって暗殺《あんさつ》される。聖徳太子《しょうとくたいし》は、甥《おい》に当たる。

六波羅蜜《ろくはらみつ》　大乗《だいじょう》の菩薩《ぼさつ》が実践し獲得《かくとく》すべき六つの徳目《とくもく》。①布施《ふせ》（財施《ざいせ》や法を説《と》くこと）②持《じ》戒《かい》（戒律《かいりつ》を守る）③忍辱《にんにく》（苦難《くなん》を耐《た》え忍《しの》ぶ）④精進《しょうじん》（たゆまず修行に励《はげ》む）⑤禅定《ぜんじょう》（瞑想《めいそう》の実践）⑥智慧《ちえ》（般若《はんにゃ》）。前の五つそれぞれを完成《かんせい》させ、智慧の完成を目指す。

蘇我馬子《そがのうまこ》　?年～６２６年。敏達《びたつ》・用明《ようめい》・崇峻《すしゅん》・推古天皇《すいこてんのう》の大臣《おおおみ》（大和《やまと》政権における最高執政《しっせい》官《かん》）。排仏派《はいぶつは》の物部守屋《もののべのもりや》を滅《ほろ》ぼし、東漢直駒《やまとのあやのあたいこま》を用《もち》いて崇峻天皇を殺害した。

孔子《こうし》　紀元前《きげんぜん》５５１年～前４７９年（生没《せいぼつ》年には異説《いせつ》がある）。中国、春秋《しゅんじゅう》時代の思想家。儒教《じゅきょう》の祖《そ》。

周公旦《しゅうこうたん》　中国の周《しゅう》を建国《けんこく》した武王《ぶおう》の弟である旦《たん》。優《すぐ》れた政治家として、儒教《じゅきょう》では聖人《しょうにん》とされる。御書本文の「沐《ゆあみ》する時は三度握《みたびにぎ》り」とは、入浴中に来客《らいきゃく》があるたびに、解《と》いた髪を手で握ってまとめて応対《おうたい》したこと。周公旦は周の王族《おうぞく》の一員として、人を待たせても構《かま》わない身分であったが、天下《てんか》の人材《じんざい》を失《うしな》うことがないように、客人《きゃくじん》を待たすことなく応対し礼《れい》を尽くしたという故事《こじ》である。

不軽品《ふきょうぼん》　法華経常不軽菩薩品《ほけきょうじょうふきょうぼさつほん》第20。釈尊《しゃくそん》の過去世の姿《すがた》である不軽菩薩が、万人に仏性《ぶっしょう》がある

として、会う人をことごとく礼拝《らいはい》し、最後に
成仏《じょうぶつ》したことが説《と》かれている。

聖人御難事《しょうにんごなんじ》

（御書一一八九ページ〜一一九一ページ）

本抄について

本抄《ほんしょう》は、「熱原《あつはら》の法難《ほうなん》」の渦中《かちゅう》である弘安《こうあん》2年（1279年）10月、日蓮大聖人《にちれんだいしょうにん》が58歳《さい》の時、身延《みのぶ》（山梨県南巨摩郡《みなみこまぐん》）で著《あらわ》され、門下一同《もんかいちどう》に与えられました。

当時、富士の熱原《あつはら》（静岡県《しずおかけん》富士市厚原《あつはら》）では、日興上人《にっこうしょうにん》を中心に弘教《ぐきょう》が進み、多くの農民《のうみん》門下が誕生《たんじょう》しました。その勢《いきお》いに危機感《ききかん》を抱《いだ》いた悪僧《あくそう》が、権力者と結託《けったく》し、無実《むじつ》の罪《つみ》で農民門下20人を逮捕《たいほ》させたのです。

農民《のうみん》門下は、鎌倉の平左衛門尉頼綱《へいのさえもんのじょうよりつな》の屋敷《やしき》で厳《きび》しい尋問《じんもん》を受け、中心者の神四郎《じんしろう》・弥五郎《やごろう》・弥六郎《やろくろう》の3人は処刑《しょけい》されますが、一人も退転《たいてん》しませんでした。不惜身命《ふしゃくしんみょう》の信心を現《あらわ》した弟子の姿《すがた》に、時の到来《とうらい》を感じられた大聖人《だいしょうにん》は、本抄《ほんしょう》で「出世《しゅっせ》の本懐《ほんかい》」（この世に出現《しゅつげん》した究極《きゅうきょく》の目的）を遂《と》げることを宣言《せんげん》されています。

去《さ》る建長《けんちょう》五年（＝1253年）四月二十八日、安房国《あわのくに》（＝千葉県《ちばけん》南部）長狭郡《ながさごおり》の内《うち》、東条郷《とうじょうごう》、今は郡《ぐん》となっていますが、そこは天照太神《てんしょうだいじん》の所領《しょりょう》、すなわち、*右大将《うだいしょう》・源頼朝《みなもとのよりとも》が開《ひら》いた日本第二の所領があります。今では日本第一です。この東条郡にある*清澄寺《せいちょうじ》の諸仏坊《しょぶつぼう》の*持仏《じぶつ》堂《どう》の南側で、正午《しょうご》の時に、この法門《ほうもん》（＝南無妙法蓮華経）を説《と》き始めて以来、二十七年、今は弘安《こうあん》二年（＝1279年）です。釈尊《しゃくそん》は（弘教《ぐきょう》を始めて）四十年余《あま》り、*天台大師《てんだいだいし》は三十年余り、*伝教《でんぎょう》大師は二十年余りに、*出世《しゅっせ》の本懐《ほんかい》を遂《と》げられました。それまでの間、それぞれに起こった大難《だいなん》は、言い尽くせないほどであり、今まで、しばしば述《の》べてきた通りです。私は、二十七年です。その間に起こった大難は、それぞれがすでにご存《ぞん》じの通りです。

法華経《ほけきょう》には「しかもこの経は、釈尊《しゃくそん》の存命中《ぞんめいちゅう》でさえ反発《はんぱつ》し敵対《てきたい》する者が多い。まして釈尊が亡《な》くなった後は、なおさらである（如来現在猶多怨嫉《にょらいげんざいゆたおんしつ》 況滅度後《きょうめつどご》）」（法師品《ほっしほん》第10）とあります。釈尊が受けた大難《だいなん》は数知れません。その中で、*馬の麦《むぎ》を食べて九十日間をしのいだこと、山頂《さんちょう》から大石を投げられて仏の足の指《ゆび》が傷《きず》つき血を出したこと、*善星比丘《ぜんしょうびく》らの八人が、身は仏の御弟子《みでし》でありながら心は仏教以外の教えに従《したが》って昼夜暇《ひま》なく仏の隙《すき》を狙《ねら》ったこと、無数《むすう》の釈迦族《しゃかぞく》の人々が*波瑠璃王《はるりおう》に殺《ころ》されたこと、無数の弟子たちが悪象《あくぞう》に踏《ふ》みつぶされたこと、*阿闍世王《あじゃせおう》が釈尊を亡き者にしようと大難を加えたことなど、これらは経文《きょうもん》に

「釈尊の存命中でさえ反発し敵対する者が多い（如来現在猶多怨嫉）」と説《と》かれる小難《しょうなん》です。「まして釈尊が亡くなった後は、なおさらである（況滅度後）」という大難には、*竜樹《りゅうじゅ》・天親《てんじん》・天台《てんだい》・伝教《でんぎょう》も、いまだ遭《あ》われていません。では、これらの人々は法華経の行者《ぎょうじゃ》ではないのかと言えば、どうして行者でないことがあるでしょうか。また、行者であると言おうとすれば、仏のように身から血を流してはいません。ましてや仏に過ぎるほどの大難はありません。これでは経文が、無意味であるかのようです。仏が説いたことはすっかり、まったくの偽《いつわ》りとなりました。

ところが、日蓮《にちれん》は二十七年の間に、弘長《こうちょう》元年（＝１２６１年）五月十二日には、伊豆国《いずのくに》（＝静岡県東部）へ流罪《るざい》、文永《ぶんえい》元年（＝１２６４年）十一月十一日には、頭に傷《きず》を受け、左の手を打ち折られました。同じく文永八年（＝１２７１年）九月十二日には、佐渡国《さどのくに》（＝新潟県佐渡島《さどがしま》）へ流罪され、また*竜《たつ》の口の頸《くび》の座にも臨《のぞ》んだのです。そのほかに、弟子を殺《ころ》され、斬《き》られ、追放《ついほう》、罰金《ばっきん》などは数知れません。釈尊《しゃくそん》の大難《だいなん》に及《およ》ぶか、勝《まさ》っているか、それは知りません。竜樹《りゅうじゅ》・天親《てんじん》・天台《てんだい》・伝教《でんぎょう》は、私と肩を並べ難《がた》いのです。

もし日蓮《にちれん》が末法《まっぽう》に出現《しゅつげん》しなかったなら、仏《ほとけ》は大うそつきの人となり、*多宝如来《たほうにょらい》と全宇宙のあらゆる仏も、まったく偽《いつわ》りの証明をしたことになってしまいます。仏が亡《な》くなった後二千二百三十年余《あま》りの間に、世界中で、仏のお言葉を助けた人は、ただ日蓮一人です。

過去も現在も、末法《まっぽう》の法華経《ほけきょう》の行者《ぎょうじゃ》を軽蔑《けいべつ》し、卑《いや》しめる王やその家臣《かしん》、そして国中の人々は、初めのうちは何ごともないようであっても、最後は滅《ほろ》びないものはありません。日蓮《にちれん》の場合もまた同じです。初めは（日蓮を守護《しゅご》する）〝しるし〟がないようでしたが、この二十七年間のように、法華経守護を誓《ちか》った梵天《ぼんてん》・帝釈《たいしゃく》・日天《にってん》・月天《がってん》・四大天王《しだいてんのう》などが守護しないのであれば、仏《ほとけ》の前での誓《ちか》いがうそになり、*無間地獄《むけんじごく》に堕《お》ちてしまうだろうと恐《おそ》ろしく思って、今はそれぞれ励《はげ》んでいるのでしょう。（大聖人門下《だいしょうにんもんか》を迫害《はくがい》した）大田親昌《おおたちかまさ》、長崎次郎兵衛尉時綱《ながさきじろうひょうえのじょうときつな》、大進房《だいしんぼう》の落馬《らくば》などは、法華経の罰《ばち》が現《あらわ》れたのでしょうか。罰には*総罰《そうばち》・別罰《べつばち》・顕罰《けんばち》・冥罰《みょうばち》の四つがあります。日本国の大疫病《だいえきびょう》と大飢饉《だいききん》と内乱《ないらん》（＝二月騒動）と他国からの侵略《しんりゃく》（＝蒙古襲来《もうこしゅうらい》）は総罰です。疫病は冥罰です。大田らは顕罰、別罰です。

各々《おのおの》は師子王の心を取り出《いだ》して、どのように人が脅《おど》しても、決して恐《おそ》れることがあってはなりません。師子王は百獣《ひゃくじゅう》を恐れません。師子の子もまた同じです。正法《しょうほう》を誹謗《ひぼう》する人々は、野干《やかん》（＝狐《きつね》の類《たぐ》い）が吼《ほ》えているようなものであり、日蓮《にちれん》の一門は師子が吼えるのと同じです。

*故最明寺殿《こさいみょうじどの》（＝北条時頼《ほうじょうときより》）が、日蓮《にちれん》を（伊豆流罪《いずるざい》から）許《ゆる》したのも、今の執権《しっけん》（＝*北条時宗《ときむね》）が（佐渡《さど》流罪を）許したのも、日蓮に過《あやま》ちはなく、日蓮を陥《おとしい》れるための讒言《ざんげん》（＝事実無根《むこん》の訴え）によるものであった、と知ったから許したのです。従《したが》って、今後は何と人が言っても、よく事情《じじょう》も聞かずに人の讒言を用《もち》いることはないでしょう。たとえ*大鬼神《だいきじん》が付いた人であっても、日蓮を梵天《ぼんてん》・帝釈《たいしゃく》・日天《にってん》・月天《がってん》・四大天王《しだいてんのう》また天照大神《てんしょうだいじん》・八幡大菩薩《はちまんだいぼさつ》が守護《しゅご》しているゆえに、罰《ばっ》することはできないと、確信《かくしん》していきなさい。月々日々に、信心を奮《ふる》い起《お》こしていきなさい。少しでもたゆむ心があれば、魔《ま》がそれをたより（＝きっかけ）にして襲《おそ》ってくるでしょう。

私たち凡夫《ぼんぷ》の愚《おろ》かなところは、経典《きょうてん》やその解説書《かいせつしょ》に説《と》かれていることと、遠くで起きていることに対して、（自分には関係ないと思って）恐《おそ》れる心がないことです。必ず、*平左衛門《へいのさえもんの》尉頼綱《じょうよりつな》らや*安達泰盛《あだちやすもり》らも怒《いか》って、日蓮《にちれん》の一門《いちもん》を容赦《ようしゃ》なく迫害《はくがい》することも起こるでしょう。その時は眼を固《かた》くつむって覚悟《かくご》しなさい。今（蒙古《もうこ》を迎《むか》え討《う》つために）筑紫《つくし》（＝九州北部）へ派遣《はけん》されようとしている人々、またすでに向かっている人々や、筑紫で蒙古を迎え討とうとしている人々のことをわが身に当てはめなさい。今までは、日蓮の一門にこのような嘆《なげ》きはありませんでした。彼らは、現在はこのような苦しみに遭《あ》い、殺《ころ》されればまた地獄《じごく》へ行くのです。私たちは、現在はこの大難《だいなん》に遭っていても来世《らいせ》は仏《ほとけ》になるのです。例《たと》えばお灸《きゅう》のようなもので、その時は痛《いた》いけれども後のための薬《くすり》となるので、痛くても痛くないのです。

かの熱原《あつはら》の迫害《はくがい》に遭《あ》って動揺《どうよう》している者たちには、よく励《はげ》まして、恐《おそ》れさせてはいけません。彼らには、「ただ一途《いちず》に覚悟《かくご》を決めなさい、善《よ》い結果になるのが不思議《ふしぎ》であり、悪い結果になるのが当然《とうぜん》と思いなさい」と励ましなさい。そして、空腹《くうふく》に耐《た》えられないようなら、餓鬼道《がきどう》の苦しみを教えなさい。寒さに耐えられないというなら、*八寒地獄《はっかんじごく》の苦しみを教えなさい。恐ろしいというのなら、鷹《たか》に遭った雉《きじ》、猫《ねこ》に遭った鼠《ねずみ》を人ごとと思ってはならないと教えなさい。

このようにこまごまと書いたことは、年々、月々、日々に言ってきたことではあるけれども、*名越《なごえ》の尼《あま》、少輔房《しょうぼう》、能登房《のとぼう》、三位房《さんみぼう》などのように、臆病《おくびょう》で、教えを心に刻《きざ》まず、欲《よく》が深くて、疑《うたが》い多い者たちは、漆《うるし》の塗《ぬ》り物《もの》に水をかけて、空中《くうちゅう》に振《ふ》って水が落ちるようなものです。（＝教えたことが残《のこ》っていないということ）

三位房《さんみぼう》のことは本当に不審《ふしん》に思うことがありましたけれども、（それを言うと）あなた方《がた》の思いとしては「三位房のような智慧《ちえ》のある者を（師匠が）ねたんでおられるのではないか」と、愚《おろ》かな人々なら考えるだろうと思って、何も言わないでいたのですが、ついに悪《あく》心《しん》を起こして大きな報《むく》いを受けたのです。かえって厳《きび》しく叱《しか》っていたならば、助かることもあったかもしれません。しかし、あまりに不審で言わなかったのです。また、このように言えば、愚かな人たちは「死んだ人のことを、とやかく言っておられる」と言うでしょう。しかし、後の戒《いまし》めのために言っておきます。また、この事（＝三位房の死）は、（大聖人《だいしょうにん》一門《いちもん》を迫害《はくがい》した）あの人々も、内心ではひどく怖《こわ》がり恐《おそ》れているであろうと思います。

人々が騒《さわ》いでいるからといって、武器をもって日蓮《にちれん》の一門《いちもん》を弾圧《だんあつ》しようという動きでもあれば、日蓮の元《もと》に手紙で知らせてください。謹《つつし》んで申し上げます。

十月一日　　日蓮《にちれん》（花押《かおう》）

わが弟子たちへ

この手紙は三郎左衛門殿《さぶろうざえもんどの》（＝四条金吾《しじょうきんご》）の元《もと》にとどめておきなさい。

【語句の解説】

右大将《うだいしょう》・源頼朝《みなもとのよりとも》　御書本文は「右大将家」。鎌倉幕府初代将軍《ばくふしょだいしょうぐん》（在職《ざいしょく》1192年〜1199年）。

清澄寺《せいちょうじ》　日蓮大聖人《にちれんだいしょうにん》が出家《しゅっけ》・修学《しゅうがく》された古寺《こじ》。

持仏堂《じぶつどう》　※本書224ページ参照

天台大師《てんだいだいし》　※本書20ページ「天台」参照

伝教大師《でんぎょうだいし》　※本書38ページ参照

出世《しゅっせ》の本懐《ほんかい》　この世に出現《しゅつげん》した真実究極《きゅうきょく》の目的《もくてき》。法華経方便品《ほけきょうほうべんぽん》第2では、「諸仏世尊《しょぶつせそん》は衆生《しゅじょう》をして仏知見《ぶっちけん》を開《ひら》かしめ、清浄《しょうじょう》なることを得《え》しめんと欲《ほっ》するが故《ゆえ》に、世に出現したまう」（法華経121ページ）と述《の》べられ、「開示悟入《かいじごにゅう》の四仏知見《しぶっちけん》」を明かされている。すなわち、釈尊《しゃくそん》をはじめ諸仏の出世の本懐とは、法華経《ほけきょう》を説《と》いて万人に仏知見（仏《ほとけ》の智慧《ちえ》）が本来具《そな》わっていると明かすこと、また、それを開いて仏の境涯《きょうがい》を実現する道《みち》を確立《かくりつ》することである。

馬の麦《むぎ》を食べて九十日間をしのいだこと　御書本文は「馬の麦をもって九十日」。以下、釈《しゃく》尊《そん》が受けた九つの大難《だいなん》（九横《くおう》の大難）が挙《あ》げられている。「馬の麦をもって九十日」とは、釈尊とその弟子《でし》500人が阿耆多王《あぎたおう》に招《まね》かれたが、王が遊楽《ゆうらく》にふけり供養《くよう》を忘れたため、釈尊一行《いっこう》は90日間、馬が食べる麦を食べて命をつないだこと。

善星比丘《ぜんしょうびく》　※本書39ページ「善星」参照

波瑠璃王《はるりおう》　釈尊存命中《しゃくそんぞんめいちゅう》のコーサラ国《こく》の王。波斯《はし》匿王《のくおう》の子。波斯匿王は妃《きさき》を迦毘羅衛国《かびらえこく》に求めたが、釈迦族《しゃかぞく》は王の勢力《せいりょく》を恐《おそ》れ、釈摩男《しゃくまなん》の召《めし》使《つか》いである女が産《う》んだ美女を王女《おうじょ》と偽《いつわ》って王に差し出した。この女と波斯匿との間に生まれたのが波瑠璃王である。波瑠璃王は後にこのことを知って激怒《げきど》し、復讐《ふくしゅう》として釈迦族に対し大量殺戮《たいりょうさつりく》を行《おこな》った。これは釈尊が存命中に受けた九つの難《なん》（九横《くおう》の大難《だいなん》）の一つに当たる。

阿闍世王《あじゃせおう》　※本書138ページ参照

竜樹《りゅうじゅ》**・天親**《てんじん》　※本書59ページ参照

竜《たつ》**の口の頸**《くび》**の座**　竜の口の法難《ほうなん》。文永《ぶんえい》8年（1271年）9月12日の深夜《しんや》、日蓮大聖人《にちれんだいしょうにん》が斬《ざん》首《しゅ》の危機《きき》に遭《あ》われた法難のこと。

多宝如来《たほうにょらい》　※本書149ページ参照

無間地獄《むけんじごく》　※本書40ページ「阿鼻地獄」参照

総罰《そうばち》**・別罰**《べつばち》**・顕罰**《けんばち》**・冥罰**《みょうばち》　総罰は、社会・民衆全体が受ける罰。別罰は、個別的・個人的に受ける罰。顕罰は、今世《こんぜ》で目に見えてはっきりと現《あらわ》れる罰。現罰《げんばち》ともいう。冥罰は、人にははっきりと分からないが厳然《げんぜん》と受ける罰。

故最明寺殿《こさいみょうじどの》　※本書109ページ「故最明寺入道殿」参照《さんしょう》

北条時宗《ほうじょうときむね》　1251年〜1284年。鎌倉幕府《ばくふ》第8代執権《しっけん》。時頼《ときより》の子。執権在職《ざいしょく》期間は、天《てん》変地異《ぺんちい》や疫病《えきびょう》が頻繁《ひんぱん》に起こり、また北条氏一族内や有力御家人《ごけにん》との権力闘争《とうそう》が続き、蒙古《もうこ》の襲来《しゅうらい》も重なった。

大鬼神《だいきじん》　※本書107ページ参照

平左衛門尉頼綱《へいのさえもんのじょうよりつな》　※本書110ページ参照

安達泰盛《あだちやすもり》　1231年〜1285年。日蓮大聖《にちれんだいしょう》人御在世《にんございせ》当時の鎌倉幕府《ばくふ》の有力御家人《ごけにん》であった。後に平左衛門尉頼綱《へいのさえもんのじょうよりつな》と対立《たいりつ》し、北条貞時《ほうじょうさだとき》の命令《めいれい》で謀反《むほん》の疑《うたが》いがあるとして滅《ほろ》ぼされた（霜月騒動《しもつきそうどう》）。

八寒地獄《はっかんじごく》　地獄のうち、8種の極寒《ごっかん》の地獄をいう。

名越の尼《なごえのあま》**・少輔房**《しょうぼう》**・能登房**《のとぼう》**・三位房**《さんみぼう》　初めは大《だい》

聖人《しょうにん》の門下《もんか》であったが、後に退転《たいてん》した人々。本抄《ほんしょう》では、とりわけ三位房について言及《げんきゅう》されている。三位房は長年、大聖人のもとで活躍《かつやく》してきたが、才智《さいち》におぼれる危険性《きけんせい》を大聖人から叱責《しっせき》されてきた。本抄を頂く前に退転《たいてん》したと思われる。また不慮《ふりょ》の死を遂《と》げたことが本抄にうかがえる。

四《し》条《じょう》金《きん》吾《ご》殿《どの》御《ご》返《へん》事《じ》

（法《ほ》華《け》経《きょう》兵《へい》法《ほう》事《のこと》）

（御書一一九二ページ〜一一九三ページ）

本抄について

本抄《ほんしょう》は、鎌倉の門下《もんか》の中心的存在であった四条金吾《しじょうきんご》に送られたお手紙で、弘安《こうあん》2年（1279年）の御述作《ごじゅっさく》とされています。本抄の内容から別名を「法《ほ》華経兵法事《けきょうへいほうのこと》」ともいいます。

主君の江間氏《えまし》を折伏《しゃくぶく》したことで、一時は疎《うと》まれていた金吾《きんご》でしたが、日蓮《にちれん》大聖人《だいしょうにん》のご指導通り、忍耐《にんたい》強く主君への誠意《せいい》を貫《つらぬ》き、やがて信頼《しんらい》を回復。以前の３倍の領地《りょうち》を受け取るなど、勝利の実証《じっしょう》を示していきました。

そうした状況の中で、金吾《きんご》は敵の襲撃《しゅうげき》を受けます。本抄《ほんしょう》は、その危機《きき》を乗《の》り越《こ》えた報告に対する御返事《ごへんじ》です。

先ごろ、強敵と争《あらそ》いがあったことについて、お手紙を頂《いただ》き、詳《くわ》しく拝見致《はいけんいた》しました。それにしても、やはり、あなたは敵に狙《ねら》われたのですね。

普段《ふだん》からの用心《ようじん》といい、勇気《ゆうき》といい、また、法華経《ほけきょう》の信心が強かったゆえに、無事《ぶじ》に生き延《の》びられたのです。本当に素晴《すば》らしく、喜ばしいことです。

運《うん》が尽きてしまえば、＊兵法《へいほう》も役に立たなくなり、＊福徳《ふくとく》が尽きてしまったら、家来《けらい》も従《したが》いません。（今回無事《ぶじ》だったのは）要《よう》するに、あなたに運も残り、福徳もあったからです。

特に、法華経《ほけきょう》の行者《ぎょうじゃ》を諸天善神《しょてんぜんじん》が護《まも》る由来《ゆらい》は、法華経の嘱累品《ぞくるいほん》で、彼らがその誓《ちか》いを立てたことにあります。

あらゆる守護神《しゅごしん》・諸天《しょてん》の中でも、私たちの目に見える形で守護しているのが、日天《にってん》（＝太陽）と月天《がってん》（＝月）です。（これだけはっきりとしているので）その守護の働《はたら》きをどうして信じないでいられるでしょうか。とりわけ、日天《にってん》の前には、＊摩利支天《まりしてん》がいます。日天が、法《ほ》華経《けきょう》の行者《ぎょうじゃ》を守護《しゅご》するのに、家来《けらい》の摩利支天が見捨てることがあるでしょうか。

法華経《ほけきょう》の序品《じょほん》第一に「名月天子《みょうがってんし》、普光天子《ふこうてんし》（＝明星天子《みょうじょうてんし》）、宝光天子《ほうこうてんし》（＝日天子《にってんし》）、四大天《しだいてん》王《のう》がいる。それぞれに一万の仲間の天子を引き連れている」とある通り、大勢《おおぜい》の諸天善神《しょてんぜんじん》が法華経の説《と》かれる場所に集い並びました。摩利支天《まりしてん》は、（月天、明星天、日天に率《ひき》いられた）この三万の天子の中に入っているはずです。もしそこにいなければ、地獄《じごく》にいらっしゃることでしょう。そんなはずはありません。

このたびあなたが無事《ぶじ》であったのは、この摩利支天《まりしてん》の守護《しゅご》のおかげではないでしょうか。摩利支天は剣術《けんじゅつ》をあなたに与えるために、地上へ降《お》りてきたのです。

この日蓮《にちれん》は、法華経《ほけきょう》の首題《しゅだい》の五字である妙法蓮華経をあなたに授《さず》けます。法華経を持《たも》った者を諸天《しょてん》が護《まも》ることは疑《うたが》いありません。摩利支天《まりしてん》自身も、法華経を持ってあらゆる者を助けるのです。

兵法《へいほう》で用《もち》いる「*臨兵闘者皆陣列在前《りんぴょうとうじゃかいじんれつざいぜん》」という文《もん》も法華経《ほけきょう》から出たのです。「もし法華経を持《たも》つ人が世俗《せぞく》の思想、治世《ちせい》の法、産業などを説《と》いたとしても、全《すべ》て、その根本は正法《しょうほう》に順《じゅん》じたものになるであろう」（法師功徳品《ほっしくどくほん》第19）とあるのは、このことです。

以上のことを踏《ふ》まえても、いよいよ強盛《ごうじょう》に信心を奮《ふる》い起こしていきなさい。自身の運《うん》と天命《てんめい》が尽きて、諸天善神《しょてんぜんじん》の守護《しゅご》がないと恨《うら》むことがあってはいけません。

*平将門《たいらのまさかど》は、武将として名を高め、兵法《へいほう》の真髄《しんずい》を極《きわ》めていました。しかし、（その勢力《せいりょく》を恐《おそ》

れた）朝廷《ちょうてい》の命令によって滅《ほろ》ぼされてしまいました。中国の*樊噲《はんかい》や*張良《ちょうりょう》といった武将でも、（単に兵法に長《た》けているというだけでは）その兵法も何の意味もないものになっていたでしょう。

ただ、心こそ大切なのです。

どれほど日蓮《にちれん》が祈り申し上げても、あなた自身が不信《ふしん》であれば、濡《ぬ》れた*火口《ほくち》に火を付けるようなものです。祈りがかなうはずはありません。

自分自身を励《はげ》まして、どこまでも強盛《ごうじょう》に信力《しんりき》を奮《ふる》い起こしていきなさい。今回の事件で生き延《の》びられたのは、不思議《ふしぎ》なことと思いなさい。

どのような兵法《へいほう》よりも、法華経《ほけきょう》の兵法を用《もち》いていくべきです。

「あらゆる敵は、皆ことごとく滅《ほろ》びる（諸余怨敵《しょよおんてき》 皆悉摧滅《かいしつざいめつ》）」（薬王菩薩本事品第23《やくおうぼさつほんじほん》）との金《きん》言《げん》は、決して裏切《うらぎ》ることはありません。兵法《へいほう》や剣術《けんじゅつ》の真髄《しんずい》も、この妙法から出たものです。

深く信心を起こしなさい。臆病《おくびょう》では何ごともかなわないのです。謹《つつし》んで申し上げます。

日蓮《にちれん》（花押《かおう》）

十月二十三日

四条金吾殿御返事《しじょうきんごどのごへんじ》

【語句の解説】

兵法《へいほう》　戦いの方法。戦術《せんじゅつ》の学問。武術《ぶじゅつ》。広げていえば、人生において、より良い結果を得《え》ていくための方法。

福徳《ふくとく》　御文は「果報《かほう》」。「果報」の意味は、過去世の行《おこな》いによる結果、報《むく》いのこと。ここでは善《よ》い行いによる安楽《あんらく》の果報の意。

摩利支天《まりしてん》　摩利支とは、サンスクリットのマリーチの音写《おんしゃ》で、太陽や月の光線《こうせん》の意。太陽が現《あらわ》れる前に光線が現れるので、日天子《にってんし》の眷属《けんぞく》（仲間）で太陽の前を行く者とされた。法華《ほけ》経《きょう》の行者《ぎょうじゃ》を守護《しゅご》する働《はたら》きをする諸天善神《しょてんぜんじん》の一つ。念《ねん》ずると災難《さいなん》を免《まぬか》れ、身《み》を隠《かく》す術が得《え》られるとされ、当時の武士の間で守り神として尊《とうと》ばれていた。

臨兵闘者皆陣列在前《りんぴょうとうじゃかいじんれつざいぜん》　「兵闘《ひょうとう》に臨《のぞ》む者《もの》は皆《みな》、陣《じん》列《れつ》して前《まえ》に在《あ》り」。鎌倉時代に武士に広く用《もち》いられた呪文《じゅもん》。もとは中国の道家《どうか》に由来《ゆらい》する護身《ごしん》の呪文だが、解釈《かいしゃく》は種々ある。

平将門《たいらのまさかど》　※本書200ページ参照

樊噲《はんかい》　**張良**《ちょうりょう》　ともに中国の前漢時代に漢の高《こう》祖《そ》・劉邦《りゅうほう》に仕《つか》えた。樊噲は卓抜《たくばつ》した武力を持ち、張良は戦略《せんりゃく》に優《すぐ》れ、漢王朝《おうちょう》の建国に貢献《こうけん》した。

火口《ほくち》　「火打ち石」と「火打ち金」を打ち合わせて生じた火花を移し取るもの。火種《ひだね》となる。燃えやすいもので作られた。

乙御前御消息《おとごぜんごしょうそく》

（御書一二一八ページ～一二二二ページ）

本抄について

本抄《ほんしょう》は、建治《けんじ》元年（1275年）8月、日蓮大聖人《にちれんだいしょうにん》が54歳《さい》の時に、身延《みのぶ》（山梨県南巨摩郡《みなみこまぐん》）で認《したた》められたお手紙です。

宛名《あてな》は「乙御前《おとごぜん》」となっていますが、内容は乙御前の母に対して送られたものです。乙御前の母は、鎌倉に住んでいた門下《もんか》で、夫と離別《りべつ》し、幼《おさな》い娘を一人で育てながら純粋《じゅんすい》な信心を貫《つらぬ》いた女性です。大聖人《だいしょうにん》の佐渡流罪《さどるざい》の渦中《かちゅう》には遠路《えんろ》はるばる佐渡（新潟県佐渡島《さどがしま》）まで足を運び、大聖人から「日妙《にちみょう》聖人」という最高の称号《しょうごう》を贈《おく》られています。

本抄御執筆《ほんしょうごしっぴつ》の当時、再《ふたた》びの蒙古襲来《もうこしゅうらい》の可能性《かのうせい》に世間《せけん》は騒然《そうぜん》としていました。そうした中、求道《きゅうどう》の心で大聖人《だいしょうにん》のおられる身延《みのぶ》を訪《たず》ねた乙御前《おとごぜん》の母に送られたのが本抄です。

中国にまだ仏法が伝わっていなかった時は、*三皇《さんこう》・五帝《ごてい》・三王《さんのう》や、太公望《たいこうぼう》・周公旦《しゅうこうたん》・老子《ろうし》・孔子《こうし》がおつくりになった書を、人々は「*経《けい》」と名付けたり、あるいは「*典《てん》」などと名付けたりしました。そしてこれらの書を開いて、人々に礼儀《れいぎ》を教え、父母への恩《おん》を示し、王と臣下《しんか》との関係を定《さだ》めて世の中を治《おさ》めたので、人々も従《したが》い、天も加護《かご》してくださったのです。これらの教えに背《そむ》いた子は不孝《ふこう》の者と言われ、従わない臣下は反逆《はんぎゃく》の者として罪《つみ》に処《しょ》せられていました。

やがて、インドから仏教の経典《きょうてん》が伝来《でんらい》してくると、ある人々は用《もち》いてはならないといい、またある人々は用いるべきだといい、そのうちに争《あらそ》いが起きたので、両者《りょうしゃ》を呼び寄せて対決《たいけつ》させたところ、仏教以前の教えを用いる者が負け、仏弟子《ぶつでし》が勝ったのです。

その後は、仏教以前の者と仏弟子《ぶつでし》を対決《たいけつ》させると、まるで氷が日の光に当たって解《と》けるように、火が水に消されるように、仏教以前の者は、ただ負けるだけではなく、人々からも相手にされなくなってしまったのです。

そして、仏教の経典《きょうてん》が徐々《じょじょ》に渡《わた》ってくると、その経典《きょうてん》の中にもまた、教えの勝劣《しょうれつ》や浅深《せんじん》がありました。いわゆる、*小乗経《しょうじょうきょう》と大乗経《だいじょうきょう》、*顕経《けんきょう》と密経《みっきょう》、*権経《ごんきょう》と実経《じっきょう》です。例《たと》えば、あらゆる石は、金と比《くら》べれば、どのような金よりも劣《おと》っています。しかし金の中にもさまざまな違《ちが》いがあります。人間の世界のあらゆる金は、*閻浮檀金《えんぶだんごん》といわれる最も優《すぐ》れた金には及《およ》びません。その閻浮檀金も*大梵天《だいぼんてん》にある金には及ばないように、全《すべ》ての仏典《ぶってん》は金のように優れていますが、また、その中にも勝劣や浅深があるのです。

小乗経《しょうじょうきょう》という経は、世間《せけん》の小舟《こぶね》のようにわずか二人、三人ぐらいは乗せることができますが、百人、千人の人を乗せることはできません。たとえ二人、三人ぐらいを乗せたとしても、*こちらの岸《きし》に着くだけで、*向こう岸《ぎし》へ行き着くことはできません。また、小さい物を載《の》せることはできても、大きい物を載せることはできません。大乗《だいじょう》という教えは、大船《たいせん》です。人も十人、二十人と乗せられる上、大きな物も積《つ》んで、鎌倉から遠く筑紫《つくし》（＝九州北部）や陸奥《みちのく》（＝東北地方）までも行くことができます。

実経《じっきょう》というのは、その大船《たいせん》である*権大乗《ごんだいじょう》の教えと比《くら》べようもないほど優《すぐ》れています。たくさんの貴重《きちょう》な宝を積《つ》み、百人、千人という人が乗って、高麗《こうらい》（＝朝鮮半島《ちょうせんはんとう》）などの外国《がいこく》へも渡《わた》ることができるのです。一仏乗《いちぶつじょう》の法華経《ほけきょう》という経も、この優れた船のようなものです。

*提婆達多《だいばだった》という人は、世界一の大悪人でしたが、法華経《ほけきょう》において天王如来《てんのうにょらい》となりました。

また、*阿闍世王《あじゃせおう》という人は、父を殺《ころ》した悪王でしたが、法華経が説《と》かれた場に列《つら》なって説《せっ》法《ぽう》の一端《いったん》を信受《しんじゅ》して未来に成仏《じょうぶつ》する縁《えん》を結ぶことができました。*竜女《りゅうにょ》という蛇《へび》の体をした少女は、文殊師利菩薩《もんじゅしりぼさつ》が法華経を説くのを聞いて仏《ほとけ》になりました。

その上、仏《ほとけ》の教えには、悪世《あくせ》である末法《まっぽう》こそ、この経《きょう》を弘《ひろ》める時であると指し示してあり、その末法の男女に対して法華経《ほけきょう》を贈《おく》ってくださったのです。この法華経こそ、大勢《おおぜい》を乗せて海外まで渡る「唐船《からふね》」に例《たと》えられる一仏乗《いちぶつじょう》の経典《きょうてん》にほかならないのです。

ですから、仏《ほとけ》の説《と》いた全《すべ》ての経典《きょうてん》は、仏教以前の教えと比較《ひかく》すれば石と金ほどの違《ちが》いがあります。さらにまた、あらゆる権大乗経《ごんだいじょうきょう》、いわゆる華厳経《けごんぎょう》・大日経《だいにちきょう》・観無量寿経《かんむりょうじゅきょう》・阿弥《あみ》陀経《だきょう》・般若経《はんにゃきょう》などのさまざまな経を法華経《ほけきょう》と比較すれば、蛍《ほたる》の光と太陽や月の光、また中国の名山《めいざん》である華山《かざん》と*蟻塚《ありづか》ほどの違いがあるのです。

経《きょう》に勝劣《しょうれつ》があるだけではありません。大日経《だいにちきょう》を用《もち》いる真言宗《しんごんしゅう》の全《すべ》ての僧《そう》は、法華経《ほけきょう》の行《ぎょう》者《じゃ》と対決《たいけつ》すれば、火が水によって消え、露《つゆ》が風に吹き飛ばされるように、はかないものです。*「犬は師子に向かってほえると、はらわたが腐《くさ》る」「修羅《しゅら》は太陽に矢《や》を射《い》ると、その頭が七つに割《わ》れる」と言われます。真言宗の全ての僧は、犬や修羅のようであり、法華経の行者は、太陽や師子と同じなのです。

太陽が出ていないときの氷の硬《かた》さは、まるで金属《きんぞく》のようです。水がないときの火の熱さは、まるで鉄が焼《や》けたようです。しかし、夏の日差《ひざ》しに当たれば硬い氷はたちまちに解《と》け、熱い火は水がかかればすぐに消《き》えてしまいます。

真言宗《しんごんしゅう》の全《すべ》ての僧《そう》は、その様子はいかにも尊《とうと》く智慧《ちえ》があり賢《かしこ》そうに、今の人々には映《うつ》っています。しかしそれは、太陽を見ない人が氷を硬《かた》いと信じこみ、水を見ない人が火は絶対に消えないと信じているようなものなのです。

今の世の人々が、蒙古国《もうここく》の軍勢《ぐんぜい》をまだ目《ま》の当《あ》たりにしていない時におごり高《たか》ぶっていたありさまは、あなたもご覧《らん》になったように、際限《さいげん》のないものでした。去年十月（＝文永11年〈1274年〉）の蒙古襲来《しゅうらい》からは、おごり高ぶっている者は一人もおりません。

すでにお聞きになってきたように、他国からの侵略《しんりゃく》は、ただ日蓮《にちれん》一人だけが忠告《ちゅうこく》してきたことです。今、蒙古《もうこ》の軍勢《ぐんぜい》が再《ふたた》び攻《せ》め寄せてきたなら、蒙古軍に面《めん》と向かえる人はいないでしょう。ただ猿《さる》が犬を恐《おそ》れ、蛙《かえる》が蛇《へび》を恐れるようになるでしょう。

これはまさに、釈尊《しゃくそん》の御使《おんつか》いである法華経《ほけきょう》の行者《ぎょうじゃ》に対して、あらゆる真言僧《しんごんそう》や念仏者《ねんぶつしゃ》、律僧《りっそう》らに憎《にく》ませて、自《みずか》ら進んで迫害《はくがい》させ、わざわざ諸天《しょてん》の怒《いか》りを受けた国であるゆえに、人々が皆、臆病《おくびょう》になってしまったのです。例《たと》えば、(中国の五行説《ごぎょうせつ》でいえば)火が水を恐《おそ》れ、木が金におじけづき、また雉《きじ》が鷹《たか》を見て気を失《うしな》い、ねずみが猫《ねこ》に責《せ》められるようなものです。一人として助かる者はいないでしょう。その時は、一体《いったい》、どうなさるのでしょうか。軍勢《ぐんぜい》においては大将軍《だいしょうぐん》が魂《たましい》なのです。大将軍が臆病になったなら、兵士《へいし》たちも臆病になるのです。*

女性は、夫を魂《たましい》とするものです。夫がなければ女性は魂がないのと同じです。夫がいる女性でさえ世の中を渡《わた》っていくことが難《むずか》しいと思われるのに、あなたは魂とする夫もいない中、生き抜いておられます。しかも、夫のいる女性よりも、心が大変しっかりされている上、諸天善神《しょてんぜんじん》をも信じ、仏《ほとけ》をも尊《とうと》ばれているので、他《た》の人よりも勝《すぐ》れた女性です。

日蓮《にちれん》が鎌倉にいた時には、念仏者《ねんぶつしゃ》などはさておいて、法華経《ほけきょう》を信じる人々でも、本当に信心がある人なのか、ない人なのかは分かりませんでした。しかしながら幕府《ばくふ》からの処罰《しょばつ》を受けて佐渡《さど》の島《しま》まで流《なが》されると、訪《たず》ねる人もいなかったのに、あなたが女性の身でありながら、いろいろとお志《こころざし》を示されたうえ、自《みずか》らはるばる来られたことは、現実のこととは思えないほど不思議《ふしぎ》なことです。

その上、今回の身延《みのぶ》（＝山梨県南巨摩郡《みなみこまぐん》）への訪問《ほうもん》は何とも申し上げようもありません。必ず諸天善神《しょてんぜんじん》も、お護《まも》りになり、十羅刹女《じゅうらせつにょ》も心をかけてくださることでしょう。

法華経《ほけきょう》は、女性のためには、暗《くら》い所では灯火《ともしび》となり、海を渡《わた》る時に船となり、恐《おそ》ろしい所では守《まも》りとなることを誓《ちか》っています。＊鳩摩羅什三蔵《くまらじゅうさんぞう》が中国へ法華経を伝えた時は、＊毘沙門天王《びしゃもんてんのう》は無数の兵士《へいし》を遣《つか》わして葱嶺《そうれい》（＝パミール高原《こうげん》）の難所《なんしょ》を送り届けました。また道昭法師《どうしょうほっし》が山中で法華経を読んだとき、無数の虎《とら》が現《あらわ》れて守護《しゅご》しました。あなたもまたこのように諸天《しょてん》が守護しないはずがありません。

地には＊三十六神《しん》、天には＊二十八宿《しゅく》があって護《まも》っておられる上、人には必ず二つの神が、影《かげ》のように付き添《そ》っています。一つを＊同生天《どうしょうてん》といい、もう一つを＊同名天《どうみょうてん》といいます。左右の肩に付き添ってその人を守護《しゅご》するので、罪《つみ》のない者を天が誤《あやま》って罰《ばっ》することはありません。まして善人《ぜんにん》においてはなおさらです。

それゆえ、＊妙楽大師《みょうらくだいし》は「心が堅固《けんご》であれば、必ず神《かみ》の守《まも》りも強いのである」（『止観輔行《しかんぶぎょう》伝弘決《でんぐけつ》』）と言っています。その人の信心が固《かた》ければ、諸天善神《しょてんぜんじん》の護《まも》りは必ず強い、ということです。

これは、あなたのために申し上げるのです。これまでのあなたの信心の深さは、言い表《あらわ》すことができません。しかし、それよりもなおいっそうの強盛《ごうじょう》な信心に励《はげ》んでいきなさい。その時は、ますます十羅刹女《じゅうらせつにょ》の守護《しゅご》も強くなると思いなさい。

その例は、ほかから引くまでもありません。この日蓮《にちれん》を、日本国の上一人《かみいちにん》より下万民《しもばんみん》に至《いた》るまで一人も残らず、亡《な》き者にしようとしたけれども、今までこうして無事《ぶじ》でいることは、日蓮は一人であっても心が強いからなのだと思いなさい。

一つの船に乗り合わせた時には、船頭《せんどう》の判断《はんだん》が間違《まちが》っていれば、船に乗った人々は一斉《いっせい》に命を落としてしまいます。また、体が強い人でも、心が弱ければ、多くの才能《さいのう》も役に立ちません。日本国にも賢《かしこ》い人たちはいるようですが、大将の指揮《しき》が拙《つたな》いので、その人たちも、何の力《ちから》にもならないのです。蒙古《もうこ》の襲来《しゅうらい》で壱岐《いき》・対馬《つしま》と九か国（＝九州地方）の兵士《へいし》や一般の男女が、大勢《おおぜい》、殺《ころ》されたり、捕《とら》われたり、海に消えたり、あるいは崖《がけ》から落ちたりもしました。その数は幾千万人《いくせんまんにん》と数え切れないほどです。また蒙古が再《ふたた》び攻《せ》め寄せて来たならば、この前とは比《くら》べものになりません。京と鎌倉は、かの壱岐・対馬のようになってしまうでしょう。そうなる前に準備《じゅんび》をしてどこへでもお逃《に》げになりなさい。その時には、以前は日蓮《にちれん》を見たくもない、話を聞きたくもないと言っていた人々も、手を合わせて法華経《ほけきょう》を信じることでしょう。念仏者《ねんぶつしゃ》や禅宗《ぜんしゅう》の者までもが、南無妙法蓮華経と唱えることでしょう。

さて、法華経《ほけきょう》を深く信じている男女を、仏《ほとけ》は肩に担《にな》い、背《せ》に負《お》うであろうと法華経に説《と》かれている上、*鳩摩羅琰三蔵《くまらえんさんぞう》という人は木像《もくぞう》の釈迦《しゃか》に背負われたのです。*竜《たつ》の口の頸《くび》の座《ざ》では、釈尊《しゃくそん》が日蓮《にちれん》の身代《みが》わりになってくださいました。昔も今もまったく同じです。あなた方《がた》は日蓮の弟子です。どうして仏になれないことがあるでしょうか。

どのような男性を夫になさったとしても、その人が法華経《ほけきょう》の敵《かたき》なら従《したが》ってはなりません。ますます信心を強盛《ごうじょう》にしていきなさい。*氷は水からできますが、水よりもいっそう冷たいものです。青い色は藍《あい》という草から生まれますが、重ねて染《そ》めると藍よりも色が鮮《あざ》やかになります。同じ法華経《ほけきょう》ではあっても、信心をさらに深め、実践を重ねていくならば、他《た》の人よりも輝《かがや》きが増《ま》し、利益《りやく》もはっきりと現《あらわ》れてくるのです。

木は火に焼《や》けるけれども、栴檀《せんだん》の木は焼けません。火は水に消えるけれども、*仏《ほとけ》の涅槃《ねはん》の火は消えません。花は風に散《ち》るけれども、*浄居天《じょうごてん》の華《はな》はしぼみません。水は大旱魃《だいかんばつ》にはなくなりますが、黄河《こうが》の流れに入ればなくなりません。

檀弥羅王《だんみらおう》という悪王は、インドの僧《そう》の頸《くび》を斬《き》った時には罰《ばち》を受けませんでしたが、師子《しし》尊者《そんじゃ》の頸を斬った時は、刀《かたな》と手とが同時に落ちました。弗沙密多羅王《ほっしゃみったらおう》は鶏頭摩寺《けいずまじ》を焼《や》いた時、十二神《しん》の棒《ぼう》で頭を割《わ》られました。

今、日本国の人々は、法華経《ほけきょう》の敵《かたき》となって、身を滅《ほろ》ぼし、国を滅ぼしてしまったのです。このように言うと、「日蓮《にちれん》が自画自賛《じがじさん》しているのだ」と物事《ものごと》の道理が分からない人は言います。しかし、自画自賛ではありません。これを言わなければ法華経《ほけきょう》の行者《ぎょうじゃ》ではないのです。また、言ったことが後で現実のものとなってこそ、人々も信じるでしょう。こうして、ただ書き残しておいてこそ、未来の人々は、日蓮に智慧《ちえ》があったと知ることでしょう。

また、「身は軽く法は重い。身を賭《と》して法を弘《ひろ》める*（身軽法重《しんきょうほうじゅう》　死身弘法《ししんぐほう》）」（『涅槃経疏《ねはんぎょうしょ》』）とあります。わが身は取るに足りない軽い身なので、人々が打ちたたき、憎《にく》んだとしても、法は尊《とうと》く重いので必ず弘まるでしょう。法華経《ほけきょう》が弘まるならば、日蓮《にちれん》の屍《しかばね》はかえって生前とは打って変わって重みを持つのです。屍が重くなるならば、この屍は人々に利益《りやく》を与えることでしょう。利益があるなら、今の*八幡大菩薩《はちまんだいぼさつ》が祭《まつ》られているように日蓮も祭られるでしょう。その時は、日蓮を供養《くよう》した男女は、*武内宿禰《たけのうちのすくね》や、あるいは*若宮《わかみや》に祭られた人々などのようにあがめられるに違《ちが》いないと思いなさい。

そもそも、無知《むち》な一人の眼《まなこ》を開かせる功徳《くどく》でさえ言い尽くすことができません。ましてや日本国の一切の人々の眼を開く功徳はなおさらのことです。ましてやさらに、全世界のあらゆる人々の眼を開く功徳は計《はか》り知れません。

法華経《ほけきょう》の第四巻には、「釈尊《しゃくそん》が亡《な》くなった後に、法華経の意義《いぎ》を理解することができれば、あらゆる天界《てんかい》、人界《にんかい》、世界の眼《まなこ》である」（見宝塔品《けんほうとうほん》第11）とあります。法華経を持《たも》つ人はあらゆる世界の天界、人界の人々の眼であると説《と》かれています。日本国の人々が日蓮《にちれん》を憎《にく》み、嫉妬《しっと》するのは、あらゆる世界の天界、人界の人々の眼をえぐりとることなのです。ですから、天も怒《いか》り、日々に天の異変《いへん》が起こり、地神《ちじん》も怒り、月々に地の異変が重なるのです。

＊帝釈天《たいしゃくてん》は野干《やかん》（＝狐《きつね》の類《たぐ》い）を敬《うやま》い仏法を習ったところ今の教主釈尊《きょうしゅしゃくそん》となられ、＊雪山童子《せっせんどうじ》は鬼を師としたところ今の＊三界《さんがい》の教主（＝釈尊）となりました。「大聖《たいしょう》」「上人《しょうにん》」と尊《とうと》ばれる人は、相手の姿形《すがたかたち》を見下《みくだ》して法を捨てることはなかったのです。

今、たとえ日蓮《にちれん》が愚《おろ》かであろうとも、野干《やかん》と鬼には劣《おと》ってはいないでしょう。今の世の人々がどんなに立派《りっぱ》であっても、帝釈天《たいしゃくてん》や雪山童子《せっせんどうじ》よりも勝《まさ》ってはいないでしょう。日蓮の身が卑《いや》しいからといって、正しい主張《しゅちょう》を捨てて用《もち》いないがゆえに、国がいよいよ滅《ほろ》びようとしているのは悲しいことです。また、日蓮を支えてくれた弟子たちをも、滅亡《めつぼう》の混乱《こんらん》から救うことができないことが嘆《なげ》かわしく思われてなりません。

どんなことでも起こったならば、こちらへおいでなさい。心からお迎《むか》えしましょう。山《さん》中《ちゅう》でともに飢《う》え死に致《いた》しましょう。また乙御前《おとごぜん》は、さぞかし成長されたことでしょう。どんなに聡明《そうめい》になられたことでしょうか。また折《おり》を見て申し上げましょう。

日蓮《にちれん》（花押《かおう》）

八月四日

乙御前《おとごぜん》へ

【語句の解説】

三皇《さんこう》・五帝《ごてい》・三王《さんのう》　古代中国の伝説上の理想的な王たち。それぞれに諸説《しょせつ》があり、三皇は伏羲《ふっき》・神農《しんのう》・黄帝《こうてい》などの説、五帝は少昊《しょうこう》・顓頊《せんぎょく》・帝嚳《ていこく》・唐堯《とうぎょう》・虞舜《ぐしゅん》などの説、三王は夏《か》の禹王《うおう》、殷《いん》の湯王《とうおう》、周《しゅう》の文王《ぶんおう》などの説がある。

経《けい》　古代の聖人《しょうにん》の説《と》いた教えをまとめたもの。ここでは聖人・賢人《けんじん》の言行《げんこう》を記《しる》した書物。物事《ものごと》の筋道《すじみち》を記し、人々の法となるもの。

典《てん》　人々の行《おこな》うべき道を記《しる》した書物。

小乗経《しょうじょうきょう》と大乗経《だいじょうきょう》　※本書59ページ参照

顕経《けんきょう》と密経《みっきょう》　※本書138ページ参照

権経《ごんきょう》と実経《じっきょう》　※本書60ページ参照

閻浮檀金《えんぶだんごん》　閻浮という名の樹木《じゅもく》の林に流れる川の中から採《と》れるという想像上の砂金《さきん》。また、広く良質《りょうしつ》の金をいう。

大梵天《だいぼんてん》にある金　御書本文は「梵天の金《こがね》」。大《だい》梵天王《ぼんてんのう》の住む王宮《おうきゅう》にあるといわれる究極《きゅうきょく》の金のこと。

こちらの岸《きし》　向こう岸《ぎし》　御書本文は「此岸《しがん》」「彼岸《ひがん》」。仏教では、貪《むさぼ》り・瞋《いか》り・癡《おろ》かの三毒《さんどく》の苦しみに支配されている凡夫《ぼんぷ》の迷《まよ》いの境涯《きょうがい》を「此岸（こちらの岸）」と呼び、仏道《ぶつどう》修行によって得《え》られる仏《ほとけ》の覚《さと》りの境涯を「彼岸（向こう岸）」という。

権大乗《ごんだいじょう》　御書本文は「大乗経《だいじょうきょう》」。ここで「大船《たいせん》」にたとえられている「大乗」は、一切の大乗経ではなく、大乗教《だいじょうきょう》のうち権大乗教（大乗教の中でも仮《かり》の教えのこと）を指している。

提婆達多《だいばだった》　※本書39ページ「提婆」参照

阿闍世王《あじゃせおう》　※本書138ページ参照

竜女《りゅうにょ》　※本書201ページ参照

蟻塚《ありづか》　※本書141ページ参照

「犬は師子に向かってほえると、はらわたが腐《くさ》る」「修羅《しゅら》は太陽に矢を射《い》ると、その頭が七つに割《わ》れる」　御書本文は「犬は師子をほう《吠》れば腸《はらわた》くさる・修羅は日輪《にちりん》を射奉《いたてまつ》れば頭《こうべ》七分に破《わ》る」。古くからのインドの伝承《でんしょう》で、師子に向かってほえる犬や野干《やかん》（狐《きつね》の類《たぐ》い）は、はらわたが腐るとされる。また、修羅は阿修羅《あしゅら》の略称《りゃくしょう》で、古代インド神話《しんわ》では、戦闘《せんとう》を好《この》み、帝釈天《たいしゃくてん》と常に争《あらそ》う鬼神《きじん》として描《えが》かれている。日月《にちがつ》を弓矢《ゆみや》で射たところ、自分の頭が七分に割れたという。

火が水を恐《おそ》れ、木が金におじけづき　御書本文は「火が水をおそれ・木が金をおぢ」。中国で古くからある学説《がくせつ》「五行説」による。万物《ばんぶつ》は、木・火・土・金・水の５要素の交替循環《こうかんじゅんかん》によって変化《へんか》するとされ、水は火に勝《まさ》り、金は木に勝る関係にあると説《と》いている。

鳩摩羅什三蔵《くまらじゅうさんぞう》　御書本文は「羅什三蔵」。鳩摩羅什のこと。３４４年〜４１３年（一説《いっせつ》に３５０年〜４０９年）。中国・後秦《こうしん》の訳経僧《やくきょうそう》。諸国《しょこく》を遍歴《へんれき》して仏法を学ぶ。後秦の王・姚興《ようこう》に迎《むか》えられて長安《ちょうあん》に入り、その保護《ほご》の下《もと》に国《こく》師《し》の待遇《たいぐう》を得《え》て、多くの訳経に従事《じゅうじ》した。

毘沙門天王《びしゃもんてんのう》　※本書207ページ「毘沙門天」参照

三十六神《しん》　御書本文は「三十六祇《ぎ》」。灌頂経《かんじょうきょう》巻３に説《と》かれている36の善神《ぜんじん》。帝釈天《たいしゃくてん》の命令によって、仏法僧に帰依《きえ》する者を守護《しゅご》する。

二十八宿《しゅく》　古代の天文学《てんもんがく》では、天球《てんきゅう》（天空を球《きゅう》体《たい》とみたもの）の黄道《こうどう》（地球を中心として見た時、太陽が通る道）付近を28に区分し、それぞれを一つの宿（星座）とした。日蓮大聖人《にちれんだいしょうにん》の時代、それぞれの星宿《せいしゅく》は神と考えられていた。

同生天《どうしょうてん》　同名天《どうみょうてん》　人が生まれた時から常に両肩にあって、その行動の善悪《ぜんあく》を天に随時《ずいじ》報告するといわれている神《かみ》。同時に生まれるから「同生」といい、同じ名前なので「同名」という。

妙楽大師《みょうらくだいし》　※本書20ページ「妙楽」参照

鳩摩羅琰三蔵《くまらえんさんぞう》　御書本文は「くまらゑん《鳩摩羅琰》三蔵」。4世紀ごろのインドの人。鳩摩羅什《くまらじゅう》の父。一《いっ》国《こく》の宰相《さいしょう》を輩出《はいしゅつ》する家柄《いえがら》であったが、仏法が失《うしな》われようとする危機《きき》にあって出家《しゅっけ》し、亀茲《きじ》国《こく》に向かった。『宝物集《ほうぶつしゅう》』や『今昔物語《こんじゃくものがたり》』によると、鳩摩羅琰は仏像《ぶつぞう》を背負《せお》って葱嶺《そうれい》（パミール高原）を渡り、亀茲国にたどり着いた。その時、昼は鳩摩羅琰が仏像を背に負い、夜には仏像が鳩摩羅琰を背負ったとの故事《こじ》がある。

竜《たつ》の口の頸《くび》の座《ざ》　※本書236ページ参照

氷は水からできますが、水よりもいっそう冷たいものです　青い色は藍《あい》という草から生まれますが、重ねて染《そ》めると藍よりも色が鮮《あざ》やかになります　御書本文は「氷は水より出《い》でたれども水よりもすさまじ《凄冷》」「青き事は藍より出でたれども・かさ《重》ぬれば藍よりも色まさる」。出《しゅっ》典《てん》は中国の古典《こてん》『荀子《じゅんし》』勧学篇《かんがくへん》。師匠より優《すぐ》れた弟子をたとえたもの。

仏《ほとけ》の涅槃《ねはん》の火　涅槃経後分《こうぶん》巻下には、釈尊《しゃくそん》を荼《だ》毘《び》に付《ふ》した火は、諸天等《しょてんとう》が水を注《そそ》いでも消《き》えず、かえって火勢《かせい》が盛《さか》んになったと説《と》かれている。

浄居天《じょうごてん》の華《はな》　浄居天（天界《てんかい》の内の色界《しきかい》の最上にある天）に咲いている華は、常にしぼむことがないとされている。

身軽法重《しんきょうほうじゅう》　死身弘法《ししんぐほう》　章安大師灌頂《しょうあんだいしかんじょう》の『涅槃経《ねはんぎょう》疏《しょ》』巻12の語。正法《しょうほう》を護持《ごじ》し弘《ひろ》める精神《せいしん》を説《と》いたもので、衆生《しゅじょう》の身は軽く、弘めるべき法は重い。一身《いっしん》を捨てて正法を弘める不惜身命《ふしゃくしんみょう》の旨《むね》を述《の》べたもの。

八幡大菩薩《はちまんだいぼさつ》　※本書107ページ参照

武内宿禰《たけのうちのすくね》　『古事記《こじき》』『日本書紀《しょき》』に見られる伝説上の人物《じんぶつ》。景行《けいこう》・成務《せいむ》・仲哀《ちゅうあい》・応神《おうじん》・仁徳《にんとく》の5人の天皇《てんのう》に仕《つか》えたといわれる。

若宮《わかみや》　ここでは鶴岡八幡宮《つるがおかはちまんぐう》の本宮《ほんぐう》に対して新宮《しんぐう》とされた神社《じんじゃ》のこと。本宮に祭《まつ》られた応神天《おうじんてん》皇《のう》の子である仁徳《にんとく》天皇らが祭られている。

帝釈天《たいしゃくてん》　※本書108ページ「帝釈」参照

雪山童子《せっせんどうじ》　※本書107ページ参照

三界《さんがい》の教主《きょうしゅ》　御書本文は「三界の主《しゅ》」。ここでは、インドで生まれた釈尊《しゃくそん》のこと。「三界の主」とは欲界《よっかい》・色界《しきかい》・無色界《むしきかい》の三界、すなわち生死《しょうじ》を流転《るてん》する六道《ろくどう》の凡夫《ぼんぷ》が住む世界の主。

日女御前御返事《にちにょごぜんごへんじ》
（御本尊相貌抄《ごほんぞんそうみょうしょう》）
（御書一二四三ジペー〜一二四五ジペー）

本抄について

本抄《ほんしょう》は、建治《けんじ》3年（1277年）8月、日蓮大聖人《にちれんだいしょうにん》が56歳《さい》の時に身延《みのぶ》（山梨県南巨摩郡《みなみこまぐん》）で著《あらわ》され、女性門下《もんか》の日女御前《にちにょごぜん》に送られたお手紙です。日女御前についての詳細は不明ですが、頂いた御書の内容から、信心と教養の深い女性であったと考えられます。

本抄《ほんしょう》は、御本尊のお姿《すがた》等の深義《じんぎ》が明かされていることから、別名を「御本尊相貌抄《そうみょうしょう》」といいます。

本抄御執筆《ほんしょうごしっぴつ》の当時は、蒙古襲来《もうこしゅうらい》（文永《ぶんえい》の役《えき》）後の混乱期で、再《ふたた》びの襲来の恐怖《きょうふ》から、社会は騒然《そうぜん》とした状況でした。そのような中で、日女御前《にちにょごぜん》は純粋な信心を貫《つらぬ》き、大聖人《だいしょうにん》から御本尊を頂いたことへの感謝を込めて、ご供養《くよう》の品々をお届けしました。本抄は、その真心に対する御返事《ごへんじ》です。

御本尊への供養《くよう》のために、銭《ぜに》五千枚、白米を一駄*《だ》、また、数々の果物《くだもの》を送っていただき、確かに受け取りました。

そもそも、この御本尊は、釈尊《しゃくそん》の五十年の説法《せっぽう》の中には最後*の八年、その八年の間でも法華経従地涌出品《ほけきょうじゅうじゆじゅっぽん》第十五から嘱累品《ぞくるいほん》第二十二までの八品の中に顕《あらわ》れたのです。

釈尊《しゃくそん》が亡《な》くなった後の正法*《しょうほう》・像法《ぞうほう》・末法《まっぽう》の中では、正法・像法の二千年間には、まだ「本門の本尊」《ほんもん》という名称《めいしょう》さえありませんでした。ましてや、その御本尊が顕《あらわ》れることはありませんでした。また、顕すことのできる人がいなかったのです。

（この御本尊のことは）天台*《てんだい》・妙楽*《みょうらく》・伝教*《でんぎょう》らは、心の中では覚《さと》っていましたが、理由があったのでしょう、言葉には出されませんでした。

あの顔淵*《がんえん》が、師の孔子《こうし》から聞いたことを、心の中では分かっていたけれども、言葉に出しては言わなかったようなものです。

しかしながら、釈尊《しゃくそん》が亡《な》くなった後、二千年が過ぎて、末法《まっぽう》の初めの五百年のうちに、この御本尊が必ず出現《しゅつげん》されることは、経文《きょうもん》に、はっきりと、ありありと説《と》かれています。

天台《てんだい》・妙楽《みょうらく》らの法華経《ほけきょう》の解釈《かいしゃく》にも、このことは明らかです。

ここに日蓮《にちれん》は、なんという不思議《ふしぎ》なことでしょうか。*竜樹《りゅうじゅ》・天親《てんじん》ら、天台《てんだい》・妙楽《みょうらく》らでさえも顕《あらわ》されなかった*大曼荼羅《だいまんだら》を、末法《まっぽう》に入って二百年余《あま》りが過ぎたころに、初めて法華弘通《ぐつう》の*旗印《はたじるし》として顕したのです。

これは、決して日蓮《にちれん》が勝手《かって》に作ったものではありません。*多宝如来《たほうにょらい》の宝塔《ほうとう》の中の釈尊《しゃくそん》や*分身《ふんじん》の諸仏《しょぶつ》の*摺形木《すりかたぎ》である本尊なのです。

そのため、この御本尊のお姿《すがた》は、*首題《しゅだい》の妙法蓮華経の五字が中央に懸《か》かり、*四大天王《しだいてんのう》（＝持国天《じこくてん》・増長天《ぞうじょうてん》・広目天《こうもくてん》・毘沙門天《びしゃもんてん》）は、それぞれ宝塔《ほうとう》（＝御本尊）の四方《しほう》に座《すわ》っています。*釈迦《しゃか》・多宝《たほう》の二仏《にぶつ》と、（上行《じょうぎょう》・無辺行《むへんぎょう》・浄行《じょうぎょう》・安立行《あんりゅうぎょう》の）本化《ほんげ》の四菩薩《しぼさつ》は肩を並べ、普賢《ふげん》・文殊《もんじゅ》ら（の迹化《しゃっけ》の菩薩）、舎利弗《しゃりほつ》・目連《もくれん》ら（の二乗《にじょう》）は控《ひか》えて座《すわ》り、日天《にってん》・月天《がってん》・第六天《だいろくてん》の魔《ま》王《おう》、竜王《りゅうおう》、阿修羅《あしゅら》がそれに列《つら》なります。そのほか、不動明王《ふどうみょうおう》・愛染明王《あいぜんみょうおう》は南北の二方《にほう》に陣《じん》を取り、悪逆《あくぎゃく》の提婆達多《だいばだった》や愚癡《ぐち》の竜女《りゅうにょ》も一角を占《し》め、全宇宙の人々の寿命《じゅみょう》を奪《うば》う悪鬼《あっき》である鬼子母神《きしもじん》や十羅刹女《じゅうらせつにょ》らもいます。

それればかりでなく、日本国の守護神《しゅごしん》である天照太神《てんしょうだいじん》、八幡大菩薩《はちまんだいぼさつ》、天神七代《てんじんしちだい》、地神五代《ちじんごだい》の神々、総《そう》じて大小の天神・地神ら「*体《たい》の神《かみ》」が、皆、この中に列座《れつざ》しているのです。そのほかの「*用《ゆう》の神」がどうしてもれるはずがありましょうか。

見宝塔品《けんほうとうほん》第十一には「（釈尊《しゃくそん》は）*全《すべ》ての人々を包《つつ》んで、皆を虚空《こくう》に置いた」とあります。つまりこれらの仏《ほとけ》・菩薩《ぼさつ》・大聖《たいしょう》ら、さらに法華経序品《ほけきょうじょほん》の説法《せっぽう》の座《ざ》に列《つら》なった*欲界《よっかい》・色界《しきかい》に住む八種類のさまざまな者たちが、一人ももれなくこの御本尊《ごほんぞん》の中に納《おさ》まり、妙法蓮華経の五字の光明《こうみょう》に照らされて、「本来具《そな》わっている尊《とうと》い姿《すがた》（＝本有《ほんぬ》の尊形《そんぎょう》）」となっています。これを本尊というのです。

経文《きょうもん》に「*諸法実相《しょほうじっそう》」（方便品《ほうべんぼん》第2）とあるのは、この御本尊のお姿《すがた》のことなのです。妙楽《みょうらく》は「実相（＝妙法）は、必ず諸法（＝あらゆる現象）となって現《あらわ》れる。その諸法は必ず*十如是《じゅうにょぜ》を具《そな》えている。（中略）十如是は必ず十界《じっかい》に現れる。十界は必ず、衆生《しゅじょう》の身と環境に現れる」（『金剛錍論《こんごうべいろん》』）と解釈《かいしゃく》しています。また「実相という深い真理《しんり》とは、すなわち本有《ほんぬ》（＝生命にもともと具《そな》わる）の妙法蓮華経のことである」などと説《と》かれています。伝教大師《でんぎょうだいし》は「*一念三千《いちねんさんぜん》の法は、そのまま*自受用身《じじゅゆうしん》の仏《ほとけ》のことである。また、自受用身の仏とは、*尊形《そんぎょう》を超《こ》え出た現実の仏である」と説いています。

こうした理由から、未曾有《みぞう》の大曼荼羅《だいまんだら》と名付けるのです。未曾有とは釈尊《しゃくそん》が亡《な》くなった後の二千二百二十年余《あま》りの間、この御本尊は、いまだ出現《しゅつげん》されていないということです。

このような御本尊にご供養《くよう》する女性は、今世《こんぜ》では幸せを招《まね》き寄せます。また亡《な》くなった後には、この御本尊が左右《さゆう》と前後《ぜんご》に立ち添《そ》って、闇《やみ》の中の燈火《ともしび》のように、また、険難《けんなん》な山《やま》道《みち》で力強《ちからづよ》い案内人を得《え》たように、あちらへ回《まわ》ったり、こちらへ寄り添ったりしながら、日《にち》女御前《にょごぜん》を囲《かこ》み、必ず守るのです。

よくよく注意して、遊女《ゆうじょ》をわが家へ近づけたくもないように、謗法《ほうぼう》の者を防《ふせ》いでいきなさい。「*悪知識《あくちしき》を捨てて*善友《ぜんゆう》に近づきなさい」（譬喩品《ひゆほん》第3）とあるのは、このことです。

この御本尊を決して別の所に求めてはなりません。ただ、私たち衆生《しゅじょう》が法華経《ほけきょう》を持《たも》って南無妙法蓮華経と唱える、その胸中《きょうちゅう》の肉団《にくだん》にいらっしゃるのです。これを「*九識心王真如《くしきしんのうしんにょ》の都《みやこ》」というのです。

十界具足《じっかいぐそく》とは、十界のどの一界も欠《か》けることなく一界に納《おさ》まっているということです。このことによって、御本尊を曼荼羅《まんだら》というのです。曼荼羅というのはインドの言葉であり、訳《やく》すと＊輪円《りんえん》具足とも＊功徳聚《くどくじゅ》ともいいます。

この御本尊も、ただ信心の二字に納《おさ》まっています。「信によってこそ入ることができる＊（以信得入《いしんとくにゅう》）」（譬喩品《ひゆほん》第3）とはこのことです。日蓮《にちれん》の弟子たちは、「きっぱりと仮《かり》の教えを捨てて（正直捨方便《しょうじきしゃほうべん》）」（方便品《ほうべんぼん》第2）の文《もん》や「法華経《ほけきょう》以外の経文《きょうもん》の一偈《いちげ》をも受けてはならない（不受余経一偈《ふじゅよきょういちげ》）」（譬喩品第3）の経文の通り、無二《むに》に信じることによって、この御本尊の宝塔《ほうとう》の中に入ることができるのです。

実《じつ》に頼《たの》もしいことです。なんとしても後生《ごしょう》のことを心掛《こころが》けて、励《はげ》んでいきなさい。

ひたすら南無妙法蓮華経とだけ唱えて仏《ほとけ》になることが最も大切です。それも信心の厚薄《こうはく》によるのです。仏法の根本は信こそを源《みなもと》とするのです。それゆえ、天台《てんだい》の『摩訶止観《まかしかん》』の第四巻には「仏法は海のようであり、ただ信じることによってのみ入ることができる」と説《と》かれています。妙楽《みょうらく》の『止観輔行伝弘決《しかんぶぎょうでんぐけつ》』の第四巻にはこう述《の》べられています。「摩訶止観に『仏法は海のようであり、ただ信じることによってのみ入ることができる』とあるが、孔子《こうし》の教えでさえも信を第一にしている。まして仏法の深い真理《しんり》においてはなおさらである。信なくしてどうして入ることができるだろうか。ゆえに、華厳経《けごんぎょう》でも『信が、仏の覚《さと》りの源であり、功徳《くどく》を生む母である』としている」と。

また『摩訶止観《まかしかん》』の第一巻に「どのようにして円教《えんぎょう》*を聞き、円教への信を起こし、円教の修行に励《はげ》み、そして円教の位《くらい》にのぼることができるのであろうか」とあり、これを受けて、妙楽《みょうらく》は『止観輔行伝弘決《しかんぶぎょうでんぐけつ》』の第一巻の中で、「円教への信とは、円教の真理《しんり》に依《よ》って信を起こすのであり、信を修行の根本とするのである」と述《の》べています。

仏教以外の書にも、次のように記《しる》されています。「後漢《ごかん》の王・光武帝《こうぶてい》は、戦いに敗《やぶ》れて大河のところまで逃《に》げてきた時、臣下《しんか》の『河《かわ》は凍《こお》っています』との言葉を信じたので、河は直《ただ》ちに凍って渡《わた》ることができた。また、李広《りこう》*という武将は、父を殺《ころ》した虎《とら》への復讐心《ふくしゅうしん》ゆえに、草陰《くさかげ》の岩を虎と信じて矢《や》を射《い》たところ、本当に石に矢の羽まで深く刺《さ》さった」とあります。

結局、天台《てんだい》、妙楽《みょうらく》の注釈《ちゅうしゃく》では明らかに、信こそを根本としているのです。先の後漢《ごかん》の王も疑《うたが》わずに臣下《しんか》の言葉を信じたから、波の立っていた水面《すいめん》が凍《こお》っていったのです。石に矢《や》が立ったのも、また父の敵《かたき》であると心から信じたゆえです。まして仏法においてはなおさらのことです。

法華経《ほけきょう》を受け持《たも》って南無妙法蓮華経と唱えれば、それはそのまま、*五種の修行を全《すべ》て具《そな》えているのです。このことは、伝教大師《でんぎょうだいし》が唐《とう》の国に行き、*道邃和尚《どうずいかしょう》に会って、*五種頓修《とんしゅ》の妙行《みょうぎょう》ということを相伝《そうでん》されたのです。日蓮《にちれん》の弟子たちの信心の肝要《かんよう》は、これ（＝御本尊《ごほんぞん》を唯一無二《ゆいいつむに》と信じて、南無妙法蓮華経と唱えること）以外に求めてはなりません。神力品《じんりきほん》にも説《と》かれていますが、詳《くわ》しくは、またの機会《きかい》に申し上げることに致《いた》しましょう。謹《つつし》んで申し上げます。

建治《けんじ》三年（＝1277年）八月二十三日　日蓮《にちれん》（花押《かおう》）

日女御前御返事《にちにょごぜんごへんじ》

【語句の解説】

駄《だ》　一駄が馬1頭で運搬《うんぱん》する荷《に》のことで、米2俵《ひょう》を運んだ。

最後の八年　御書本文は「八年」。釈尊《しゃくそん》は40年余《あま》り爾前経《にぜんきょう》を説《と》いた後に8年間法華経《ほけきょう》を説いたとされる。

正法《しょうほう》**・像法**《ぞうほう》**・末法**《まっぽう》　※本書59ページ参照

天台《てんだい》　※本書20ページ参照

妙楽《みょうらく》　※本書20ページ参照

伝教《でんぎょう》　※本書38ページ「伝教大師」参照

顔淵《がんえん》　中国春秋《しゅんじゅう》時代の魯国《ろこく》の人。儒教《じゅきょう》を広めた孔子《こうし》の弟子。顔回《がんかい》ともいう。

竜樹《りゅうじゅ》**・天親**《てんじん》　※本書59ページ参照

大曼荼羅《だいまんだら》　※本書207ページ「曼荼羅」参照

旗印《はたじるし》　「旗印」とは本来、戦場《せんじょう》の目印となるものをいう。ここでは、仏《ほとけ》と魔《ま》の攻防戦《こうぼうせん》の中で、「法華弘通《ほっけぐつう》」を成《な》し遂《と》げていく、広宣流《こうせんる》布《ふ》の旗印と拝《はい》することができる。

多宝如来《たほうにょらい》**の宝塔**《ほうとう》　御書本文は「多宝塔中《たっちゅう》」。法《ほ》華経見宝塔品《けきょうけんほうとうほん》第11で出現《しゅつげん》した多宝如来の宝塔。多宝如来と釈尊《しゃくそん》の二仏《にぶつ》が並んで座《すわ》り（二仏並坐《びょうざ》）、虚空会《こくうえ》の儀式《ぎしき》が展開されていく。

分身《ふんじん》**の諸仏**《しょぶつ》　釈尊《しゃくそん》が衆生《しゅじょう》を教化《きょうけ》するため、種々の世界に身を分かち現《あらわ》した仏《ほとけ》。

摺形木《すりかたぎ》　版木《はんぎ》。版木で摺《す》りだしたもの。ここでは御本尊《ごほんぞん》の相貌《そうみょう》（姿《すがた》、ありさま）が法華経《ほけきょう》の虚空会《こくうえ》の儀式《ぎしき》を用《もち》いて図顕《ずけん》されていることを示す。

首題《しゅだい》　経典《きょうてん》の初めに書かれている題号《だいごう》のこと。

四大天王《しだいてんのう》　※本書109ページ参照

釈迦《しゃか》**・多宝**《たほう》**の二仏**《にぶつ》**と、本化**《ほんげ》**の四菩薩**《しぼさつ》**……鬼**《き》**子母神**《しもじん》**や十羅刹女**《じゅうらせつにょ》**らもいます**　本抄《ほんしょう》で大聖人《だいしょうにん》は虚空会《こくうえ》の儀式《ぎしき》に列《つら》なっている仏《ほとけ》・菩薩《ぼさつ》などを列挙《れっきょ》されている。「本化の四菩薩」とは、法《ほ》華《け》経従地涌出品《きょうじゅうじゆじゅっぽん》第15で出現《しゅつげん》した地涌の菩薩の4人の指導者（上行《じょうぎょう》菩薩・無辺行《むへんぎょう》菩薩・浄行《じょうぎょう》菩薩・安立行《あんりゅうぎょう》菩薩）のこと。「普賢《ふげん》・文殊《もんじゅ》」らは迹化《しゃっけ》・他方《たほう》の菩薩（「迹仏《しゃくぶつ》」という仮《かり》の姿《すがた》を示している仏《ほとけ》、娑婆《しゃば》世界以外の国土に住《じゅう》する仏に教化《きょうけ》されている弟子）。「舎利弗《しゃりほつ》・目《もく》連《れん》」らは、釈尊《しゃくそん》の弟子で二乗《にじょう》の代表。「日《にっ》天《てん》・月天《がってん》」は諸天善神《しょてんぜんじん》。「第六天《だいろくてん》の魔王《まおう》」は他化自在天《たけじざいてん》ともいい、欲界《よっかい》の最上である六欲《ろくよく》天《てん》に住む。「竜王《りゅうおう》」は龍《りゅう》の王で畜生界《ちくしょうかい》の代表。「阿修羅《あしゅら》」は、修羅界の代表。「不動明《ふどうみょう》王《おう》・愛染《あいぜん》明王」は、法華経の行者《ぎょうじゃ》を守護《しゅご》し、それぞれ生死即涅槃《しょうじそくねはん》、煩悩即菩提《ぼんのうそくぼだい》の意義《いぎ》をもつ。「提婆達多《だいばだった》」は、釈尊の弟子となりながら反逆し、釈尊を殺害《さつがい》しようとした悪人。「竜女《りゅうにょ》」は娑竭羅《しゃから》竜王の娘で蛇身《じゃしん》の畜生（「愚《ぐ》癡《ち》の」とあるのは、畜生の特徴である「癡《おろ》か」を示している）。法華経では、提婆達多は悪人成仏《じょうぶつ》、竜女は女人《にょにん》成仏を示す。「鬼子母神」は、王舎城《おうしゃじょう》に住む夜叉神《やしゃじん》の娘。鬼神《きじん》の妻。「十羅刹女」は法華経陀羅尼品《だらにほん》第26で法華経の行者を守護する誓《ちか》いを立てた。これらの虚空会の衆生《しゅじょう》はそのまま十界《じっかい》を代表しており、御本尊は十界具足《ぐそく》の曼荼羅《まんだら》と言われる。

体《たい》の神《かみ》　歴史《れきし》上に実在《じつざい》したとされる神。なんらかの形で本体を持ち、名の知られた神のこと。

用《ゆう》の神《かみ》　体の神以外の、働《はたら》き・作用のみの神。

全《すべ》ての人々を包《つつ》んで、皆を虚空《こくう》に置《お》いた　御書本文は「諸《もろもろ》の大衆《だいしゅ》を接《せっ》して皆虚空に在《あ》り」。法華経見宝塔品《ほけきょうけんほうとうほん》第11で、法華経の説法《せっぽう》の場に集まっていた衆生《しゅじょう》が、自分たちは地上にとどまっていたため虚空に移りたいと願《ねが》い、それに対して、釈尊《しゃくそん》が神通力《じんずうりき》で十界《じっかい》全ての人々を虚空に上げて移したこと。

欲界《よっかい》・色界《しきかい》に住む八種類のさまざまな者たち　御書本文は「二界八番《にかいはちばん》の雑衆《ざっしゅう》」。二界とは、欲界・色界のこと。八番とは、欲界衆《よっかいしゅ》・色界衆・竜王衆《りゅうおうしゅ》・緊那羅《きんなら》王衆・乾闥婆《けんだっば》王衆・阿修羅《あしゅら》王衆・迦楼羅《かるら》王衆・人《にん》衆の8種のことをいう。

諸法実相《しょほうじっそう》　全《すべ》ての存在・現象の真実、ありのままの姿《すがた》のこと。「諸法」とは、この現実世界において、さまざまな様相《ようそう》をとって現《あらわ》れている、全ての現象・物事のこと。「実相」とは、真実の姿、究極《きゅうきょく》の真理のこと。仏《ほとけ》がその広く深い智慧《ちえ》で覚知《かくち》した万物《ばんぶつ》の真実の姿が、諸法実相である。

十如是《じゅうにょぜ》　御書本文は「十如」。法華経方便品《ほけきょうほうべんぼん》第2で説《と》かれた、如是で始まる10の語（法華経108ジペー）。すなわち如是相《そう》・如是性《しょう》・如是体《たい》・如是力《りき》・如是作《さ》・如是因《いん》・如是縁《えん》・如是果《か》・如是報《ほう》・如是本末究竟等《ほんまつくきょうとう》。仏《ほとけ》が覚《さと》った諸法実《しょほうじっ》相《そう》を把握《はあく》する項目として示されたもの。

一念三千《いちねんさんぜん》　天台大師智顗《てんだいだいしちぎ》が『摩訶止観《まかしかん》』第5巻で、万人成仏《ばんにんじょうぶつ》を説《と》く法華経《ほけきょう》の教えに基《もと》づき、成仏を実現するための実践として、凡夫《ぼんぷ》の一念（瞬間《しゅんかん》の生命）に仏《ほとけ》の境涯《きょうがい》をはじめとする森羅万象《しんらばんしょう》が収《おさ》まっていることを見る観心《かんじん》の修行を明かしたもの。

自受用身《じじゅゆうしん》　「ほしいままに受け用《もち》いる身《み》」のこと。覚知《かくち》した法の功徳《くどく》を自《みずか》ら享受《きょうじゅ》し自在《じざい》に用いる仏《ほとけ》の身をいう。

尊形《そんぎょう》を超《こ》え出《で》た現実の仏《ほとけ》　御書本文は「出尊形《しゅつそんぎょう》の仏」。尊形とは、人々を教え導《みちび》くための方《ほう》便《べん》として示した色相荘厳《しきそうしょうごん》の姿形《すがたかたち》のこと。「出尊形」とは、そのような方便を用《もち》いず、本来のありのままの真実の姿を示す仏。

悪知識《あくちしき》　誤《あやま》った教えを説《と》いて人々を迷《まよ》わせ、仏《ぶっ》道《どう》修行を妨《さまた》げたり不幸に陥《おとしい》れたりする悪僧《あくそう》・悪人のこと。善知識《ぜんちしき》に対する語。悪友《あくゆう》ともいう。

善友《ぜんゆう》　善知識《ぜんちしき》ともいう。よい友人・知人の意。仏法を教え仏道《ぶつどう》に導《みちび》いてくれる人のことであり、師匠や、仏道修行を励《はげ》ましてくれる先輩・同志《どうし》などをいう。悪知識《あくちしき》に対する語。

九識心王真如《くしきしんのうしんにょ》の都《みやこ》　九識は生命の中心的なはたらきであるので心王といい、常住不変《じょうじゅうふへん》の真理《しんり》である真如と一体《いったい》であるゆえに心王真如という。都とは、心王のありかを王の住む都城《とじょう》にたとえたもの。

輪円具足《りんえんぐそく》　サンスクリットのマンダラの訳。全《すべ》てのものが具《そな》わって、欠《か》けているものがないという意味。諸仏《しょぶつ》・諸法《しょほう》の一切の功徳《くどく》を欠けることなく円満《えんまん》に具足していることを、車輪《しゃりん》の姿《すがた》にたとえたもの。

功徳聚《くどくじゅ》　サンスクリットのマンダラの訳。功徳の集まりという意味。

以信得入《いしんとくにゅう》　法華経譬喩品《ほけきょうひゆほん》第3の文《もん》（法華経198ページ）。智慧《ちえ》第一とたたえられた舎利弗《しゃりほつ》ですら、信によって初めて法華経に示される仏《ほとけ》の智慧の境涯《きょうがい》に入ることができたこと。

円教《えんぎょう》　※本書201ページ「通教、別教、円教」参照

李広《りこう》　？年～紀元前119年。中国・前漢《ぜんかん》の将《しょう》軍《ぐん》。武帝《ぶてい》に仕《つか》え、射術《しゃじゅつ》に優《すぐ》れており、石虎《せっこ》将軍とも呼ばれた。

五種の修行　※本書39ページ参照

道邃和尚《どうずいかしょう》　生没年不詳《せいぼつねんふしょう》。中国・唐《とう》の僧《そう》。妙楽大《みょうらくだい》師湛然《したんねん》の直《じき》弟子。

五種頓修《とんしゅ》の妙行《みょうぎょう》　五種の修行を一時に習得《しゅうとく》できる修行のこと。

妙一尼《みょういちあま》御前《ごぜん》御消息《ごしょうそく》

(冬必為春事《ふゆはかならずはるとなるのこと》)

(御書一二五二ページ〜一二五四ページ)

本抄について

本抄《ほんしょう》は、建治《けんじ》元年(1275 年)5月、日蓮大聖人《にちれんだいしょうにん》が54歳《さい》の時に身延《みのぶ》(山梨県南巨摩郡《みなみこまぐん》)で認《したた》められ、鎌倉に住む妙一尼《みょういちあま》に与えられたお手紙です。

大聖人《だいしょうにん》が、竜《たつ》の口《くち》の法難《ほうなん》、佐渡流罪《さどるざい》という迫害《はくがい》に遭《あ》われ、多くの門下《もんか》が退《たい》転《てん》する中にあって、妙一尼《みょういちあま》とその夫は、所領《しょりょう》を没収《ぼっしゅう》されるなどの弾圧《だんあつ》にも屈《くっ》せず、法華経《ほけきょう》の信仰を貫《つらぬ》き通しました。その後、大聖人は佐渡流罪を許《ゆる》されましたが、妙一尼の夫は、その知らせを聞く前に亡《な》くなります。

大聖人《だいしょうにん》は本抄《ほんしょう》で、妙一尼《みょういちあま》の悲しみに寄り添《そ》いながら、温かな励《はげ》ましを送られています。

妙一尼御前《みょういちあまごぜん》へ

天に月がなく、太陽がなければ、草や木々はどうして育つことができるでしょうか。人には父親と母親がいます。そのどちらか一人でも欠《か》けてしまえば、子どもたちが育つのは並大抵《なみたいてい》ではありません。その上、亡《な》くなられたご主人には、病気の子もおり、女の子もおります。後《あと》に残す母の尼御前《あまごぜん》もあまり頼《たよ》りにできません。一体《いったい》誰に後のことを託《たく》して、この世を去《さ》っていかれたのでしょうか。

釈尊《しゃくそん》は亡《な》くなる時に、嘆《なげ》いて言われました。「私は間《ま》もなく死を迎《むか》える。ただ一つ気掛《きが》かりなことは、*阿闍世王《あじゃせおう》のことだけです」と。*迦葉童子菩薩《かしょうどうじぼさつ》が、釈尊に申し上げました。「仏《ほとけ》の慈悲《じひ》は平等《びょうどう》です。全《すべ》ての人々の命を惜《お》しむべきお立場です。なぜ、取り立てて〝阿闍世王一人だけ〟と言われるのですか」と尋《たず》ねたところ、釈尊は、その御返事《ごへんじ》としておっしゃいました。「例《たと》えば、ある人に七人の子どもがいるとします。この七人の中で一人が、病気にかかってしまいました。その父母の心は七人に平等でないはずはありません。

しかしながら、病気の子に対しては、特に心を傾《かたむ》けるようなものです」と。

*天台《てんだい》は『摩訶止観《まかしかん》』でこの涅槃経《ねはんぎょう》の経文《きょうもん》を解釈《かいしゃく》して、「例《たと》えば、七人の子どもの父母は、平等《びょうどう》でないことはないけれども、病気の子に対しては、特に心を傾《かたむ》けるようなものである」と述《の》べていますが、まさに仏《ほとけ》はそのようにお答えになったのです。この経文の心は、人にはたくさんの子どもがいても、父母の心は、病気の子にあるということです。

仏《ほとけ》にとっては、全《すべ》ての人々は皆、自分の子です。その中でも、罪《つみ》が深くて、社会的には自身の父母を殺《ころ》すという罪を犯《おか》し、（仏法上では）仏や経典《きょうてん》の敵《かたき》となる者は、病気の子のようなものです。従《したが》って釈尊《しゃくそん》は、「阿闍世王《あじゃせおう》はマガダ国の主ですが、私の最大の理解者であった頻婆娑羅王《びんばしゃらおう》（=阿闍世王の父）を殺し、私の敵となったので、天も捨てて、太陽や月に異変《いへん》が起き、大地もマガダ国を支えまいと震動《しんどう》し、万民が皆、仏法に背《そむ》いたため、マガダ国は他国から攻《せ》められたのです。これらはひとえに、悪人である*提婆達多《だいばだった》を師匠としたことによるのです。結局は、今日から悪性《あくせい》のできものが体に出て、間《ま》もなく三月七日に*無間地獄《むけんじごく》に堕《お》ちるでしょう。このことが残念であるから、私が死を迎《むか》えるに当たって気掛《きが》かりだと言ったのです。私が阿闍世王を救うなら、全《すべ》ての悪人は阿闍世王と同じように救えるのです」と嘆《なげ》かれたのです。

このことにつけて思うに、亡《な》くなられたご主人には病気の子もあり、女の子もいます。ご主人は「自分が子どもたちを残してこの世を去《さ》ってしまったら、枯《か》れ朽《く》ちた木のような年を取った尼《あま》が一人残って、この子どもたちをどれほどふびんに思うだろうか」と嘆《なげ》かれたに違《ちが》いないと思います。


一方で、ご主人の心は、日蓮《にちれん》のことが気に掛《か》かっておられたのでしょう。「仏《ほとけ》の言葉がうそでないならば、法華経《ほけきょう》は必ず広まるであろう。そうだとすれば、何か素晴《すば》らしいことがあって、この日蓮御房《にちれんごぼう》は尊敬を集めるようになるに違《ちが》いない」と思っていたのでしょうが、そのかいもなく、日蓮が流罪《るざい》されてしまったので、ご主人は「一体《いったい》どうしたというのか。法華経・*十羅刹《じゅうらせつ》は何をしているのだ」と思われたに違いありません。だから、もしも今まで生きていてくださったならば、日蓮が流罪を許《ゆる》された時、どれほど喜ばれたことでしょうか。

また、かねてから言っていたことが事実となって、大蒙古国《だいもうここく》も襲来《しゅうらい》し、国が危険《きけん》な状態《じょうたい》になっているのを見たら、日蓮《にちれん》の予言が的中《てきちゅう》したことをどれほど喜ばれたことでしょうか。（しかし、日蓮《にちれん》が流罪《るざい》されたと言っては悲しみ、予言が的中《てきちゅう》したと言っては喜ぶ）このような心は、凡夫《ぼんぷ》の心です。

法華経《ほけきょう》を信じる人は冬のようです。冬は必ず春となります。昔より今まで、聞いたことも見たこともありません、冬が秋に戻《もど》るということを。また、今まで聞いたこともありません、法華経を信じる人が仏《ほとけ》になれず凡夫《ぼんぷ》のままでいることを。経文《きょうもん》には、「もし法を聞くことができた者は、一人として成仏《じょうぶつ》しない者はいない（若有聞法者《にゃくうもんぼうしゃ》 無一不成仏《むいちふ》）」（方便品《ほうべんぼん》第2）と説《と》かれているのです。

亡《な》くなられたご主人は、法華経《ほけきょう》のために命を捨てられました。わずかな命の支えとなる所領《しょりょう》を、法華経の信心を貫《つらぬ》いたために取り上げられたということは、命を捨てたということではないでしょうか。あの＊雪山童子《せっせんどうじ》は経文《きょうもん》の半偈《はんげ》を聞くために身を捨て、＊薬王菩薩《やくおうぼさつ》は自分の両腕《りょううで》を燃《も》やして法華経に供養《くよう》しました。彼らは聖人《しょうにん》であったので、それは火に水をかけるようなもので、さして難《むずか》しくありません。しかし、ご主人は凡夫《ぼんぷ》です。紙を火に入れるようなもので、耐《た》え難《がた》いものです。

このことから考えてみると、亡《な》くなったご主人は、こうした聖人《しょうにん》たちと同じ功徳《くどく》があるのです。

だから今は、*大いなる月の中か、*大いなる太陽の中か、天の鏡《かがみ》にあなた方妻子《がたさいし》の姿《すがた》を浮《う》かべて、*一日中見守っておられることでしょう。あなた方は凡夫《ぼんぷ》ですので、そうした姿を見ることも、聞くこともできません。それは、例《たと》えば耳の聞こえない人が雷《かみなり》の音を聞くことができず、目の見えない人が太陽を見ることができないようなものです。だからといって疑《うたが》ってはなりません。ご主人は必ず、見守ってくださっているのです。それも、きっと近くにいらっしゃっているでしょう。


できることなら、私がお訪《たず》ねしようと思っていたところに、あなたから衣《ころも》を一つご供養《くよう》いただいたことは、思いがけないことです。法華経《ほけきょう》は素晴《すば》らしい経《きょう》ですので、もし日蓮《にちれん》が今生《こんじょう》に生き延《の》びる身ともなりましたら、尼御前《あまごぜん》が生きていらっしゃるとしても、もしくは、*草葉《くさば》の陰《かげ》からご覧《らん》になっているとしても、幼《おさな》いご子息《しそく》たちのことは、きっと日蓮が見守っていきましょう。

佐渡国《さどのくに》といい、この身延《みのぶ》といい、使用人を一人送ってくださったお心は、いつの世にも忘れることはありません。この御恩《ごおん》には次の世でも報《むく》いていくつもりです。南無妙法蓮華経、南無妙法蓮華経。謹《つつし》んで申し上げます。

五月　日　　　　　　　　　　　　日蓮《にちれん》（花押《かおう》）

妙一尼御前《みょういちあまごぜん》

【語句の解説】

阿闍世王《あじゃせおう》　※本書138ページ参照

迦葉童子菩薩《かしょうどうじぼさつ》　涅槃経《ねはんぎょう》巻33の迦葉菩薩品《ほん》第12の対告衆《たいごうしゅ》。同経で迦葉菩薩は、仏《ほとけ》はどのようにして長寿《ちょうじゅ》を得て金剛不壊《こんごうふえ》の身になったのか、36の問いを立てて釈尊《しゃくそん》に尋《たず》ねている。爾前経《にぜんきょう》の会座《えざ》にも連《つら》ならず法華経《ほけきょう》の会座にももれ、最後に説《と》かれる涅槃経によって利益《りやく》を受けるので、捃拾《くんじゅう》（落《お》ち穂拾《ぼひろ》い）の機根《きこん》の者とされる。

天台《てんだい》　※本書20ページ参照

自身の父母を殺《ころ》す　最も罪《つみ》が重いとされる五逆《ごぎゃく》罪《ざい》（①父を殺す、②母を殺す、③阿羅漢《あらかん》を殺す、④仏《ほとけ》の身を傷《きず》つけ血を出す、⑤教団を分《ぶん》裂《れつ》させる）を犯《おか》している者を想定されていると思われる。

提婆達多《だいばだった》　※本書39ページ「提婆」参照

無間地獄《むけんじごく》　※本書40ページ「阿鼻地獄」参照

十羅刹《じゅうらせつ》　※本書40ページ「十羅刹女」参照

雪山童子《せっせんどうじ》　※本書107ページ参照

薬王菩薩《やくおうぼさつ》　※本書108ページ参照

大いなる月　大いなる太陽　御書本文は、「大《だい》月輪《げつりん》」「大日輪《だいにちりん》」。太陽と月は、天の鏡《かがみ》とされ、ここに地上の全《すべ》てが映《うつ》し出されると考えられていた。

一日中　御書本文は「十二時《とき》」。当時は一日を十二時にわけていた。

草葉《くさば》の陰《かげ》　茂《しげ》っている草《くさ》むらの中。一般に、亡《な》くなっている人がいる場所を意味している。

阿仏房御書《あぶつぼうごしょ》

（宝塔御書《ほうとうごしょ》）

（御書一三〇四ジペー～一三〇五ジペー）

本抄について

本抄《ほんしょう》は、日蓮大聖人《にちれんだいしょうにん》が佐渡《さど》（新潟県佐渡島《さどがしま》）の門下《もんか》・阿仏房《あぶつぼう》に与えられたお手紙です。大聖人の佐渡流罪中《るざいちゅう》の御執筆《ごしっぴつ》とする説もありましたが、近年では身延入山後《みのぶにゅうざんご》の御著作《ごちょさく》と考えられています。

大聖人《だいしょうにん》が佐渡《さど》に流罪《るざい》されていた折、阿仏房《あぶつぼう》は妻の千日尼《せんにちあま》と共に大聖人の生活を支え、懸命《けんめい》にお守りしました。また、身延入山《みのぶにゅうざん》の後も、阿仏房は、高齢にもかかわらず、幾度《いくど》も大聖人の元《もと》を訪《おとず》れています。

本抄《ほんしょう》は、法華経見宝塔品《ほけきょうけんほうとうほん》第11で登場する巨大な宝塔や、多宝如来《たほうにょらい》が意味するものについて、阿仏房《あぶつぼう》が大聖人《だいしょうにん》に質問したことに対する御返事です。

お手紙を詳《くわ》しく拝見致《はいけんいた》しました。

さて、*宝塔《ほうとう》へのご供養《くよう》の品《しな》として、銭《ぜに》千枚と白米、さらに種々の贈《おく》り物を確かに受け取りました。この真心を、御本尊、法華経《ほけきょう》にも丁重《ていちょう》にご報告申し上げました。ご安心ください。

あなたからのお手紙に「(法華経《ほけきょう》に説《と》かれる)多宝如来《たほうにょらい》や大地から涌現《ゆげん》した宝塔《ほうとう》は何ごとを表《あらわ》しているのでしょうか」とありました。お尋《たず》ねのこの法門《ほうもん》は、非常に重要《じゅうよう》です。

宝塔《ほうとう》について、筋道《すじみち》を立てて説明すると、*天台大師《てんだいだいし》が『法華文句《ほっけもんぐ》』第八巻で解釈《かいしゃく》された時には、宝塔には、*証前《しょうぜん》・起後《きご》という二重の意味があります。「証前」とは宝塔出現《しゅつげん》以前の*迹門《しゃくもん》の説法《せっぽう》を証明することであり、「起後」とは宝塔出現以後の*本門《ほんもん》への説法を起こすことです。あるいは*閉塔《へいとう》は迹門、*開塔《かいとう》は本門です。これはそのまま、*境智《きょうち》の二法《にほう》を表《あらわ》しています。これらは説明すると煩雑《はんざつ》になるので、これ以上は触《ふ》れません。

要《よう》するに、宝塔出現《ほうとうしゅつげん》の意味は、*三周《さんしゅう》の声聞《しょうもん》たちが、法華経《ほけきょう》に至《いた》って、自身の生命の中の宝塔を見たということです。今、日蓮《にちれん》の弟子たちもまた同様に自身の生命の宝塔を見ているのです。

末法《まっぽう》という時代に入って、法華経《ほけきょう》を持《たも》つ男女の姿《すがた》よりほかには宝塔《ほうとう》はないのです。もしそうであるなら、身分の貴《とうと》いか卑《いや》しいか、地位の高いか低いかなど関係なく、南無妙法蓮華経と唱える人は、わが身《み》がそのまま宝塔《ほうとう》であり、わが身がまた多宝如来《たほうにょらい》なのです。妙法蓮華経よりほかに宝塔はないのです。法華経《ほけきょう》の題目は宝塔であり、宝塔はまた南無妙法蓮華経です。

今、阿仏上人《あぶつしょうにん》、あなたの身は、*地《ち》・水《すい》・火《か》・風《ふう》・空《くう》の五大《ごだい》で成り立っています。この五大は題目の五字です。ですから、阿仏房《あぶつぼう》はそのまま宝塔《ほうとう》であり、宝塔はそのまま阿仏房なのです。こう信じる以外の才能《さいのう》や知恵《ちえ》は、何の役にも立ちません。あなたの身は、*聞《もん》・信《しん》・戒《かい》・定《じょう》・進《しん》・捨《しゃ》・慚《ざん》という七つの宝によって飾《かざ》られた宝塔なのです。

あなたは、多宝如来《たほうにょらい》の宝塔《ほうとう》に対して供養《くよう》したかと思うかもしれませんが、そうではありません。わが身に対して供養したのです。わが身が、また*三身即一身《さんじんそくいっしん》の本覚《ほんがく》の如来なのです。このように信じて南無妙法蓮華経と唱えていきなさい。その場がそのまま、宝塔が涌《ゆ》現《げん》する場所となるのです。経文《きょうもん》に「法華経が説《と》かれる所があれば、私（＝多宝如来）のこの宝塔は、まさに、その前に涌現する」（見宝塔品第11《けんほうとうほん》）と説かれているのはこのことです。

あまりにも尊《とうと》いことなので、宝塔《ほうとう》（＝御本尊）を書き顕《あらわ》して差し上げます。わが子でなければ、譲《ゆず》ってはなりません。信心強盛《ごうじょう》の者でなければ見せてはなりません。＊出世《しゅっせ》の本懐《ほんかい》とは、この宝塔のことです。

阿仏房《あぶつぼう》、あなたはまさに＊「北国《ほっこく》の導師《どうし》」ともいうべき方《かた》です。＊浄行菩薩《じょうぎょうぼさつ》が生まれ変わって、日蓮《にちれん》を訪《たず》ねてくださったのでしょうか。不思議《ふしぎ》です。本当に不思議です。この志《こころざし》の深さは、日蓮には分かりません。ただ、＊上行《じょうぎょう》菩薩がご出現《しゅつげん》になる力《ちから》にお任《まか》せしようと思うばかりです。別の理由はまったく考えられません。この宝塔《ほうとう》を、ご夫妻《ふさい》でひそかに拝《おが》んでいきなさい。詳《くわ》しくはまた、改《あらた》めて申し上げましょう。謹《つつし》んで申し上げます。

文永《ぶんえい》九年（＝1272年）三月十三日　　日蓮《にちれん》（花押《かおう》）

阿仏房上人《あぶつぼうしょうにん》の元《もと》へ

【語句の解説】

宝塔《ほうとう》　法華経見宝塔品《ほけきょうけんほうとうほん》第11で現《あらわ》れる、金・銀・瑠璃《るり》などの七宝《しっぽう》で荘厳《そうごん》された巨大な塔。塔の中には多宝如来《たほうにょらい》がいて、釈尊《しゃくそん》の説法《せっぽう》が真実であることを証明した。

天台大師《てんだいだいし》　※本書20ページ「天台」参照

証前《しょうぜん》・起後《きご》　「証前」とは、「前《さき》を証明（保証）する」ことで、宝塔《ほうとう》の中から、多宝如来《たほうにょらい》が大《だい》音声《おんじょう》を放《はな》って、前に語られた釈尊《しゃくそん》の言葉は真実だと証明したこと。「起後」とは、「後《あと》を起こす」ことで、釈尊が分身《ふんじん》の諸仏《しょぶつ》を集めたのは、後に本門寿量品《ほんもんじゅりょうほん》を説《と》くための起点《きてん》となっているということ。

迹門《しゃくもん》　法華経《ほけきょう》1部8巻28品《ぼん》のうち、序品《じょほん》第1より安楽行品《あんらくぎょうほん》第14までの前半14品をいう。この14品は、釈尊《しゃくそん》が久遠実成《くおんじつじょう》という本地《ほんじ》を明かさず、始成正覚《しじょうしょうがく》という垂迹《すいじゃく》の姿《すがた》で説《と》いたので迹門という。本門《ほんもん》に対する語。

本門《ほんもん》　久遠実成《くおんじつじょう》という釈尊《しゃくそん》の本地《ほんじ》を明かす教え。迹門《しゃくもん》に対する語。天台《てんだい》は、『法華文句《ほっけもんぐ》』で、法華経《ほけきょう》28品《ぽん》のうち後半の14品、従地涌出《じゅうじゆじゅっ》品《ぽん》第15から普賢菩薩勧発品《ふげんぼさつかんぼっぽん》第28までを本門としている。

閉塔《へいとう》　開塔《かいとう》　「閉塔」とは、宝塔《ほうとう》の扉《とびら》が閉《と》じていること。「開塔」とは、釈尊《しゃくそん》が扉を開《ひら》いたことで、これより虚空会《こくうえ》の儀式《ぎしき》が始まる。開塔は本門《ほんもん》を説《と》き起こす大事《だいじ》な儀式であり、神《じん》力品《りきほん》、嘱累品《ぞくるいほん》での付嘱《ふぞく》が終わって、再《ふたた》び塔は閉じられ、虚空会の儀式は終わる。

境智《きょうち》の二法《にほう》　境とは、智慧《ちえ》によってとらえられる対象のこと。智とは、智慧のこと。

三周《さんしゅう》の声聞《しょうもん》　※本書197ページ参照

地《ち》・水《すい》・火《か》・風《ふう》・空《くう》の五大《ごだい》　古代インドの思想で説《と》かれた万物《ばんぶつ》を構成する5種の要素。

聞《もん》・信《しん》・戒《かい》・定《じょう》・進《しん》・捨《しゃ》・慚《ざん》　七聖財《しちしょうざい》という。仏道《ぶつどう》修行する者が身《み》につけるべき七つの事《こと》柄《がら》。①聞法《もんぽう》（よく正法《しょうほう》を聞く）、②信受《しんじゅ》（正法を信受する）、③持戒《じかい》（戒律《かいりつ》を守る）、④禅《ぜん》定《じょう》（心を安定させる）、⑤精進《しょうじん》（仏道修行に励《はげ》む）、⑥喜捨《きしゃ》（執着《しゅうちゃく》を捨て、他人に施《ほどこ》す）、⑦慚愧《ざんき》（反省し恥《は》じる心をもち、常に向上《こうじょう》を目指す）のこと。

三身即一身《さんじんそくいっしん》の本覚《ほんがく》の如来《にょらい》　法身《ほっしん》・報身《ほうしん》・応身《おうじん》という仏《ほとけ》の三つの側面を一身に具《そな》え、本来的に覚《さと》りを具えている仏のこと。

出世《しゅっせ》の本懐《ほんかい》　※本書235ページ参照

北国《ほっこく》の導師《どうし》　「北国」とは、北陸道（福井県から新潟県にかけての日本海に沿《そ》った地域）の諸国《しょこく》。「導師」とは、衆生《しゅじょう》を正しく仏道《ぶつどう》修行に導《みちび》く者のこと。

浄行菩薩《じょうぎょうぼさつ》　地涌《じゆ》の菩薩を代表する四菩薩《しぼさつ》の一人。

上行菩薩《じょうぎょうぼさつ》　※本書166ページ参照

千日尼御前御返事《せんにちあまごぜんごへんじ》

（雷門鼓御書《らいもんのつづみごしょ》）

（御書一三一五㌻～一三一七㌻）

本抄について

本抄《ほんしょう》は、弘安《こうあん》元年（1278年）閏《うるう》10月19日、日蓮大聖人《にちれんだいしょうにん》が57歳《さい》の時に、身延《みのぶ》（山梨県南巨摩郡《みなみこまぐん》）の地で著《あらわ》され、佐渡《さど》（新潟県佐渡島《さどがしま》）の門下《もんか》である千《せん》日尼《にちあま》に送られたお手紙です。

千日尼《せんにちあま》は、大聖人《だいしょうにん》が佐渡《さど》に流罪《るざい》されていた際に、夫の阿仏房《あぶつぼう》と共に弟子となりました。大聖人が身延《みのぶ》に入られて以降も、阿仏房は何度もご供養《くよう》を携《たずさ》えて、遠路《えんろ》はるばる大聖人の元《もと》を訪《たず》ねています。大聖人は、そのたびに、留守を守る千日尼の労苦《ろうく》を思いやり、激励《げきれい》のお手紙を託《たく》されました。

本抄《ほんしょう》で大聖人《だいしょうにん》は、千日尼《せんにちあま》に対し、雷門《らいもん》の鼓《つづみ》の音が千万里《り》を越《こ》えて即座《そくざ》に聞こえるように、〝あなたの心は身延《みのぶ》にまで来ていますよ〟と、温かく励《はげ》まされています。このたとえから、本抄は「雷門鼓御書《らいもんのつづみごしょ》」とも呼ばれます。

銭《ぜに》千枚、*干飯一斗《ほしいいいっと》など、さまざまな品物を頂戴《ちょうだい》しました。

仏《ほとけ》に土の餅《もち》を供養《くよう》した徳勝童子《とくしょうどうじ》は、後に*アショーカ大王として生まれました。仏に米のとぎ汁《じる》を供養した老女は、辟支仏《ひゃくしぶつ》（＝縁覚《えんがく》）として生まれました。

法華経《ほけきょう》は、十方三世《じっぽうさんぜ》のあらゆる仏《ほとけ》の師匠です。「十方」（＝十の方角）の仏というのは、東の世界の善徳仏《ぜんとくぶつ》、東南の無憂徳仏《むうとくぶつ》、南の栴檀徳仏《せんだんとくぶつ》、西南の宝施仏《ほうせぶつ》、西の無量明仏《むりょうみょうぶつ》、西北の華徳仏《けとくぶつ》、北の相徳仏《そうとくぶつ》、東北の三乗行仏《さんじょうぎょうぶつ》、上方の広衆徳仏《こうしゅとくぶつ》、下方の明徳仏《みょうとくぶつ》です。「三世」（＝過去世・現在世・未来世）の仏というのは、過去の荘厳劫《しょうごんこう》に出現《しゅつげん》した千の仏、現在の賢劫《げんごう》に出現した千の仏、未来の星宿劫《せいしゅくこう》に出現した千の仏です。

さらに、華厳経《けごんぎょう》、法華経《ほけきょう》、涅槃経《ねはんぎょう》をはじめとして、大乗経《だいじょうきょう》・小乗経《しょうじょうきょう》、権経《ごんきょう》・実経《じっきょう》、顕《けん》教《きょう》・密教《みっきょう》といった、あらゆる経に列《つら》なっておられる全《すべ》ての仏《ほとけ》たちや、また、全宇宙の塵《ちり》の数ほどおられる無数《むすう》の菩薩《ぼさつ》たちも、皆残らず法華経の「妙《みょう》」の一字からお生まれになったのです。

ですから、法華経《ほけきょう》の結びの経《きょう》である普賢経《ふげんぎょう》には「仏《ほとけ》の*法報応《ほっぽうおう》の三身《さんじん》は、方等《ほうどう》から生まれる」とあります。

この「方等《ほうどう》」とは、もとはインドの言葉で中国では〝*大乗《だいじょう》〟と訳《やく》します。〝大乗〟というのは法華経《ほけきょう》の別名です。仏《ほとけ》が初期に説《と》いた阿含経《あごんぎょう》は、それまでのインドの諸思想に対してみれば〝大乗経〟といえます。華厳経《けごんぎょう》・般若経《はんにゃきょう》・大日経《だいにちきょう》などは阿含経に対しては〝大乗経〟ですが、法華経に対しては〝小乗経《しょうじょうきょう》〟となります。法華経より勝《すぐ》れている経典《きょうてん》はないので、ただ法華経だけが真《しん》の〝大乗経〟なのです。

例《たと》えば、この世界に八万四千ある国々の王たちは、それぞれの国では〝大王〟といわれますが、全世界を統治《とうち》する王である*転輪聖王《てんりんじょうおう》に対しては〝小王〟となります。また、*六欲《ろくよく》天《てん》や、*四禅天《しぜんてん》に住む王たちは、比《くら》べる相手によって〝大王〟にも〝小王〟にもなりますが、六欲天を超《こ》え、四禅天の頂《いただき》に住む*大梵天王《だいぼんてんのう》だけが真《しん》の〝大王〟であって、〝小〟の文字を付けることがないようなものです。

仏《ほとけ》は子であり、法華経《ほけきょう》は父母《ふぼ》です。例《たと》えば、ある父母に千人の子がいたとして、その父母を褒《ほ》めたたえれば、千人の子も喜びます。その父母に供養《くよう》すれば、千人の子に供養したことになります。

また、法華経《ほけきょう》に供養《くよう》する人の功徳《くどく》は、全宇宙の仏《ほとけ》や菩薩《ぼさつ》に供養する功徳と同じなのです。なぜなら、全宇宙にいる全《すべ》ての仏は皆、「妙《みょう》」の一字から生まれたからです。

例《たと》えば一頭の師子に百匹の子がいます。その百匹の子が多くの鳥や獣《けもの》に襲《おそ》われている時、親である一頭の師子王が吼《ほ》えれば、百匹の子は力《ちから》を得《え》て、多くの鳥や獣は敗《やぶ》れて皆、頭が七つに割《わ》れます。

法華経《ほけきょう》は師子王と同じです。全《すべ》ての獣《けもの》の頂点に立つ。その法華経という師子王を持《たも》つ女性は、どのような地獄《じごく》・餓鬼《がき》・畜生《ちくしょう》などの百獣《ひゃくじゅう》も恐《おそ》れることはありません。

例《たと》えば女性が人生において直面する悩《なや》み、苦しみや過《あやま》ちは、多くの枯《か》れ草のようなものです。法華経《ほけきょう》の「妙《みょう》」の一字は小さな火のようなものです。しかし、この小さな火を一面の枯れ草に付けただけで、全《すべ》ての草は焼《や》き尽くされます。それだけでなく、大木や大石も皆、焼けてなくなります。「妙」の一字の智慧《ちえ》の火は、一切の悩みを焼き尽くす火のようなものです。あらゆる悩み、苦しみや過ちも、全て消えるだけでなく、それら全てがかえって功徳《くどく》となるのです。「毒薬《どくやく》が変化して甘露《かんろ》（＝不老不死《ふろうふし》の薬）になる」とはこのことです。

例《たと》えば黒い漆《うるし》におしろいを入れると白くなります。女性の苦しみは漆と同じであり、南無妙法蓮華経の文字はおしろいと同じです。

人は臨終《りんじゅう》を迎《むか》えた時、地獄《じごく》に堕《お》ちる者は肌《はだ》の輝《かがや》きがくすむうえに、その体の重さは例《たと》えば千人の力《ちから》を合わせて引くほどの重い石のようです。しかし、妙法を持《たも》った善人は、たとえ人の倍ほどあるような大柄《おおがら》の女性であっても、また、肌がくすんでいても、死を迎える時には肌は明るくなり、また、身の軽さはガチョウの羽毛《うもう》のようであり、柔《やわ》らかさは木綿《もめん》の布のようです。

佐渡国《さどのくに》（＝新潟県佐渡島《さどがしま》）からこの甲斐国《かいのくに》（＝山梨県）までは、山や海を越《こ》えて、遠く離《はな》れています。しかし、あなたは女性の身として、法華経《ほけきょう》への強盛《ごうじょう》な信心ゆえに、毎年、夫の阿仏房《あぶつぼう》をお使《つか》いとして私を訪《たず》ねてくれています。きっと法華経、釈迦仏《しゃかぶつ》、多宝如来《たほうにょらい》、全宇宙のあらゆる仏《ほとけ》も、あなたのそのお心をご存《ぞん》じでしょう。

例《たと》えば天空の月ははるか遠く離《はな》れていますが、大地の池には瞬時《しゅんじ》にその影《かげ》が映《うつ》ります。*雷門《らいもん》の鼓《つづみ》の音は、どんなに遠く離れていても打てば瞬時に聞こえます。あなたの身は佐渡国《さどのくに》にいらっしゃいますが、あなたの心は、こちらの国に来ています。
成仏《じょうぶつ》の道《みち》も、これと同じです。私たちは、けがれた世界におりますが、心は*霊山浄土《りょうぜんじょうど》に住んでいるのです。お会いしたからといってどうなりましょう。心こそ大切です。いつか必ず釈尊《しゃくそん》がいらっしゃる霊山浄土でお会いしましょう。南無妙法蓮華経、南無妙法蓮華経、謹《つつし》んで申し上げます。

弘安《こうあん》元年（＝1278年）閏《うるう》十月十九日　日蓮《にちれん》（花押《かおう》）

千日尼御前御返事《せんにちあまごぜんごへんじ》

【語句の解説】

干飯一斗《ほしいいいっと》　干飯は飯を乾燥させたもので、水や熱湯に浸《ひた》して食べる保存食品。一斗は約18リットル。

アショーカ大王　阿育《あいく》大王。紀元前3世紀、インドを統一したマウリヤ朝《ちょう》第3代の王。

法報応《ほっぽうおう》**の三身**《さんじん》　仏《ほとけ》としての本質的な特性、法《ほっ》身《しん》・報身《ほうしん》・応身《おうじん》の3種で、併《あわ》せて三身《さんじん》という。①法身とは、仏が覚《さと》った真実《しんじつ》・真理。②報身とは、最高の覚りの智慧《ちえ》をはじめ、仏となった報《むく》いとして得《え》た種々の優《すぐ》れた特性。③応身とは、人々を苦悩《くのう》から救《すく》うために、現実に表《あらわ》した姿《すがた》、慈悲《じひ》の側面《そくめん》。

大乗《だいじょう》　※本書59ページ「大乗教　小乗教」参照

転輪聖王《てんりんじょうおう》　全世界を統治《とうち》するとされる理想の王《おう》のこと。天から輪宝《りんぽう》という武器を授《さず》かり、国土を支配するとされる。

六欲天《ろくよくてん》　欲界《よっかい》・色界《しきかい》・無色界《むしきかい》の三界《さんがい》からなる、地獄《じごく》から天界《てんかい》までの六道《ろくどう》の迷《まよ》いの衆生《しゅじょう》が住む世界のうち、欲界（欲望《よくぼう》にとらわれた衆生が住む世界）に属《ぞく》する6層《そう》からなる天のこと。

四禅天《しぜんてん》　欲界《よっかい》・色界《しきかい》・無色界《むしきかい》の三界《さんがい》のうち、色界（欲望《よくぼう》からは離《はな》れたが、物質的な制約《せいやく》がある衆生《しゅじょう》の世界）における、禅定《ぜんじょう》（瞑想《めいそう》して心を静《しず》かに定《さだ》める修行）の4段階の領域《りょういき》、またその神々。

大梵天王《だいぼんてんのう》　※本書108ページ「梵天」参照

雷門《らいもん》**の鼓**《つづみ》　中国の古代、長江《ちょうこう》（揚子江《ようすこう》）下流の会稽城《かいけいじょう》（浙江省《せっこうしょう》）の門である雷門《らいもん》にあったとされる伝説の太鼓《たいこ》のこと。その音は、遠く都《みやこ》の洛陽《らくよう》にまで瞬時《しゅんじ》に聞こえたと言われる。

霊山浄土《りょうぜんじょうど》　久遠《くおん》の釈尊《しゃくそん》が永遠に法華経《ほけきょう》を説《と》いている場所。法華経如来寿量品《にょらいじゅりょうほん》第16の自我偈《じがげ》では、釈尊が滅後《めつご》も霊鷲山《りょうじゅせん》に常住《じょうじゅう》し法華経を説いていて、一心《いっしん》に求めて不惜身命《ふしゃくしんみょう》の実践を行《おこな》う者の前に出現《しゅつげん》すると説かれている。

生死《しょうじ》一大事《いちだいじ》血脈抄《けつみゃくしょう》

（御書一三三六ジペー～一三三八ジペー）

本抄について

本抄《ほんしょう》は、文永《ぶんえい》9年（1272年）2月11日、日蓮大聖人《にちれんだいしょうにん》が51歳《さい》の時、流罪《るざい》地《ち》・佐渡《さど》（新潟県佐渡島《さどがしま》）の塚原《つかはら》で認《したた》められ、最蓮房《さいれんぼう》に与えられたとされます。最蓮房についての詳細は不明ですが、元は天台《てんだい》の学僧《がくそう》で、大聖人と同時期に、何かの理由で佐渡に流罪され、同年2月初めに大聖人に帰依《きえ》したとされます。

本抄《ほんしょう》は、最蓮房《さいれんぼう》が「生死一大事血脈《しょうじいちだいじけつみゃく》」という仏法の極理《ごくり》にかかわる重要《じゅうよう》問題を質問したことに対しての御返事です。「生死一大事血脈」とは、仏《ほとけ》が衆《しゅ》生《じょう》に伝えられる根本的で重要な成仏《じょうぶつ》の法を意味します。

日蓮《にちれん》これを記《しる》す

お手紙を詳《くわ》しく読ませていただきました。

あなたが尋《たず》ねられた「*生死一大事血脈《しょうじいちだいじけつみゃく》」とは、妙法蓮華経ということです。

その理由は、この妙法蓮華経は*釈迦《しゃか》・多宝《たほう》の二仏《にぶつ》が、宝塔《ほうとう》の中で*上行菩薩《じょうぎょうぼさつ》に譲《ゆず》った法であり、また、この妙法蓮華経の五字は、無限の過去から今に至《いた》るまで片時《かたとき》も離《はな》れることがない血脈《けつみゃく》だからです。

妙法の妙は「死」、法は「生」です。「生死《しょうじ》の二法」、すなわちこの「生」と「死」の二つのあり方《かた》は、十界《じっかい》そのものです。十界の衆生《しゅじょう》が妙法の当体《とうたい》であることを当体*蓮華《れんげ》ともいうのです。

*天台《てんだい》は「まさに知るべきである、十界《じっかい》の*依報《えほう》と正報《しょうほう》の因果《いんが》は、全《すべ》て蓮華《れんげ》の法なのである」（『法華玄義《ほっけげんぎ》』）と説《と》いています。

この中で「依報《えほう》と正報《しょうほう》」と言っているのは、生死《しょうじ》のことです。生死があれば、その因果《いんが》もまた、（因果俱時《ぐじ》を示す）蓮華《れんげ》の法であることは明らかです。*伝教大師《でんぎょうだいし》は「『生死の二法』は、一心に具《そな》わる妙用《みょうゆう》、すなわち不可思議《ふかしぎ》な働《はたら》きです。『有無《うむ》の二道《にどう》』は、仏《ほとけ》の覚《さと》りがもともと表《あらわ》す特質である」と述《の》べています。

天地・*陰陽《いんよう》、日月《にちがつ》・*五星《ごせい》、地獄《じごく》から仏果《ぶっか》に至《いた》るまで、「生死《しょうじ》の二法」でないものはないのです。

このように万物《ばんぶつ》の生死《しょうじ》も、ただ「妙法蓮華経の生死」なのです。天台《てんだい》の『摩訶止観《まかしかん》』には「*万物の生起《しょうき》とは、その本性である法性《ほっしょう》の生起である。また万物の消滅《しょうめつ》は法性の消滅である」とあります。

宝塔《ほうとう》に並んで座《すわ》っている釈迦《しゃか》・多宝《たほう》の二仏《にぶつ》も、（同じく妙法の当体《とうたい》であり）「生」と「死」の二つのあり方《かた》を表《あらわ》しているのです。

従《したが》って、久遠実成《くおんじつじょう》の釈尊《しゃくそん》と、万人が成仏《じょうぶつ》するための法である法華経《ほけきょう》と、私たち衆生《しゅじょう》の三つはまったく違《ちが》いがないと理解し、確信《かくしん》して、妙法蓮華経と唱えることを、「生死一大事《しょうじいちだいじ》の血脈《けつみゃく》」というのです。

この原理は、日蓮《にちれん》の弟子たちにとって極《きわ》めて重要《じゅうよう》なことです。法華経《ほけきょう》を持《たも》つとは、この原理のままに持つことです。

結局のところ、〝*臨終《りんじゅう》は只今《ただいま》にあり〟と覚悟《かくご》して信心に励《はげ》み、南無妙法蓮華経と唱える人のことを、「この人は寿命《じゅみょう》が終われば、千もの仏《ほとけ》が手を差し伸《の》べ、死後への恐怖《きょうふ》を起こさせたり悪道《あくどう》に堕《お》とさせたりすることはない」（普賢菩薩勧発品第28《ふげんぼさつかんぼっぽん》）と説《と》かれています。

喜ばしいことに、一仏《いちぶつ》や二仏《にぶつ》でなく、また百仏や二百仏でもなく、千仏までも迎《むか》えに訪《おとず》れ、手を取ってくださるのです。歓喜《かんき》の涙《なみだ》を抑《おさ》えることができません。

これに対し、法華経《ほけきょう》を信じない者は、経文《きょうもん》に「その人は命が終わった後、*阿鼻地獄《あびじごく》に入《はい》るだろう（其人命終《ごにんみょうじゅう》　入阿鼻獄《にゅうあびごく》）」（譬喩品第3《ひゆほん》）と説《と》かれているので、きっと地獄の鬼が迎《むか》えにきて、その手を取ることでしょう。なんと痛《いた》ましいことでしょう。*十王《じゅうおう》にその罪《つみ》を裁《さば》かれ、*倶生神《くしょうじん》に責《せ》め立《た》てられるに違《ちが》いありません。

今、日蓮《にちれん》の弟子たちで、南無妙法蓮華経と唱える者を千仏が手を差し伸《の》べて迎《むか》えてくださるというのは、例《たと》えば、瓜《うり》や夕顔《ゆうがお》の蔓《つる》がいくつも伸びてくるかのようであると思いなさい。

（あなたは）過去世において法華経《ほけきょう》との結縁《けちえん》が強盛《ごうじょう》であったので、今世《こんぜ》においてこの経《きょう》を受持《じゅじ》することができたのです。未来世において成仏《じょうぶつ》することは疑《うたが》いありません。

過去の生死《しょうじ》、現在の生死、未来の生死と、三世《さんぜ》にわたる生死において法華経《ほけきょう》から離《はな》れないことを、法華の血脈相承《ほっけのけつみゃくそうじょう》というのです。

正法《しょうほう》を謗《そし》り、信じない者は「あらゆる世間《せけん》の仏種《ぶっしゅ》を全《すべ》て断《だん》じてしまうであろう（即断一切《そくだんいっさい》世間仏種《せけんぶっしゅ》）」（譬喩品《ひゆほん》第3）と説《と》かれて、成仏《じょうぶつ》するための種子《しゅし》を断《た》ち切ってしまうので、生《しょう》死一大事《じいちだいじ》の血脈《けつみゃく》はないのです。

総《そう》じて、日蓮《にちれん》の弟子たちが、自分と他人、彼と此《これ》という分け隔《へだ》ての心をもたず、水と魚のように切っても切れない親密《しんみつ》な思いを抱《いだ》き、異体同心《いたいどうしん》で南無妙法蓮華経と唱えることを生死一大事《しょうじいちだいじ》の血脈《けつみゃく》というのです。

しかも今、日蓮《にちれん》が弘通《ぐつう》しようとする根本はこれなのです。もし、この通りになるならば、広宣流布《こうせんるふ》の大願《だいがん》も成就《じょうじゅ》するでしょう。

それどころか、日蓮《にちれん》の弟子の中に異体異心《いたいいしん》の者があれば、それは例《たと》えば、城の中にいる者が内部から城を破《やぶ》るようなものです。

日本国のあらゆる人々に法華経《ほけきょう》を信じさせ、仏《ほとけ》に成《な》る血脈《けつみゃく》を継《つ》がせようとしているのに、人々は、かえって日蓮《にちれん》をさまざまな難《なん》に遭《あ》わせ、揚《あ》げ句《く》の果てに、この島（＝佐渡《さど》）まで流罪《るざい》にしました。

それにもかかわらず、あなた（＝最蓮房《さいれんぼう》）は日蓮《にちれん》の弟子となって付き従《したが》い、またそれゆえに難《なん》に遭《あ》っています。その心中が思いやられて、心を痛《いた》めています。

金は大火《たいか》にも焼《や》けず、大水《たいすい》にも流されず、朽《く》ちることもありません。鉄は水にも火にも、ともに耐《た》えることができません。賢人《けんじん》は金のようであり、愚人《ぐにん》は鉄のようなものです。あなたがどうして真金《しんきん》でないことがあるでしょうか。法華経《ほけきょう》という金を持《たも》っているのですから。

経文《きょうもん》に「多くの山の中で、須弥山《しゅみせん》が第一であるように、この法華経もまた、全《すべ》ての経《きょう》の中で第一である」（薬王菩薩本事品第23《やくおうぼさつほんじほん》）とあり、また「火も焼《や》くことができず、水も漂《ただよ》わすことができない」（同）と説《と》かれています。

あなたは過去世からの宿縁《しゅくえん》が追いかけてきて今に現《あらわ》れ、このたび日蓮《にちれん》の弟子となったのでしょうか。釈迦《しゃか》・多宝《たほう》の二仏《にぶつ》こそ、ご存《ぞん》じでしょう。「いたるところの諸仏《しょぶつ》の国土に、常《つね》に師とともに生まれる（在在諸仏土《ざいざいしょぶつど》　常与師倶生《じょうよしくしょう》）」（化城喩品第7《けじょうゆほん》）との経文《きょうもん》は、決してうそではないでしょう。

とりわけ、生死一大事《しょうじいちだいじ》の血脈相承《けつみゃくそうじょう》についての質問は、いまだかつてありません。誠《まこと》に貴《とうと》いことです。

この手紙に詳《くわ》しく記《しる》しました。よくよく心得《こころえ》ていきなさい。ただ、南無妙法蓮華経こそが、釈迦《しゃか》・多宝《たほう》の二仏《にぶつ》から上行菩薩《じょうぎょうぼさつ》に託《たく》した法であると理解して修行していきなさい。

火は物を焼《や》き、また照らすことをもってその働《はたら》きとし、水は垢《あか》やけがれを清《きよ》めることをもってその働きとし、風は塵《ちり》や埃《ほこり》を払うことをもってその働きとし、また人や動物や植物に魂《たましい》を吹き込むことをもってその働きとし、大地は草木を育《はぐく》むことをもってその働きとし、天は雨を降《ふ》らし万物《ばんぶつ》を潤《うるお》すことをもってその働きとします。妙法蓮華経の五字もまた同じです。＊本化地涌《ほんげじゆ》の菩薩《ぼさつ》が人々に与える利益《りやく》とは、このことです。

上行菩薩《じょうぎょうぼさつ》が末法《まっぽう》の今の時に、この法門《ほうもん》を弘《ひろ》めるためにご出現《しゅつげん》されると経文《きょうもん》にありますが、どうでしょうか。上行菩薩は出現しているのでしょうか。出現していないのでしょうか。

日蓮《にちれん》はまず、その上行菩薩《じょうぎょうぼさつ》が弘《ひろ》めるべき妙法をほぼ弘めています。

よくよく心して、強盛《ごうじょう》に信心を奮《ふる》い起こして南無妙法蓮華経と唱え、*臨終正念《りんじゅうしょうねん》を確信《かくしん》して祈念《きねん》しなさい。

生死一大事《しょうじいちだいじ》の血脈《けつみゃく》を、これよりほかに決して求めてはなりません。*煩悩即菩提《ぼんのうそくぼだい》・生死即《しょうじそく》涅槃《ねはん》とは、このことです。

信心の血脈《けつみゃく》がなければ、たとえ法華経《ほけきょう》を持《たも》っても無意味なのです。

詳《くわ》しいことは、また、お伝えしましょう。謹《つつし》んで申し上げます。

僧《そう》　日蓮《にちれん》（花押《かおう》）

文永《ぶんえい》九年（＝1272年）二月十一日

最蓮房上人《さいれんぼうしょうにん》御返事《ごへんじ》

【語句の解説】

生死《しょうじ》一大事《いちだいじ》血脈《けつみゃく》　生死の苦悩《くのう》を乗り越え、成仏《じょうぶつ》を実現させる妙法が、師から弟子に伝えられていくこと。

釈迦《しゃか》・多宝《たほう》　御書本文は「釈迦多宝」。法華経《ほけきょう》の虚空会《こくうえ》の儀式《ぎしき》において、宝塔《ほうとう》の中に並んで座《すわ》った二仏《にぶつ》。多宝とは、東方《とうほう》の宝浄《ほうじょう》世界の仏《ほとけ》である多宝如来《にょらい》のことで、法華経見宝塔品《けんほうとうほん》第11で出現《しゅつげん》し、法華経が真実であることを証明した。その後、釈尊《しゃくそん》も宝塔に入って、多宝と並んで座り、法華経《ほけきょう》の説法《せっぽう》を行った。

上行菩薩《じょうぎょうぼさつ》　※本書166ページ参照

当体蓮華《とうたいれんげ》　一切衆生《いっさいしゅじょう》の当体が妙法蓮華であり、十界互具《じっかいごぐ》の生命であること。

天台《てんだい》　※本書20ページ参照

依報《えほう》と正報《しょうほう》　※本書19ページ参照

伝教大師《でんぎょうだいし》　※本書38ページ参照

陰陽《いんよう》　陰と陽のこと。中国の易学《えきがく》で、天地《てんち》の間にあって互《たが》いに反する性質を持った2種の気をいう。この陰・陽の相互作用《そうごさよう》によって天地間の万物《ばんぶつ》が変化するとした。

五星《ごせい》　辰星《しんせい》（水星）、太白星《たいはくせい》（金星）、熒惑星《けいわくせい》（火星）、歳星《さいせい》（木星）、鎮星《ちんせい》（土星）の五つの惑星。

「万物《ばんぶつ》の生起《しょうき》とは、その本性である法性《ほっしょう》の生起である。また万物の消滅《しょうめつ》は法性の消滅である」　御書本文は「起《き》は是《こ》れ法性の起・滅《めつ》は是れ法性の滅」。『摩訶止観《まかしかん》』第5巻上の文《もん》。「起」とは事物《じぶつ》・事象《じしょう》の起こり、始まりのこと。「滅」とは滅《ほろ》びる、消える、死ぬなどの意。「法性」とは、事物・事象が本然的《ほんねんてき》に具《そな》えている真実普遍《ふへん》の性分、仏《ほとけ》の覚《さと》りの本質。

臨終《りんじゅう》は只今《ただいま》にあり　臨終が今、この瞬間《しゅんかん》にあること。たとえ臨終が今、この瞬間にあっても悔《く》いのない心構えをもち、行動していく姿勢をいう。

阿鼻地獄《あびじごく》　※本書40ページ参照

十王《じゅうおう》　閻魔王《えんまおう》など、冥界《めいかい》にいて死者を裁《さば》くとされる10の王。

倶生神《くしょうじん》　※本書257ページ「同生天　同名天」参照

本化地涌《ほんげじゆ》　法華経従地涌出品《ほけきょうじゅうじゆじゅっぽん》第15において、釈《しゃく》尊《そん》が滅後悪世《めつごあくせ》の弘通《ぐつう》を託《たく》すために久遠《くおん》から教《きょう》化《け》してきた弟子を呼び出すが、それに応じて大地を割《わ》って涌出《ゆじゅつ》した無数の菩薩《ぼさつ》、すなわち地涌の菩薩のこと。「本化」とは久遠実成《じつじょう》の釈尊（本仏《ほんぶつ》）によって教化《きょうけ》された、との意。

臨終正念《りんじゅうしょうねん》　臨終に当たり、正しい念慮《ねんりょ》（思い・考え）をもつこと。仏道《ぶつどう》を歩み続け成仏《じょうぶつ》を確《かく》信《しん》し、大満足の心で臨終を迎《むか》えること。

煩悩即菩提《ぼんのうそくぼだい》・生死即涅槃《しょうじそくねはん》　煩悩即菩提は、煩悩に覆《おお》われている凡夫《ぼんぷ》であっても、妙法を信じ実践《じっせん》することで、その生命に仏《ほとけ》の覚《さと》りの智慧《ちえ》（菩提《ぼだい》）が発揮《はっき》できること。生死即涅槃は生死の苦しみを味わっているその身に涅槃の覚りが開《ひら》かれること。ともに、即身成仏《そくしんじょうぶつ》を別の角度から示したもの。

諸法実相抄《しょほうじっそうしょう》

(御書一三五八㌻～一三六一㌻)

本抄について

本抄《ほんしょう》は、日蓮大聖人《にちれんだいしょうにん》が文永《ぶんえい》10年(1273年)5月、流罪地《るざいち》の佐渡《さど》・一谷《いちのさわ》(佐渡市市野沢《いちのさわ》)で著《あらわ》され、最蓮房《さいれんぼう》に与えられたとされています。

最蓮房《さいれんぼう》は、大聖人《だいしょうにん》と同時期に佐渡《さど》に流罪《るざい》されていた天台宗《てんだいしゅう》の学僧《がくそう》で、大聖人に出会って弟子《でし》となったと伝えられています。

本抄《ほんしょう》で大聖人《だいしょうにん》は、法華経方便品《ほけきょうほうべんぼん》第2に説《と》かれた仏《ほとけ》の智慧《ちえ》である「諸法実相《しょほうじっそう》」の法理《ほうり》に照らし、一切衆生《しゅじょう》の生命が、本来、実相である妙法蓮華経の当《とう》体《たい》であることを明《あ》かされています。

また、大聖人《だいしょうにん》と同じ心で広布に進む人もまた地涌《じゆ》の菩薩《ぼさつ》であり、この地涌の実践によって末法広宣流布《まっぽうこうせんるふ》は疑《うたが》いないことを確認されます。

日蓮《にちれん》これを記《しる》す

問《と》う。法華経《ほけきょう》の第一巻の方便品《ほうべんぼん》第二に「*諸法実相《しょほうじっそう》（中略）、*本末究竟等《ほんまつくきょうとう》」と説《と》かれています。この経文《きょうもん》の意味はどうでしょうか。

答える。下は地獄界《じごくかい》から上は仏界《ぶっかい》までの十界《じっかい》の*依報《えほう》・正報《しょうほう》の当体《とうたい》が、全《すべ》て一法も残さず妙法蓮華経の姿《すがた》であるという経文《きょうもん》です。

依報《えほう》があるならば必ず、それに応じた正報《しょうほう》が住《じゅう》しているはずです。*妙楽《みょうらく》の解釈《かいしゃく》には「依報も正報も常《つね》に妙法蓮華経の法理《ほうり》を現《あらわ》している」（『法華文句記《ほっけもんぐき》』）とあります。

また「実相（＝妙法）は、必ず諸法（＝あらゆる現象）となって現《あらわ》れる。その諸法は必ず十《じゅう》如是《にょぜ》を具《そな》えている。（中略）十如是は必ず十界《じっかい》に現れる。十界は必ず、衆生《しゅじょう》の身と環境に現れる」（『金剛錍論《こんごうべいろん》』）と述《の》べています。

また「*阿鼻地獄《あびじごく》の依報《えほう》と正報《しょうほう》は一切が尊極《そんごく》の仏《ほとけ》の生命に具《そな》わり、毘盧遮那仏《びるしゃなぶつ》の身とその国土は、いずれも凡夫《ぼんぷ》の一念《いちねん》の外にあるものではない」（同）と説《と》いています。

これらの解釈《かいしゃく》に説《と》かれた法理《ほうり》は明らかです。誰が疑《うたが》いを抱《いだ》くでしょうか。すなわち、法《ほう》界《かい》（＝全《すべ》ての存在・現象）の姿《すがた》は妙法蓮華経の五字にほかならないのです。

*釈迦《しゃか》・多宝《たほう》の二仏《にぶつ》でさえも、妙法蓮華経の五字の働《はたら》きとしての利益《りやく》が施《ほどこ》される時に、具体的な姿《すがた》で釈迦・多宝の二仏として顕《あらわ》れたものなのです。その二仏が（虚空会《こくうえ》の儀式《ぎしき》を行《おこな》い）宝塔《ほうとう》の中でうなずき合われたのです。

このような法門《ほうもん》は、日蓮《にちれん》を除《のぞ》いて申し出す人は一人もいません。*天台《てんだい》、妙楽《みょうらく》、*伝教《でんぎょう》らは心の中では知っていたけれども、言葉に出すことまではありませんでした。ただ、胸の中にしまっていたのです。

それも道理です。*付嘱《ふぞく》がなかったためであり、末法《まっぽう》という時がいまだ来ていなかったためであり、釈尊《しゃくそん》の久遠《くおん》の弟子ではないためなのです。

地涌《じゆ》の菩薩《ぼさつ》の中の指導者《しどうしゃ》である上行《じょうぎょう》菩薩・無《む》辺行《へんぎょう》菩薩などの菩薩よりほかには、末法《まっぽう》の初めの五百年に出現《しゅつげん》して、法体《ほったい》（＝法そのもの）である妙法蓮華経の五字を弘《ひろ》めるだけでなく、宝塔《ほうとう》の中の二仏並座《にぶつびょうざ》の儀式《ぎしき》を作り顕《あらわ》すことができる人はいないのです。

これはすなわち、法華経本門如来寿量品《ほけきょうほんもんにょらいじゅりょうほん》第十六に説《と》かれた*事《じ》の一念《いちねん》三千の法門《ほうもん》であるためです。

従《したが》って、釈迦《しゃか》・多宝《たほう》の二仏《にぶつ》といっても*妙法蓮華経の働《はたら》きとして現《あらわ》れた仏《ほとけ》であり、妙法蓮華経こそ本仏《ほんぶつ》であられるのです。

経文《きょうもん》に、「如来秘密神通之力《*にょらいひみつじんずうしりき》」（如来寿量品第16《にょらいじゅりょうほん》）と説《と》かれているのはこのことです。「如来秘密」は「体の三身《*たいさんじん》」であって本仏《ほんぶつ》です。「神通之力」は「用の三身《*ゆう》」であって迹仏《*しゃくぶつ》です。凡夫《ぼんぷ》は「体の三身」であって本仏です。仏《ほとけ》は「用の三身」であって迹仏です。

従《したが》って、釈尊《しゃくそん》が私たち衆生《しゅじょう》のために主師親《しゅししん》の三徳《さんとく》を備《そな》えられていると思っていたけれども、そうではなく、かえって仏《ほとけ》に三徳を備えさせているのは凡夫《ぼんぷ》なのです。

その理由は、如来《にょらい》について天台《てんだい》は「如来とは全宇宙、また過去世・現在世・未来世の三《さん》世《ぜ》のあらゆる仏《ほとけ》、真仏《しんぶつ》・応仏《おうぶつ》の二仏《にぶつ》、法身《ほっしん》・報身《ほうしん》・応身《おうじん》の三仏、本仏《ほんぶつ》、迹仏《しゃくぶつ》の一切《いっさい》の仏を通じて如来と名付けるのである」（『法華文句《ほっけもんぐ》』）と解釈《かいしゃく》しているからです。この解釈で「本仏」といっているのは凡夫《ぼんぷ》であり、「迹仏」といっているのは仏です。

しかしながら、迷《まよ》いと悟《さと》りの相違《そうい》によって衆生《しゅじょう》と仏《ほとけ》との違《ちが》いがあるため、衆生は自《みずか》らが仏としての生命の本体も働《はたら》きもともに具《そな》えた三身《さんじん》であるということを知らないのです。そうであるからこそ、「諸法《しょほう》」という言葉で十界《じっかい》を示し、これが「実相《じっそう》」にほかならないと説《と》かれたのです。

「実相《じっそう》」というのは、妙法蓮華経の異名《いみょう》です。ゆえに、「諸法《しょほう》」（＝十界《じっかい》の依正《えしょう》、すなわちあらゆる現象）は妙法蓮華経であるということなのです。

地獄《じごく》は地獄の姿《すがた》を見せているのが実《じつ》の相《そう》です。餓鬼《がき》と変われば地獄の実の姿ではありません。仏《ほとけ》は仏の姿のまま、凡夫《ぼんぷ》は凡夫の姿のまま、万法《ばんぽう》の当体《とうたい》の姿が妙法蓮華経の当体であるということを「諸法実相《しょほうじっそう》」というのです。

このことについて天台《てんだい》は「実相《じっそう》の深理《じんり》は本有常住《ほんぬじょうじゅう》の妙法蓮華経である」と述《の》べています。この解釈《かいしゃく》の意味は、「実相」という言葉は迹門《しゃくもん》の立場から表現したものであり、「本有の妙法蓮華経」というのは本門《ほんもん》の立場から示された法門《ほうもん》なのです。この解釈の意味をよくよくお考えください。

日蓮《にちれん》は末法《まっぽう》に生まれて、上行菩薩《じょうぎょうぼさつ》が弘《ひろ》められるところの妙法蓮華経を先立《さきだ》ってほぼ弘めています。そして、上行菩薩が作り顕《あらわ》されるところの本門如来寿量品《ほんもんにょらいじゅりょうほん》第十六の計《はか》り知れないほど古くからの永遠ともいうべき仏《ほとけ》である釈迦仏《しゃかぶつ》、迹門《しゃくもん》の見宝塔品《けんほうとうほん》第十一で涌出《ゆじゅつ》された多宝仏《たほうぶつ》、従地涌出品《じゅうじゆじゅっぽん》第十五の時に出現《しゅつげん》された地涌《じゆ》の菩薩などを日蓮がまず作り顕《あらわ》すことは、私には身に余《あま》ることです。

迫害者《はくがい》たちがいくら日蓮《にちれん》を憎《にく》んでも、この内心の覚《さと》りの境涯《きょうがい》にはどうして及《およ》ぶことができるでしょうか。

それゆえに、このような日蓮《にちれん》をこの佐渡《さど》の島まで流罪《るざい》にした罪《つみ》は、無量劫《むりょうこう》という、計《はか》り知れないほどの長い時を経《へ》ても消えるとは思われません。譬喩品《ひゆほん》第三に説《と》かれた「もし、法華経誹謗《ひぼう》の罪を説くならば、どれだけ長い間、説いても説き尽くすことはできない」とはこのことです。

また、日蓮《にちれん》を供養《くよう》し、また日蓮の弟子となられたその功徳《くどく》は、仏《ほとけ》の智慧《ちえ》によっても量《はか》り尽くすことはできません。経文《きょうもん》に「仏の智慧をもって量《はか》っても、その功徳の大きさを量り尽くすことはできない」（薬王菩薩本事品《やくおうぼさつほんじほん》第23）と説《と》かれている通りです。

地涌《じゆ》の菩薩《ぼさつ》の先駆《さきが》けは日蓮《にちれん》一人です。地涌の菩薩の数にも入っているかもしれません。もし日蓮が、地涌の菩薩の数に入っているならば、どうして、日蓮の弟子は地涌の菩薩の一員でないことがあるでしょうか。経文《きょうもん》に「たとえひそかに一人のためにでも、法華経をその一句だけでも説《と》くならば、まさにこの人は仏《ほとけ》の使いであり、仏から遣《つか》わされて仏の行動をすると知るべきである」（法師品《ほっしほん》第10）とある文《もん》は、誰かほかの人のことを説《と》いたものではありません。

人があまりに自分を褒《ほ》める時には、どのような振《ふ》る舞《ま》いでもしていこうとする心が出てくるものです。これは褒める言葉から起きてくるものです。

すなわち、末法《まっぽう》に生まれて法華経《ほけきょう》を弘《ひろ》める行者《ぎょうじゃ》には三類《さんるい》の強敵《ごうてき》が起きて、流罪《るざい》、死罪《しざい》にまで及《およ》ぶでしょう。けれども、この難《なん》を耐《た》えて法華経を弘める者を、釈迦仏《しゃかぶつ》は衣《ころも》をもって覆《おお》ってくださり、諸天《しょてん》は供養《くよう》し、あるいは肩に担《かつ》ぎ、背負《せお》って護《まも》るでしょう。その行者は*大善根《だいぜんこん》の者であり、一切衆生《いっさいしゅじょう》のためには偉大な指導者《しどうしゃ》です。このように、釈迦仏、多宝《たほう》仏《ぶつ》、十方《じっぽう》の諸仏《しょぶつ》・菩薩《ぼさつ》、*天神《てんじん》七代・地神《ちじん》五代の神々、鬼子母神《きしもじん》、十羅刹女《じゅうらせつにょ》、四大天王《しだいてんのう》、梵《ぼん》天《てん》、帝釈《たいしゃく》、閻魔法王《えんまほうおう》、水神《すいじん》、風神《ふうじん》、山神《さんじん》、海神《かいじん》、大日如来《だいにちにょらい》、普賢《ふげん》菩薩、文殊師利《もんじゅしり》菩薩、日《にっ》天《てん》、月天《がってん》などの諸尊《しょそん》たちに褒《ほ》められるので、日蓮《にちれん》は、計《はか》り知れないほどの大難《だいなん》をも耐え忍《しの》んでいるのです。

褒《ほ》められればわが身を犠牲《ぎせい》にすることも顧《かえり》みず、また非難《ひなん》されたときには、わが身の破《は》滅《めつ》することも気付かずに振《ふ》る舞《ま》うのが凡夫《ぼんぷ》の常《つね》です。

なんとしても、この人生で、信心に励《はげ》み、法華経《ほけきょう》の行者《ぎょうじゃ》として生き抜き、日蓮《にちれん》の一門《いちもん》となり通していきなさい。日蓮と同じ心であるならば、地涌《じゆ》の菩薩《ぼさつ》でしょう。地涌《じゆ》の菩薩《ぼさつ》であると定《さだ》まったならば、釈尊《しゃくそん》の久遠《くおん》の弟子であることは疑《うたが》う余地《よち》がありません。経文《きょうもん》に「私（＝釈尊）は遠い昔から、これらの者たち（＝地涌の菩薩）を教化《きょうけ》してきた」（従地涌出品第15《じゅうじゆじゅっぽん》）と説《と》かれているのはこのことです。

末法《まっぽう》において妙法蓮華経の五字を弘《ひろ》める者は、男女の分け隔《へだ》てなどありません。皆、地《じ》涌《ゆ》の菩薩《ぼさつ》の出現《しゅつげん》でなければ、唱えることのできない題目なのです。

初めは日蓮《にちれん》一人が南無妙法蓮華経と唱えましたが、二人、三人、百人と次第《しだい》に唱え伝えてきたのです。未来もまた同じでしょう。これこそ「地涌《じゆ》の義《ぎ》」ではないでしょうか。それればかりか、広宣流布《こうせんるふ》の時には、日本中が一同《いちどう》に南無妙法蓮華経と唱えることは大地を的《まと》とするように確かなことです。

ともかくも法華経《ほけきょう》に名を立て身を任《まか》せていきなさい。釈迦仏《しゃかぶつ》、多宝仏《たほうぶつ》、十方《じっぽう》の諸仏《しょぶつ》・菩《ぼ》薩《さつ》が集まり、虚空会《こくうえ》にあって、釈迦・多宝の二仏《にぶつ》がうなずき合い、定《さだ》められたのは別のことではありません。ただひとえに末法《まっぽう》の*令法久住《りょうぼうくじゅう》のためでした。

すでに多宝仏《たほうぶつ》が半座《はんざ》を空《あ》けて釈迦仏《しゃかぶつ》に譲《ゆず》られたとき、妙法蓮華経の旗《はた》を掲《かか》げて、釈迦・多宝の二仏《にぶつ》が大将として定《さだ》められたことが、どうして偽《いつわ》りになることがあるでしょうか。一切《いっさい》は私たち衆生《しゅじょう》を仏《ほとけ》にしようと話し合われたことなのです。

日蓮《にちれん》はその座《ざ》（＝虚空会《こくうえ》の座）には居合《いあ》わせませんでしたが、経文《きょうもん》を見ると少しの曇《くも》りもなく明らかです。またその座にいたのかもしれません。

凡夫《ぼんぷ》であるから、過去のことは分かりません。しかし現在は明らかに法華経《ほけきょう》の行者《ぎょうじゃ》です。また未来は必ず「*当詣道場《とうけいどうじょう》（＝道場〈覚《さと》りの場所〉に至《いた》ること）」（普賢菩薩勧発品《ふげんぼさつかんぼっぽん》第28）でしょう。過去のことも、このことをもって推察《すいさつ》するならば、虚空会《こくうえ》にも居合《いあ》わせたのでしょう。過去世・現在世・未来世の三世《さんぜ》の生命は、それぞれ別のものであるわけはないからです。


　このように思い続けていると、流人《るにん》の身ではあっても喜びは計《はか》り知れません。うれしいことにも涙《なみだ》を流し、つらいことにも涙を流すものです。涙は善悪《ぜんあく》に通じているものです。

釈尊《しゃくそん》が亡《な》くなられた後、釈尊の弟子の千人の*阿羅漢《あらかん》は、釈尊のことを思い出して涙《なみだ》を流し、涙を流しながら文殊師利菩薩《もんじゅしりぼさつ》が「妙法蓮華経」と唱えると、千人の阿羅漢の中の*阿難《あなん》尊者《そんじゃ》は、泣きながら「是《か》くの如《ごと》きを我《われ》聞きき（＝*如是我聞《にょぜがもん》）」と答えたのです。

そのほかおよそ九百九十人は、泣く涙《なみだ》を硯《すずり》の水として、また如是我聞《にょぜがもん》の上に「妙法蓮華経」と書きつけました。

今、日蓮《にちれん》も同じです。このような流人《るにん》の身となったことも妙法蓮華経の五字七字を弘《ひろ》めたからであり、それは釈迦仏《しゃかぶつ》・多宝仏《たほうぶつ》が、未来の日本国の全《すべ》ての人々のためにとどめ置かれたところの妙法蓮華経であると、このように日蓮も聞いたからです。

現在の大難《だいなん》を思い続けるにも涙《なみだ》があふれ、未来の成仏《じょうぶつ》を思って喜ぶにも涙が止まらないのです。鳥と虫は鳴《な》いても涙を落とすことはありません。日蓮《にちれん》は泣かないけれども涙が止めどなく流れます。

この涙《なみだ》は世間《せけん》のことによる涙ではありません。ただひとえに法華経《ほけきょう》のための涙です。もしそうであれば*甘露《かんろ》の涙ともいえるでしょう。

涅槃経《ねはんぎょう》には「父母《ふぼ》、兄弟、妻子《さいし》、仲間と別れて流す涙《なみだ》は須弥山《しゅみせん》を巡《めぐ》る四方《しほう》の大海の水よりも多いが、仏法のためには一滴《てき》もこぼさない」と説《と》かれています。法華経《ほけきょう》の行者《ぎょうじゃ》となることは過去の宿習《しゅくじゅう》＊です。同じ草木であっても仏像《ぶつぞう》として作られることは宿縁《しゅくえん》です。仏《ほとけ》であっても（法華経の仏ではなく）権教《ごんきょう》の仏となるのはまた宿業《しゅくごう》なのです。

この手紙には日蓮《にちれん》の大事な法門《ほうもん》を書いてあります。よくよく読んで理解し、肝《きも》に銘《めい》じていきなさい。

全世界で第一の最も勝《すぐ》れている御本尊を信じていきなさい。よくよく心して、信心を強くして釈迦仏《しゃかぶつ》・多宝仏《たほうぶつ》・十方《じっぽう》の諸仏《しょぶつ》の守護《しゅご》を受けていきなさい。「行学《ぎょうがく》の二道《にどう》」を励《はげ》んでいきなさい。行学が絶《た》えてしまえば仏法はないのです。自分も実践し、人をも教え導《みちび》いていきなさい。行学《ぎょうがく》は信心から起こるのです。力《ちから》があるなら、一文一句《いちもんいっく》でも人に語っていきなさい。南無妙法蓮華経、南無妙法蓮華経。謹《つつし》んで申し上げます。

五月十七日　　　日蓮《にちれん》（花押《かおう》）

追伸《ついしん》を申し上げます。あなた（＝最蓮房《さいれんぼう》）には日蓮《にちれん》が釈尊《しゃくそん》から受け継《つ》いだ法門《ほうもん》を、前々から書き送っています。特に、この手紙には大事な法門を記《しる》しておきました。

日蓮《にちれん》とあなたとは不思議《ふしぎ》な約束があるのでしょうか。あなたは*六万恒沙《ごうしゃ》の上首《じょうしゅ》である上行菩薩《じょうぎょうぼさつ》などの四菩薩（＝上行・無辺行《むへんぎょう》・浄行《じょうぎょう》・安立行《あんりゅうぎょう》）の化身《けしん》でしょうか。きっと理由があるのでしょう。全《すべ》て日蓮の身に当てはまる法門《ほうもん》を差し上げたのです。

日蓮《にちれん》はあるいは六万恒沙《ごうしゃ》の地涌《じゆ》の菩薩《ぼさつ》の仲間なのでしょう。南無妙法蓮華経と唱えて日本国の男女を導《みちび》こうと思っているからです。経文《きょうもん》には「第一に上行《じょうぎょう》という名で（中略）、（最も上座《かみざ》の）指導者《しどうしゃ》であった」（従地涌出品《じゅうじゆじゅっぽん》第15）と説かれているではありませんか。

あなたは誠《まこと》に深い宿縁《しゅくえん》によって日蓮《にちれん》の弟子となられたのです。この手紙をよくよく心にとどめておきなさい。日蓮が内心において覚《さと》った法門《ほうもん》などを書き記《しる》したのです。

以上をもって筆をおきます。

最蓮房《さいれんぼう》御返事《ごへんじ》

【語句の解説】

諸法実相《しょほうじっそう》　※本書269ページ参照

本末究竟等《ほんまつくきょうとう》　※本書112ページ参照

依報《えほう》・正報《しょうほう》　※本書19ページ参照

妙楽《みょうらく》　※本書20ページ参照

阿鼻地獄《あびじごく》　※本書40ページ参照

釈迦《しゃか》・多宝《たほう》　※本書301ページ参照

天台《てんだい》　※本書20ページ参照

伝教《でんぎょう》　※本書38ページ「伝教大師」参照

付嘱《ふぞく》　教えを弘《ひろ》めるように託《たく》すこと。

事《じ》の一念《いちねん》三千　日蓮《にちれん》仏法における事の一念三千とは、日蓮大聖人《にちれんだいしょうにん》が御自身の振《ふ》る舞《ま》いの上に体現《たいげん》して説《と》き示された、三大秘法《さんだいひほう》の南無妙法蓮華経を指す。

妙法蓮華経の働《はたら》きとして現《あらわ》れた仏《ほとけ》　御書本文は「用《ゆう》の仏」。妙法蓮華経に具《そな》わる働き（用）を衆生利益《しゅじょうりやく》のために自《みずか》らの身《み》に現《あらわ》して示す仏。

如来秘密神通之力《にょらいひみつじんずうしりき》　法華経《ほけきょう》如来寿量品《じゅりょうほん》第16の文《もん》。同品の冒頭《ぼうとう》では、弥勒菩薩《みろくぼさつ》の要請《ようせい》に応じて釈尊《しゃくそん》が「汝等《なんだち》よ。諦《あき》らかに聴《き》け。如来の秘密・神通の力《ちから》を」（法華経477ページ）と述《の》べ、その後、釈尊が久遠《くおん》の昔から仏《ほとけ》であり、方便《ほうべん》として入滅《にゅうめつ》するけれども、実《じつ》はこの娑婆《しゃば》世界に常住《じょうじゅう》しており、妙法を強盛《ごうじょう》に信じる者には現《あらわ》れてくることが説《と》かれる。如来の秘密の法とは、万人《ばんにん》を成仏《じょうぶつ》させる妙法である。

体《たい》の三身《さんじん》　「体」とは本体のこと。三身とは、仏《ほとけ》としての本質的な3種の特性《とくせい》で、①法身《ほっしん》（仏が覚《さと》った真実・真理）②報身《ほうしん》（最高の覚りの智慧《ちえ》をはじめ、仏と成《な》った報《むく》いとして得《え》た種々の優《すぐ》れた特性）③応身《おうじん》（人々を苦悩《くのう》から救《すく》うためにそれぞれに応じて現実に現《あらわ》した姿《すがた》、慈悲《じひ》の側面）の三つをいう。体の三身とは、体すなわち本質・本性において三身が具《そな》わっていること。用《ゆう》の三身に対する語。

用《ゆう》の三身《さんじん》　「用」とは、本体に具《そな》わる働《はたら》き。用の三身とは、実際に現《あらわ》れる働きにおいて三身であること。体の三身に対する語。

迹仏《しゃくぶつ》　法華経如来寿量品《ほけきょうにょらいじゅりょうほん》第16で釈尊《しゃくそん》は久遠実成《くおんじつじょう》という本地《ほんじ》を明《あ》かしたが、この久遠の本仏《ほんぶつ》が衆生《しゅじょう》を教化《きょうけ》するために現《あらわ》した一時的なさまざまな仏《ほとけ》のこと。始成正覚《しじょうしょうがく》の釈尊もその一人。迹《しゃく》は影・跡、本体から派生《はせい》したものの意。

大善根《だいぜんこん》　※本書21ページ「善根」参照

天神《てんじん》七代・地神《ちじん》五代　「天神七代」とは、日本神話で、天地開闢《かいびゃく》（世界の始まり）の初めに現《あらわ》れたとされる7代の天神。「地神五代」とは、天神七代に続き、神武天皇《じんむてんのう》以前に日本を治《おさ》めたとされる5代の神の時代。

令法久住《りょうぼうくじゅう》　未来永遠にわたって妙法が伝えられていくようにすること。見宝塔品《けんほうとうほん》第11の文《もん》。「法をして久《ひさ》しく住《じゅう》せしめん」（法華経387ページ）と読み下《くだ》す。

当詣道場《とうけいどうじょう》　普賢菩薩勧発品《ふげんぼさつかんぼっぽん》第28の文《もん》。「当《まさ》に道場に詣《いた》りて」（法華経676ページ）と読み下《くだ》す。道場とは、仏《ほとけ》が成道《じょうどう》（覚《さと》りを成就《じょうじゅ》すること）した場所の意から、成仏の境涯《きょうがい》を指す。

千人の阿羅漢《あらかん》　第1回の仏典結集《ぶってんけつじゅう》の時に集まった仏弟子のこと。

阿難尊者《あなんそんじゃ》　※本書59ページ「迦葉・阿難」参照

如是我聞《にょぜがもん》　「このように私は聞いた」との意味。序品《じょほん》第1をはじめ、各経典《かくきょうてん》の冒頭《ぼうとう》にある言葉。「我《われ》（私）」は、一般《いっぱん》には第1回の仏典《ぶってん》結集《けつじゅう》で経を暗誦《あんしょう》したという阿難《あなん》のことを指す。

甘露《かんろ》　サンスクリットのアムリタの訳で、不死の良薬《りょうやく》のこと。

宿習《しゅくじゅう》　宿世《しゅくせ》（過去世）に行《おこな》った思考・言動の影響《えいきょう》が生命に積《つ》み重ねられ、潜在的《せんざいてき》な力《ちから》となっているもの。

六万恒沙《ごうしゃ》　法華経従地涌出品第15《ほけきょうじゅうじゆじゅっぽん》で、娑婆《しゃば》世界の大地から涌出《ゆじゅつ》した地涌《じゆ》の菩薩《ぼさつ》の数、またこの菩薩おのおのが率《ひき》いている眷属《けんぞく》の数をいう。恒沙とはインドのガンジス川（恒河《ごうが》）の砂の粒《つぶ》のことで、無量《むりょう》の数を表《あらわ》す。

異体同心事《いたいどうしんじ》

（御書一四六三㌻〜一四六四㌻）

本抄について

本抄《ほんしょう》は、御執筆《ごしっぴつ》の年月や、送られた人が不明です。また、前半と後半は、内容的に直接関連《かんれん》がないことから、もとは別の書《しょ》であったとも言われています。

本抄《ほんしょう》の前半では、駿河《するが》（静岡県中部）の地の門下《もんか》の様子が描《えが》かれています。

このことから、日蓮大聖人《にちれんだいしょうにん》の門下《もんか》が妙法を弘通《ぐつう》する中で、それに反発する勢力《せいりょく》からの不穏《ふおん》な動きが出てきた、文永《ぶんえい》年間の末《すえ》から建治《けんじ》年間にかけての頃に、駿河《するが》の中心的門下に送られたのではないかと推察《すいさつ》されます。

駿河《するが》の地では、日興上人《にっこうしょうにん》の指揮《しき》のもと、折伏《しゃくぶく》・弘教《ぐきょう》が進み、これに危機感《ききかん》を抱《いだ》いた勢力《せいりょく》から迫害《はくがい》が加えられ、やがて熱原《あつはら》の法難《ほうなん》へと発展していきます。

本抄《ほんしょう》は、門下《もんか》への迫害が強まる状況にあって、大聖人《だいしょうにん》がこの大難《だいなん》を乗《の》り越《こ》えていく要諦《ようてい》として「異体同心《いたいどうしん》」の団結《だんけつ》を強調された御書であると拝《はい》することができます。

白の小袖《こそで》一枚と厚綿《あつわた》の小袖、そして伯耆房《ほうきぼう》（＝*日興上人《にっこうしょうにん》）が身延《みのぶ》に来る機会《きかい》に合わせて託《たく》された銭《ぜに》千枚を、いずれも受け取りました。

伯耆房《ほうきぼう》、佐渡房《さどぼう》（＝日向《にこう》）たちのこと、また*熱原《あつはら》の人々のお志《こころざし》について言えば、「*異体同《いたいどう》心《しん》」であれば全《すべ》てのことを成《な》し遂《と》げ、「*同体異心《どうたいいしん》」であれば何ごともかなうことはありません。このことは、中国の書物三千巻余《あま》りの中に、はっきりと記《しる》されています。

*殷《いん》の紂王《ちゅうおう》は、七十万騎《き》の大軍を擁《よう》していましたが「同体異心《どうたいいしん》」だったので、戦いに負けました。*周《しゅう》の武王《ぶおう》は、八百人に過ぎませんでしたが「異体同心《いたいどうしん》」だったので、勝ったのです。

一人の心であっても二つの異《こと》なる心があれば、その二つの心が相反《あいはん》して定《さだ》まらず、物事《ものごと》は成就《じょうじゅ》しません。また、百人や千人であっても、心が一つであれば、必ず物事を成就することができるのです。

日本国の人々は、大勢《おおぜい》であっても「体同異心《たいどういしん》」なので、何ごとも成就《じょうじゅ》することは難《むずか》しい。日蓮《にちれん》の一門《いちもん》は「異体同心《いたいどうしん》」なので、人数は少ないけれども、大事を成《な》し遂《と》げて、必ず法華経《ほけきょう》は弘《ひろ》まると思っています。

悪は多くても一善《いちぜん》に勝つことはありません。例《たと》えば、どんなに多くの火が集まっても、水というただ一つのものによって消えてしまいます。この日蓮《にちれん》の一門《いちもん》もまた同様なのです。

その上、あなたは長年にわたって法華経《ほけきょう》への信仰をあつくされてきた上、このたびは、誠《まこと》に勝《すぐ》れたお志《こころざし》が見られると、人々も申しております。また、彼ら（＝弟子たち）も申しております。私は一つ一つ承《うけたまわ》って、日天《にってん》にも天照大神《てんしょうだいじん》にもご報告申し上げているのです。

あなたのお手紙に急いでお返事するべきでしたが、確かな機会《きかい》がなかったので、今まで差し上げられませんでした。弁阿闍梨《べんあじゃり》（＝日昭《にっしょう》）が訪《たず》ねてきた時には、あまりに早々《そうそう》に帰ったので、書き上げることができなかったのです。

さて、あなた方《がた》が、この数年の間、一体《いったい》どうなるのか、と気をもんでいる蒙古《もうこ》の襲来《しゅうらい》が、いよいよ近づいているようです。

わが国が滅《ほろ》びることは嘆《なげ》かわしいけれども、このこと（＝他国侵逼難《たこくしんぴつなん》の予言）が偽《いつわ》りになろうものなら、日本国の人々は、ますます法華経《ほけきょう》を誹謗《ひぼう》して、万人がきっと＊無間地獄《むけんじごく》に堕《お》ちてしまいます。

蒙古《もうこ》が勢《いきお》いを増すならば、日本国は滅《ほろ》びるとしても謗法《ほうぼう》は薄《うす》くなるでしょう。例《たと》えば、お灸《きゅう》をして病《やまい》を癒《い》やし、鍼治療《はりちりょう》をして人を治《なお》すようなものです。その時は、つらくて嘆《なげ》いたとしても、後には喜びとなります。

日蓮《にちれん》は、法華経《ほけきょう》の御使《おんつか》いです。日本国の人々は、古代インドの*大族王《だいぞくおう》が、当時、世界中の仏法を滅《ほろ》ぼしてしまったのと同じです。蒙古国《もうここく》は、（かつて仏法破壊《はかい》の王を倒《たお》した）*雪山《せっせん》の下王《げおう》のようなもので、諸天善神《しょてんぜんじん》のお使いとして、法華経の行者《ぎょうじゃ》に敵対《てきたい》する人々を罰《ばっ》しようとしているのでしょうか。また（日本国の人々が）現在、生きているうちに悔《く》い改《あらた》める心を起こすならば、*阿闍世王《あじゃせおう》が（釈尊《しゃくそん》に敵対したことを悔い改めて）釈迦仏《しゃかぶつ》に帰依《きえ》して重病が治《なお》り、四十年、寿命《じゅみょう》を延《の》ばして、*無根《むこん》の信《しん》という位《くらい》にのぼり、生きている間に*無生法忍《むしょうほうにん》という覚《さと》りを得《え》たのと同じようになるのです。謹《つつし》んで申し上げます。

八月六日

日蓮《にちれん》（花押《かおう》）

【語句の解説】

日興上人《にっこうしょうにん》　1246年〜1333年。日蓮大聖人《にちれんだいしょうにん》の後継者。伯耆房《ほうきぼう》、白蓮阿闍梨《びゃくれんあじゃり》と号《ごう》す。正嘉《しょうか》2年（1258年）ごろ、大聖人の弟子となられた。伊豆流罪《いずるざい》・佐渡《さど》流罪にも同行《どうこう》し、長年にわたり大聖人の身近《みぢか》にお仕《つか》えした。駿河《するが》（静岡県中部）の弘教《ぐきょう》を中心となって進めていた。

熱原《あつはら》の人々　駿河国富士下方熱原郷《するがのくにふじしもかたあつはらごう》（静岡県富士市厚原）の門下《もんか》たちのこと。日興上人《にっこうしょうにん》のもと信仰に励《はげ》み、熱原の法難で権力者による迫《はく》害《がい》を受けた。

異体同心《いたいどうしん》　外見の姿形《すがたかたち》は異《こと》なっていても、内面は同じ心であること。「異体」とは、一人ひとりの個性や特質《とくしつ》が違《ちが》うことであり、「同心」とは、同じ目的観、価値観をもっていること。

同体異心《どうたいいしん》　外見の姿形《すがたかたち》が同じであっても、心がバラバラで目的が異《こと》なっていること。

殷《いん》の紂王《ちゅうおう》　紀元前11世紀ごろ、中国古代の殷王《おう》朝《ちょう》最後の王。悪王《あくおう》の名が高く、臣下《しんか》の言《げん》に耳を貸《か》さず、農民を重税《じゅうぜい》で苦しめたとされる。比干《ひかん》は紂王を諫《いさ》めたため、殺された。武王《ぶおう》は、父・文王《ぶんおう》の遺志《いし》を継《つ》ぎ、殷を滅《ほろ》ぼし、天下を統一した。司馬遷《しばせん》の『史記《しき》』には、殷の軍勢《ぐんぜい》は武王と戦う際、兵《へい》70万人がいたが、皆戦う心がなく、心では武王の勝利を望《のぞ》んでいたことが記《しる》されている。

周《しゅう》の武王《ぶおう》　中国古代の周王朝《おうちょう》を創始《そうし》した王。父・文王《ぶんおう》の遺志《いし》を継《つ》ぎ、殷《いん》の紂王《ちゅうおう》を破《やぶ》り天下を統一した。『史記《しき》』には、武王が立ち上がった時、800諸侯《しょこう》が集まったことが記《しる》されている。

無間地獄《むけんじごく》　※本書40ページ「阿鼻地獄」参照

大族王《だいぞくおう》　古代インドの磔迦国《たっかこく》の王で、仏法を破《は》壊《かい》し、残虐《ざんぎゃく》な政治を行《おこな》った。

雪山《せっせん》の下王《げおう》　釈尊滅後《しゃくそんめつご》600年ごろの北インドの国の王。仏法を弾圧《だんあつ》した訖利多王《きりたおう》を打ち破《やぶ》り、仏法を栄《さか》えさせたという。

阿闍世王《あじゃせおう》　※本書138ページ参照

無根《むこん》の信《しん》　無根（信ずる心がないこと）の者が仏力《ぶつりき》・法力《ほうりき》によって信心を生《しょう》ずること。

無生法忍《むしょうほうにん》　御書本文は「無生忍《むしょうにん》」。一切のあらゆる物事《ものごと》（諸法《しょほう》）は固体的な実体《じったい》はなく「空《くう》」であり、生成《せいせい》・消滅《しょうめつ》を超越《ちょうえつ》しているという真理《しんり》を覚《さと》って心が安住《あんじゅう》する位《くらい》。

減劫御書《げんこうごしょ》

（御書一四六五ジペー～一四六七ジペー）

本抄について

本抄《ほんしょう》は、建治《けんじ》2年（1276年）ごろ、日蓮大聖人《にちれんだいしょうにん》が身延《みのぶ》（山梨県南巨摩《こま》郡《ぐん》）で認《したた》められたお手紙で、その内容から駿河国《するがのくに》（静岡県中部）の門下《もんか》・高橋六郎兵衛入道《ろくろうひょうえにゅうどう》の没後《ぼつご》、その縁者《えんじゃ》に送られたものであると考えられています。

題号《だいごう》の「減劫《げんこう》」とは、人々の心の内の貪瞋癡《とんじんち》（貪《むさぼ》り・瞋《いか》り・癡《おろ》か）の三毒《さんどく》が盛《さか》んになるにしたがって、人間の生命力が衰《おとろ》えていく時代のことです。

本抄御執筆《ほんしょうごしっぴつ》当時、再《ふたた》びの蒙古襲来《もうこしゅうらい》に対する不安と恐怖《きょうふ》が国中に広がり、幕《ばく》府《ふ》は仏教の各宗派《しゅうは》に調伏《じょうぶく》の祈禱《きとう》を命じました。大聖人は本抄で、誤《あやま》った教えを用《もち》いることこそ、民衆の不幸の根本原因であると明かされ、さらに大悪《だいあく》は大善《だいぜん》の起こる前兆《ぜんちょう》であり、南無妙法蓮華経の大法が広宣流布《こうせんるふ》することは疑《うたが》いないとの確信《かくしん》を述《の》べられています。

「＊減劫《げんこう》」というのは（その原因は）人の心の中にあります。貪《むさぼ》り・瞋《いか》り・癡《おろ》かの三毒《さんどく》が次第《しだい》に強まり盛《さか》んになるにつれて、次第に人の寿命《じゅみょう》も縮《ちぢ》まり、身長も小さくなっていくのです。

中国・日本国は、仏法が伝わる以前には＊三皇《さんこう》・五帝《ごてい》・三聖《さんしょう》らの外典《げてん》（＝仏教以外の聖典《せいてん》）によって、民衆の心を整《ととの》えて世を治《おさ》めました。しかし次第《しだい》に人の心が、善《よ》いことには拙《つたな》く、悪いことには長《た》けてしまったので、外典の智慧《ちえ》は浅いために、悪に深く染《そ》まった過《あやま》ちを戒《いまし》めることができなくなりました。

外典《げてん》では世を治《おさ》めることができなくなったので、少しずつ仏《ほとけ》の教えを伝えて世を治めたところ、世の中は穏《おだ》やかになりました。これはひとえに、仏法の優《すぐ》れた智慧《ちえ》によって民衆の心を詳《くわ》しく解《と》き明かしたからなのです。

現在の外典《げてん》というものは、もともとの外典の教えではありません。仏法が伝わった時は、外典と仏教の経典《きょうてん》とが争《あらそ》いましたが、次第《しだい》に外典が負けて国王と民衆が用《もち》いなくなったので、外典を信じていた人も仏教の経典の教えに従《したが》うようになって、争うことはなくなりました。そうした中で、外典の人々が仏教の経典の教えを抜き取って智慧《ちえ》を増し、外典の中に取り入れたのです。（それを知らずに）愚《おろ》かな国王は、外典が優《すぐ》れていると思ったのです。

また、人々の心は、次第《しだい》に善《ぜん》の智慧《ちえ》は弱くなり、悪の智慧が長《た》けてしまったので、仏教の経典《きょうてん》の中でも*小乗経《しょうじょうきょう》の智慧で世を治《おさ》めようとしても、世の中が治まらなくなりました。その時、*大乗経《だいじょうきょう》を弘《ひろ》めて世を治《おさ》めたところ、少し世の中が治まったのです。その後、一般の大乗経の智慧《ちえ》も及《およ》ばなくなったので、一乗《いちじょう》である法華経《ほけきょう》の智慧を取り出して世を治めたところ、しばらくの間、少し世の中は治まりました。

今の世は、外典《げてん》も、小乗経《しょうじょうきょう》も、大乗経《だいじょうきょう》も、一乗《いちじょう》である法華経《ほけきょう》も、力《ちから》が及《およ》ばない世となってしまいました。

どうしてかといえば、衆生《しゅじょう》の貪《むさぼ》り・瞋《いか》り・癡《おろ》かの心の甚《はなは》だしさは、釈尊《しゃくそん》の大善《だいぜん》の智慧《ちえ》の賢《かしこ》さに匹敵《ひってき》するほど激《はげ》しいからです。例《たと》えば犬は、鼻の優《すぐ》れていることでは人間を超《こ》えています。犬の鼻が鳥や獣《けもの》の匂《にお》いを嗅《か》ぎ分けることは、偉大な聖人《しょうにん》の鼻の通力《つうりき》にも劣《おと》りません。ふくろうの耳が優れていること、とびの眼が優れていること、すずめの舌《した》が軽《かろ》やかにさえずること、竜《りゅう》の身が壮麗《そうれい》であることなどは、賢人《けんじん》よりも優れているのです。

そのように末法《まっぽう》という濁世《じょくせ》では、人々の心の貪欲《とんよく》・瞋恚《しんに》・愚癡《ぐち》が非常《ひじょう》に強く、どのような賢人《けんじん》、聖人《しょうにん》であっても治《おさ》めることが難《むずか》しいのです。その理由は、釈尊《しゃくそん》は、貪欲に対しては*不浄観《ふじょうかん》の薬《くすり》をもって治《じ》し、瞋恚には*慈悲《じひ》観をもって治し、愚癡には*十二因縁《いんねん》観をもって治しましたが、今は、これらの法門《ほうもん》を説《と》くことによって、かえって人々を悪くし、貪欲・瞋恚・愚癡が増《ま》していくからです。例《たと》えば火は水をかけて消すように、悪は善《ぜん》をもって打ち破《やぶ》ります。しかし、反対に、もし水から発生した火だとしたら、水をかけると、油をかけたように、ますます大火《たいか》となってしまいます。

今、末法《まっぽう》の悪世《あくせ》においては、世間《せけん》の悪よりも、*仏教の法門《ほうもん》によって大悪《だいあく》が生《しょう》じています。これを知らないで今の人々は、善根《ぜんこん》（＝福徳《ふくとく》を積《つ》む善《よ》い行《おこな》い）になると思って、そうした仏教を信じ支えているので、ますます世が滅《ほろ》びるようなことが起きているのです。すなわち、今の世の天台宗《てんだいしゅう》・真言宗《しんごんしゅう》などの諸宗《しょしゅう》の僧《そう》に供養《くよう》することは、外見《がいけん》は善根を積むように見えて、内実は*十悪業《じゅうあくごう》・*五逆罪《ごぎゃくざい》にも超《こ》えた大悪の行為《こうい》なのです。

そうであるから、今の世の中が治《おさ》まるには、釈尊《しゃくそん》と同じような智慧《ちえ》のある人が世に現《あらわ》れ、*仙予国王《せんよこくおう》のような賢王《けんおう》と協力《きょうりょく》して、ひたすら、皆が善根《ぜんこん》になると思いこんでいる行為《こうい》をやめさせ、人々が大悪《だいあく》だと思っている厳しい破折《はしゃく》によって、各宗《かくしゅう》で智人《ちじん》と思われている者を、あるいはその罪《つみ》を責《せ》め、あるいは流罪《るざい》に処《しょ》し、あるいは供養《くよう》をやめ、あるいは頭《こうべ》をはねてこそ、世の中は少し治まることでしょう。

法華経《ほけきょう》の第一巻に「*諸法実相《しょほうじっそう》とは（中略）ただ仏《ほとけ》と仏だけが、よく究《きわ》め尽くされている」（方便品《ほうべんぼん》第2）と説《と》かれているのは、このことです。

（究《きわ》め尽くされている）「*本末究竟《ほんまつくきょう》」というのは、「本」とは悪の根本、善《ぜん》の根本であり、「末」というのは悪の結末、善の結末のことです。善悪の根本結末から枝葉《しよう》まで全《すべ》て覚《さと》り極《きわ》めている方《かた》を仏《ほとけ》というのです。

（諸法実相《しょほうじっそう》について）*天台《てんだい》は、「心には十界《じっかい》が具《そな》わっている」と言っています。章安《しょうあん》は「仏《ほとけ》はまた、これを大事としている。どうして簡単《かんたん》に理解することができるであろうか」、*妙《みょう》楽《らく》は「究《きわ》め尽くされた最高峰《さいこうほう》の教えである」と言っています。法華経《ほけきょう》には「（法華経を受持《じゅじ》し抜いた人が世間《せけん》のいかなることを説《と》いても）全《すべ》ては実相（＝妙法）に違背《いはい》しない」（法師功徳品《ほっしくどくほん》第19）とあり、天台はこれを受けて、「あらゆる一般世間の生活を支える営《いとな》み、なりわいは、全ては実相に違背しない」（『法華玄義《ほっけげんぎ》』）と言っています。

智者《ちしゃ》とは、社会の営《いとな》みから離《はな》れて仏法を実践することはありません。世間《せけん》において、世を治《おさ》める法を十分に心得《こころえ》ている人を智者というのです。

中国の殷《いん》の時代に世の中が乱《みだ》れて民衆《みんしゅう》が苦しんでいた時、*太公望《たいこうぼう》が世に出現《しゅつげん》して、殷の*紂王《ちゅうおう》の頸《くび》を斬《き》って、民衆の嘆《なげ》きを止めました。また秦《しん》の第二代の皇帝《こうてい》が悪政《あくせい》を敷《し》き、民衆の生活を苦しめた時には、張良《ちょうりょう》が現《あらわ》れて世の中を治《おさ》め、民衆の生活を豊《ゆた》かにしました。これらは、仏法が伝わる以前のことですが、皆「教主釈尊《きょうしゅしゃくそん》の御使《おんつか》い」として民衆を助けたのです。外典《げてん》の人々には分からなかったことですが、彼らの民衆を救った智慧《ちえ》は、その内心においては、仏法の智慧を含《ふく》み持っていたのです。

今の世の中においては、正嘉《しょうか》の大地震《おおじしん》が起こり、*文永《ぶんえい》の大彗星《だいすいせい》が現《あらわ》れた時、もし智慧《ちえ》が優《すぐ》れている国主《こくしゅ》がいたなら、日蓮《にちれん》を用《もち》いたに違《ちが》いありません。

たとえ、それがなかったとしても、文永《ぶんえい》九年（＝1272年）の内乱《ないらん》（＝*二月騒動《そうどう》）や、同十一年（＝1274年）の蒙古《もうこ》の襲来《しゅうらい》の時は、周《しゅう》の文王《ぶんおう》が太公望《たいこうぼう》を迎《むか》えたように、また、殷《いん》の*高丁王《こうていおう》が*傅悦《ふえつ》を*七里四方《しちりしほう》に探《さが》して招《まね》き迎《むか》えたように（国主《こくしゅ》は日蓮《にちれん》を）迎えるべきだったのではないでしょうか。

「太陽や月は盲目《もうもく》の人にとっては宝ではない」「賢人《けんじん》を愚《おろ》かな国王が憎《にく》む」というのは、このことです。煩雑《はんざつ》になるので、これ以上は書きません。

法華経《ほけきょう》の心というのは、これまで述《の》べた内容（＝現実に民衆を救っていくこと）にほかならないのです。ほかのことと思ってはなりません。

大悪《だいあく》は大善《だいぜん》が来る前兆《ぜんちょう》です。全世界が打ち乱《みだ》れるなら、「全世界の内《うち》に広く流布《るふ》させる（閻浮提内《えんぶだいない》　広令流布《こうりょうるふ》）」（普賢菩薩勧発品《ふげんぼさつかんぼっぽん》第28）との経文《きょうもん》通りになることは、決して疑《うたが》いありません。

この*大進阿闍梨《だいしんあじゃり》を、亡《な》き*高橋六郎入道《ろくろうにゅうどう》殿のお墓《はか》に遣《つか》わすことにしました。昔からこの法《ほう》門《もん》を聞いて信じている人々に対しては、関東の内《うち》であれば、私自《みずか》ら行って、その墓前《ぼぜん》で自《じ》我偈《がげ》を読んで差し上げよう、と思っています。

しかし、今の状態では、日蓮《にちれん》がそこへ行ったなら、その日のうちに、駿河《するが》（＝静岡県中部）の国中に知れ渡《わた》り、また鎌倉幕府《ばくふ》までも騒《さわ》ぎだすでしょう。信心のある人であっても、私が行った先の人々は、きっと人目《ひとめ》を恐《おそ》れるに違《ちが》いありません。

今まで墓参《ぼさん》していませんので、聖霊《しょうりょう》（＝故《こ》高橋六郎入道《ろくろうにゅうどう》）がどれほどか恋《こい》しく思っていらっしゃるだろうと思ったので、何か方法はあるだろうかと考えました。そこで、まずは、弟子を遣《つか》わして墓前《ぼぜん》で自我偈《じがげ》を読ませることにしました。そのことをご理解ください。謹《つつし》んで申し上げます。

【語句の解説】

減劫《げんこう》　人間の寿命《じゅみょう》が減《へ》っていくとされる時。劫《こう》とは、計《はか》り難《がた》い長遠《ちょうおん》な時間の単位。古代インドの世界観では、宇宙全体が生成《せいせい》・安定・崩《ほう》壊《かい》・消滅《しょうめつ》を繰《く》り返《かえ》すとされ、その安定期には人間の寿命が減じていく時期（減劫）と増《ま》していく時期（増劫《ぞうこう》）が繰《く》り返されると説《と》かれる。

三皇《さんこう》・五帝《ごてい》・三聖《さんしょう》　古代中国の伝説上の理想的な王たちと、3人の聖人《しょうにん》。

小乗経《しょうじょうきょう》　大乗経《だいじょうきょう》　※本書59ページ参照

不浄観《ふじょうかん》　肉体の不浄を観じて貪欲《とんよく》（貪《むさぼ》り）の心を治《じ》する観法《かんぽう》。観法とは、法すなわち事物《じぶつ》・事象《じしょう》に対して心を静《しず》めて集中し、智慧《ちえ》を発現《はつげん》させてその対象を観察《かんさつ》すること。

慈悲観《じひかん》　一切衆生《いっさいしゅじょう》に対する慈悲を観じて瞋恚《しんに》（怒《いか》り）を治《じ》すること。

十二因縁観《いんねんかん》　あらゆる物事《ものごと》は十二因縁によって生起《せいき》するという縁起《えんぎ》の法を観じて愚癡《ぐち》（癡《おろ》か）を治《じ》すること。十二因縁とは、苦悩《くのう》へと至《いた》る過程を12の項目（支）に分けて説《と》くもの。具体的には①無明《むみょう》、②行《ぎょう》、③識《しき》、④名色《みょうしき》、⑤六処《ろくしょ》、⑥触《そく》、⑦受《じゅ》、⑧愛、⑨取《しゅ》、⑩有《う》、⑪生《しょう》、⑫老死《ろうし》。

仏教の法門《ほうもん》　御書本文は「出世《しゅっせ》の法門」。出世とは出世間《しゅっせけん》ともいい、世間（六道輪廻《ろくどうりんね》する三界の世界）を超出《ちょうしゅつ》した、覚《さと》りの境地《きょうち》のこと。転《てん》じて、世俗《せぞく》の世界に対して、仏道《ぶつどう》の世界、出家《しゅっけ》の世界を指す。

十悪業《じゅうあくごう》　※本書197ページ「十悪」参照

五逆罪《ごぎゃくざい》　※本書116ページ参照

仙予国王《せんよこくおう》　涅槃経《ねはんぎょう》に登場する王。釈尊《しゃくそん》が過去世に菩薩《ぼさつ》として修行していた姿《すがた》の一つ。大乗経《だいじょうきょう》典《てん》を重んじ、その教えを誹謗《ひぼう》したバラモン500人を殺《ころ》した因縁《いんねん》によって、それ以後地獄《じごく》に堕《お》ちることはなかったとされる。

諸法実相《しょほうじっそう》　※本書269ページ参照

本末究竟《ほんまつくきょう》　法華経方便品《ほけきょうほうべんぼん》第2の文《もん》「本末究竟等《とう》」（法華経108ページ）のこと。十如是《じゅうにょぜ》の初めの本《ほん》（如是相《にょぜそう》）から第9の末《まつ》（如是報《にょぜほう》）までが究極的《きゅうきょくてき》に等《ひと》しく、一貫《いっかん》しているという意。

天台《てんだい》　※本書20ページ参照

妙楽《みょうらく》　※本書20ページ参照

太公望《たいこうぼう》　周《しゅう》の武王《ぶおう》を助け、殷《いん》の紂王《ちゅうおう》を倒《たお》した政治家・呂尚《りょしょう》のこと。『史記《しき》』には、太公が国に必要な人材として待《ま》ち望《のぞ》んでいた人という意味で、後に太公望と称《しょう》されたという説《せつ》がある。

殷《いん》の紂王《ちゅうおう》　※本書322ページ参照

文永《ぶんえい》の大彗星《だいすいせい》　※本書118ページ参照

二月騒動《そうどう》　※本書199ページ参照

高丁王《こうていおう》　傅悦《ふえつ》　いずれも生没年《せいぼつねん》不明。「高丁王」は、中国・殷王朝《いんおうちょう》の王。名を武丁《ぶてい》といい、衰退《すいたい》していた殷《いん》の復興《ふっこう》を成《な》し遂《と》げ、高宗《こうそう》と呼ばれた。「史記《しき》」によると、ある夜、悦《えつ》という名の賢人《けんじん》の夢を見たので、その人物を探したところ、傅《ふ》という岩屋で徒刑囚《とけいしゅう》を見つけた。王がこの人物と語り合うと、賢明《けんめい》な人であることが分かり臣下《しんか》にした。すると国がよく治《おさ》まったので、王はこの人物に「傅悦」という名を与えた。

七里四方《しちりしほう》　一里は時代や国によって異《こと》なる。ここでは、広い範囲を表《あらわ》す。

大進阿闍梨《だいしんあじゃり》　大聖人御在世《だいしょうにんございせ》当時の弟子の一人。「阿闍梨」とは弟子を教え導《みちび》く資格をもつ僧《そう》。

高橋六郎入道《ろくろうにゅうどう》　御書本文は「六郎入道」。駿河《するがの》

国《くに》（静岡県中部）に住んでいた日蓮大聖人御《にちれんだいしょうにんご》在世《ざいせ》当時の門下《もんか》。

上野殿後家尼御返事《うえのどのごけあまごへんじ》

（御書一五〇四㌻～一五〇六㌻）

本抄について

本抄《ほんしょう》は日蓮大聖人《にちれんだいしょうにん》が、駿河国《するがのくに》（静岡県中部）の門下《もんか》であり、南条時光《なんじょうときみつ》の母親である上野尼御前《あまごぜん》に送られたお手紙です。

尼御前《あまごぜん》の夫の南条兵衛七郎《なんじょうひょうえしちろう》は文永《ぶんえい》2年（1265年）3月、重い病《やまい》のため亡《な》くなりました。

本抄《ほんしょう》は文永《ぶんえい》11年（1274年）の御執筆《ごしっぴつ》ともいわれてきましたが、内容等から、兵衛七郎《ひょうえしちろう》の逝去《せいきょ》のすぐ後、文永2年7月の御述作《ごじゅっさく》ではないかと考《かんが》えられます。

兵衛七郎《ひょうえしちろう》が亡《な》くなった時、後に家督《かとく》を継《つ》ぐ次男の時光《ときみつ》は7歳、末の息子（七郎五郎）は、まだ母親のお腹《なか》にいました。

大聖人《だいしょうにん》は、本抄《ほんしょう》を通して、苦境《くきょう》のなかで必死に家族を守り育てる尼御前《あまごぜん》を包《つつ》み込むように励《はげ》まされています。

様々な御供養《ごくよう》の品《しな》を、頂戴《ちょうだい》しました。

上野殿《うえのどの》（＝*南条兵衛七郎《なんじょうひょうえしちろう》）が亡《な》くなられた後は、何かの便《たよ》りが死後《しご》の世界からあったでしょうか。お聞きしたいと思います。けれども、あるとも思えません。もし夢の中でなければ、亡き上野殿のお姿《すがた》を見ることは決してできないでしょう。幻《まぼろし》でなければ、お会いすることが、どうしてできるでしょうか。しかし、間違《まちが》いなく、亡き上野殿は*霊山浄土《りょうぜんじょうど》で、この*娑婆《しゃば》世界のことを、昼も夜もお聞きになったり、ご覧《らん》になったりしていることでしょう。妻子《さいし》のあなたたちは肉眼《にくがん》なので、亡き上野殿のお姿をご覧になったり、声をお聞きになったりすることはありませんが、最後には、霊山浄土で一緒になると思いなさい。

生死《しょうじ》を繰《く》り返しゆく間に夫婦となった男性は、大海の砂の数よりも多くいらっしゃったことでしょう。その中で、今度の夫婦の絆《きずな》こそが、真実の絆で結ばれた夫なのです。その訳《わけ》は、あなたは夫の勧《すす》めによって法華経《ほけきょう》の行者《ぎょうじゃ》になったからです。ですから、故人《こじん》を仏《ほとけ》と拝《はい》するべきです。

生きておられた時は生《せい》の仏《ほとけ》。今は死の仏。生死《しょうじ》ともに仏なのです。*即身成仏《そくしんじょうぶつ》という重要《じゅうよう》な法門《ほうもん》は、このことです。法華経《ほけきょう》の第四巻には、「もしこの経を持《たも》つならば、すなわち仏《ぶっ》身《しん》を持つことになる」(見宝塔品《けんほうとうほん》第11)とあります。

仏《ほとけ》の住む清《きよ》らかな国土といっても、地獄《じごく》といっても、自分の外にあるのではありません。ただ私たちの胸の中にあるのです。これを悟《さと》るのを仏といい、これに迷《まよ》うのを凡夫《ぼんぷ》といいます。これを悟るのが法華経《ほけきょう》です。もしそうであるならば、法華経を受持《じゅじ》している人は「*地獄即寂光《そくじゃっこう》」と悟ることができるのです。たとえ、計《はか》り知れないほどの長い間、仏教を修行しても、仮《かり》の教えであり法華経から離《はな》れているならば、ただいつも地獄にいることになるのです。このことは日蓮《にちれん》が言っているのではありません。釈迦仏《しゃかぶつ》、多宝仏《たほうぶつ》、十方分身《じっぽうふんじん》の諸仏《しょぶつ》が定《さだ》め置いたことなのです。

ですから、仮《かり》の教えを修行する人は、火に焼《や》かれる者がさらに火の中に入り、水に沈《しず》む者がいっそう深い水の底《そこ》に落ちるようなものです。法華経《ほけきょう》を持《たも》たない人は、火や水の中に入っていくようなものです。法華経を謗《そし》る*悪知識《あくちしき》である法然《ほうねん》や弘法《こうぼう》らを頼《たよ》りにし、阿弥陀《あみだ》経《きょう》や大日経《だいにちきょう》などを信じることは、まるで火から火の中に、水から水の底に入っていくようなものです。どうして苦悩《くのう》を免《まぬか》れることができるでしょうか。*等活地獄《とうかつじごく》・黒縄《こくじょう》地獄・無間《むけん》地獄という火の坑《あな》（＝八熱《はちねつ》地獄）、*紅蓮《ぐれん》地獄・大紅蓮地獄という氷の底（＝八寒《はっかん》地獄）に落ちて沈んでいくことは決して疑《うたが》いありません。法華経の第二巻には「その人は、死んだ後に*阿鼻《あび》地獄に堕《お》ち、このように巡《めぐ》り廻《めぐ》って数え切れない年月を経《へ》るであろう」（譬喩品《ひゆほん》第3）とあります。

亡《な》き上野殿《うえのどの》は、この苦しみを免《まぬか》れています。それはまさしく、法華経《ほけきょう》の行者《ぎょうじゃ》である日蓮《にちれん》の弟子だからです。経文《きょうもん》には、「（この法を持《たも》つ人は）たとえ大火の中に入っても、火も焼《や》くことはできない。もし大水の中を漂《ただよ》わされても、その名を唱えれば、浅いところに至《いた》る」（観世音菩薩普門品《かんぜおんぼさつふもんぼん》第25）とあり、また、「火も焼くことができず、水も漂わすことができない」（薬王《やくおう》菩薩本事品《ほんじほん》第23）とあります。なんと頼《たの》もしいことでしょうか。頼もしいことでしょうか。

結局は、地獄《じごく》を外に求めたとしても、地獄《じごく》の鬼の鉄の杖《つえ》や*阿防羅刹《あぼうらせつ》が罪人《ざいにん》を激《はげ》しく責《せ》める声が別の所にあるわけではありません。この法門《ほうもん》は誠《まこと》に深い重大な教えですが、尼御前《あまごぜん》に対しては、お教え致《いた》しましょう。例《たと》えば*竜女《りゅうにょ》に対して文殊菩薩《もんじゅぼさつ》が即身成仏《そくしんじょうぶつ》の秘法《ひほう》を説《と》かれたようなものです。

これをお聞きになった後は、いっそう信心を奮《ふる》い起《お》こしていきなさい。法華経《ほけきょう》の法門《ほうもん》を聞くたびに、ますます信心に励《はげ》んでいく人を真《しん》の求道《きゅうどう》の人というのです。

＊天台《てんだい》は「藍《あい》よりして而《しか》も青し（従藍而青《じゅうらんにしょう》）」（『摩訶止観《まかしかん》』）と言っています。この言葉の意味は、植物の藍は、その葉から作った染料《せんりょう》で重ねて染《そ》めれば、葉の時よりも、ますます青みが深まるということです。法華経《ほけきょう》は藍のようなもので、修行が深まるのは、ますます青くなるようなものです。

「地獄《じごく》」という二文字は「土を掘《ほ》る」と読みます。人が亡《な》くなった時に、土を掘らない人がいるでしょうか。この穴を地獄というのです。亡くなった人を焼《や》く火は、無間《むけん》地獄の炎です。妻子《さいし》や親類が、亡くなった人の前後に争《あらそ》うようについていく姿《すがた》は、地獄の鬼や阿《あ》防羅刹《ぼうらせつ》です。妻子たちが悲しみ泣く声は、地獄の鬼の声です。（亡くなった人に持たせる）二＊尺《しゃく》五寸《すん》の杖《つえ》は、（地獄の鬼が持つ）鉄の杖です。引く馬は、馬の頭をした鬼、引く牛は、牛の頭をした鬼です。（亡くなった人を埋《う》める）穴は無間地獄、八万四千の地獄の釜《かま》は八万四千＊の煩悩《ぼんのう》、（亡くなった人が）家を出て向かう先は＊死出《しで》の山、親孝行《おやこうこう》の子どもが河のほとりにたたずむ、その河は煩悩の三途《さんず》の河です。ですから、地獄を自分の外に求めるのはまったくあさはかなことです。

この法華経《ほけきょう》を受持《じゅじ》する人は、これを転換して、地獄《じごく》は永遠の仏《ほとけ》の住む国土に、（亡《な》くなった人を焼《や》く）炎は*報身如来《ほうしんにょらい》の智慧《ちえ》の火に、亡くなった人は*法身《ほっしん》如来に、（亡くなった人を埋《う》める）火の穴は大慈悲《だいじひ》を部屋とする*応身《おうじん》如来に、また、（亡くなった人に持たせる）杖《つえ》は万物《ばんぶつ》の真実の姿《すがた》（＝実相《じっそう》）を覚《さと》る妙法の杖となって死後《しご》の冥途《めいど》の旅路《たびじ》を助け、煩悩《ぼんのう》の三途《さんず》の河は*生《しょう》死即涅槃《じそくねはん》の大海に、死出《しで》の山は*煩悩即菩提《ぼだい》の山々になるのです。このように心得《こころえ》ていきなさい。「即身成仏《そくしんじょうぶつ》」とも「*開仏知見《かいぶっちけん》」とも言っても、これを悟《さと》り、これを開《ひら》くことをいうのです。*提婆達多《だいばだった》が阿鼻《あび》地獄を寂光《じゃっこう》の極楽《ごくらく》と開《ひら》いたことも、竜女《りゅうにょ》が即身成仏したことも、これよりほかのことではありません。「*逆即是順《ぎゃくそくぜじゅん》」（『法華文句記《ほっけもんぐき》』）の法華経だからであり、これが「妙《みょう》」の一字の功徳《くどく》なのです。

（妙法による即身成仏《そくしんじょうぶつ》の功徳《くどく》について）竜樹菩薩《りゅうじゅぼさつ》は「例《たと》えば、偉大な医師が、毒《どく》を変えて薬《くすり》にするようなものである」（『大智度論《だいちどろん》』）と述《の》べています。*妙楽大師《みょうらくだいし》は「どうして（仏《ほとけ》が成仏した）伽耶《がや》の地を離《はな》れて、別の所《ところ》に仏の住む国土を探《さが》すことがあろうか。仏の住む国土以外の別の所に、私たちの住む現実世界があるのではない」（『法華文句記《ほっけもんぐき》』）と述べ、また「実相《じっそう》（＝妙法）は必ず、諸法《しょほう》（＝あらゆる現象）となって現《あらわ》れる。その諸法は必ず十如是《じゅうにょぜ》を具《そな》えている。（中略）十如是は必ず十界《じっかい》に現《あらわ》れる。十界は必ず、衆生《しゅじょう》の身と環境に現れる」（『金剛錍論《こんごうべいろん》』）とも述《の》べています。

法華経《ほけきょう》には「*諸法実相《しょほうじっそう》（中略）、*本末究竟等《ほんまつくきょうとう》」（方便品《ほうべんぽん》第２）とあります。

如来寿量品《にょらいじゅりょうほん》第十六には、「私（＝釈尊《しゃくそん》）が成仏《じょうぶつ》してから、実《じつ》は、計《はか》り知れないほどの長い期間がたっているのである（我実《がじつ》成仏已来《いらい》　無量無辺《むりょうむへん》）」と説《と》いています。この経文《きょうもん》の「我」というのは十界《じっかい》の人々のことです。十界の全《すべ》ての衆生《しゅじょう》は、本来仏《ほとけ》であるから、その住む国土は清《きよ》らかな国土なのです。

方便品《ほうべんぽん》第二には「*この法は法の位《くらい》に住《じゅう》して、世間《せけん》の様相《ようそう》は常住《じょうじゅう》である」とあります。

（生死《しょうじ》の二法は）世の常《つね》であり、三世《さんぜ》にわたって変わらない法の相《そう》であるから、嘆《なげ》くべきではありません。驚《おどろ》くべきではありません。「相」の一文字は*八相《はっそう》（＝仏《ほとけ》が生まれてから死ぬまでに表《あらわ》す八つの姿《すがた》）のことです。この八相も、生死の二字を出るものではありません。このように悟《さと》ることを、法華経《ほけきょう》の行者《ぎょうじゃ》の即身成仏《そくしんじょうぶつ》というのです。

亡《な》くなった上野殿《うえのどの》は、この法華経《ほけきょう》の行者《ぎょうじゃ》ですから即身成仏《そくしんじょうぶつ》は間違《まちが》いありません。だから、そのように嘆《なげ》くべきではありません。しかしまた、嘆くのが凡夫《ぼんぷ》の習慣《しゅうかん》です。もっとも、聖人《しょうにん》であっても嘆くことはあるのです。釈尊《しゃくそん》が亡くなった時、多くの優《すぐ》れた弟子たちが、悟《さと》りを得《え》ていたのに嘆いたのは、凡夫の振《ふ》る舞《ま》いを示したのでしょうか。

ぜひとも、ぜひとも追善供養《ついぜんくよう》を心ゆくまで励《はげ》んでいかれることです。昔の智者《ちしゃ》の言葉にも「心の根底《こんてい》を第*九識《くしき》におき、修行は*六識においてしなさい」と教えられています。これは道理かもしれません。

この手紙には日蓮《にちれん》の胸中に秘《ひ》めた大切な法門《ほうもん》を書きました。心に深くとどめておきなさい、とどめておきなさい。謹《つつし》んで申し上げます。

七月十一日　　日蓮《にちれん》（花押《かおう》）

上野殿後家尼御前御返事

【語句の解説】

南条兵衛七郎《なんじょうひょうえしちろう》　南条時光《ときみつ》の父。鎌倉幕府《ばくふ》の御家《ごけ》人《にん》の一族《いちぞく》出身で、駿河国《するがのくに》富士《ふじ》上方《かみかた》上野郷《うえのごう》（静岡県富士宮市下条）に住んでいた武士。日蓮《にちれん》大聖人《だいしょうにん》の教えを聞いて帰依《きえ》した。

霊山浄土《りょうぜんじょうど》　※本書291ページ参照

娑婆《しゃば》世界　※本書111ページ参照

即身成仏《そくしんじょうぶつ》　衆生《しゅじょう》がこの一生のうちにその身のまま仏《ほとけ》の境涯《きょうがい》を得《え》ること。

地獄即寂光《じごくそくじゃっこう》　地獄がそのまま仏《ほとけ》の住む常《じょう》寂光土となること。地獄とは苦悩《くのう》の極限《きょくげん》である地獄界、寂光とは常寂光土の略で仏の住む国土、仏界《ぶっかい》を意味する。

悪知識《あくちしき》　※本書270ページ参照

等活地獄《とうかつじごく》・黒縄《こくじょう》地獄・無間《むけん》地獄という火の坑《あな》　御書本文は「等活・黒縄・無間地獄の火坑」。いずれも八熱《はちねつ》地獄の一つ。等活地獄は、獄卒《ごくそつ》に鉄杖《てつじょう》で打たれ刀《かたな》で切られても身体がよみがえり同じ苦しみを繰《く》り返す。黒縄地獄は、熱い鉄の黒縄を身体に当てられ、それに沿《そ》って切り刻《きざ》まれる。無間地獄は間断《かんだん》なく苦しみを受ける地獄。「火の坑」とは、地の下にある八熱地獄を指していう。

紅蓮地獄《ぐれんじごく》・大紅蓮地獄という氷の底《そこ》　御書本文は「紅蓮・大紅蓮の氷の底」。紅蓮地獄、大紅蓮地獄は、いずれも八寒《はっかん》地獄の一つ。八寒地獄とは、8種の極寒《ごっかん》の地獄のこと。紅蓮地獄はあまりの寒さに皮膚《ひふ》が裂《さ》けて肉がはみだし、ちょうど紅色の蓮華《れんげ》が開《ひら》いたようになるのでこの名がある。大紅蓮地獄は紅蓮地獄よりもさらに寒苦《かんく》の厳《きび》しい地獄。「氷の底」とは、八寒地獄を指していう。

阿鼻地獄《あびじごく》　※本書40ページ参照

阿防羅刹《あぼうらせつ》　地獄《じごく》の獄卒《ごくそつ》。地獄に堕《お》ちた罪人《ざいにん》を責《せ》める。羅刹のように暴悪《ぼうあく》なため、こう呼ぶ。

竜女《りゅうにょ》　※本書201ページ参照

天台《てんだい》　※本書20ページ参照

二尺《しゃく》五寸《すん》の杖《つえ》　死者は、冥途《めいど》の険《けわ》しい山道《やまみち》を旅しなければならないということから、死者に二尺五寸（約76センチ）の杖を持たせて葬《ほうむ》る風習があった。

八万四千の煩悩《ぼんのう》　御書本文は「八万四千の塵労《じんろう》門《もん》」。「塵労」とは煩悩のこと。八万四千は実際の数ではなく、多数の意。一切《いっさい》の煩悩について説《と》いた法門《ほうもん》のことを指していう。

死出《しで》の山　死後の世界にある険しい山。

報身如来《ほうしんにょらい》　法身《ほっしん》如来　応身《おうじん》如来　※本書291ページ「法報応の三身」参照

生死即涅槃《しょうじそくねはん》　煩悩即菩提《ぼんのうそくぼだい》　※本書302ページ参照

開仏知見《かいぶっちけん》　「仏知見を開《ひら》かしめん」（法華経121ページ）と読み下《くだ》す。法華経方便品《ほけきょうほうべんぽん》第2の文《もん》。同品では、諸仏《しょぶつ》が世に出現《しゅつげん》する目的が、あらゆる衆生《しゅじょう》に内在《ないざい》する仏知見（仏《ほとけ》の智慧《ちえ》）を開かせることにあると説《と》かれる。

提婆達多《だいばだった》　※本書39ページ「提婆」参照

逆即是順《ぎゃくそくぜじゅん》　「逆即《ぎゃくすなわ》ち是《こ》れ順《じゅん》なり」と読む。全《すべ》ての人々は仏性《ぶっしょう》を具《そな》えているので、仏法に背《そむ》くことや正法《しょうほう》を誹謗《ひぼう》すること（逆縁《ぎゃくえん》）も、素直《すなお》に仏縁《ぶつえん》を結ぶこと（順縁《じゅんえん》）も、ともに即身成《そくしんじょう》仏《ぶつ》の縁となる。

妙楽大師《みょうらくだいし》　※本書20ページ「妙楽」参照

諸法実相《しょほうじっそう》　※本書269ページ参照

本末究竟等《ほんまつくきょうとう》　※本書112ページ参照

この法は法の位《くらい》に住《じゅう》して、世間《せけん》の様相《ようそう》は常住《じょうじゅう》である　御書本文は「是《こ》の法は法位に住して世間の相常住なり」。法華経方便品《ほけきょうほうべんぽん》第2の文《もん》（法華経138ページ）。世間の相すなわち現実の世界が、即、本有《ほんぬ》常住の実相《じっそう》となる。

八相《はっそう》　衆生《しゅじょう》を救《すく》うためにこの世に出現《しゅつげん》した釈尊《しゃくそん》が、その生涯《しょうがい》で示した8種の様相《ようそう》。①下天《げてん》（都率天《とそつてん》から条件が整ったことを感じて降《お》りること）、②託胎《たくたい》（受胎《じゅたい》）、③出胎《しゅったい》（誕生）、④出家《しゅっけ》、⑤降魔《ごうま》（魔を打ち破《やぶ》ること）、⑥成《じょう》道《どう》（覚《さと》りを開《ひら》くこと）、⑦転法輪《てんぽうりん》（説法《せっぽう》を行《おこな》うこと）、⑧入涅槃《にゅうねはん》（亡《な》くなって完全な平安な境地《きょうち》に至《いた》ること）。

九識《くしき》　**六識**　九識とは、生命が物事《ものごと》を認識する働《はたら》きである識を9種に分けたもの（眼識《げんしき》・耳《に》識《しき》・鼻識《びしき》・舌識《ぜつしき》・身識《しんしき》・意識・末那識《まなしき》・阿頼《あら》耶識《やしき》・阿摩羅識《あまらしき》）。第九識の阿摩羅識は、生命に本源的に具《そな》わる、清浄な仏《ほとけ》の働き。六識とは、九識のうちの前の六つで、主として現実生活の場で働く識と考えられる。

上野殿御返事《うえのどのごへんじ》（竜門御書《りゅうもんごしょ》）

（御書一五六〇ジペ～一五六一ジペ）

本抄について

本抄《ほんしょう》は、弘安《こうあん》2年（1279年）11月6日、日蓮大聖人《にちれんだいしょうにん》が58歳《さい》の時に身延《みのぶ》（山梨県南巨摩郡《みなみこまぐん》）から駿河国《するがのくに》（静岡県中部）の青年門下《もんか》・南条時光《なんじょうときみつ》に送られたお手紙で、別名を「竜門御書《りゅうもんごしょ》」といいます。

時光《ときみつ》は、亡《な》き父の志《こころざし》を継《つ》いで、幼少《ようしょう》の頃から大聖人《だいしょうにん》を師匠と仰《あお》ぎ、日興上人《にっこうしょうにん》の激励《げきれい》を受けながら、信心に励《はげ》んできました。

本抄御執筆《ほんしょうごしっぴつ》の当時は、大聖人《だいしょうにん》の門下《もんか》が激《はげ》しい弾圧《だんあつ》を受けた「熱原《あつはら》の法難《ほうなん》」の渦中《かちゅう》。時光《ときみつ》は弾圧を受けた人々を自《みずか》らの屋敷《やしき》にかくまうなど、迫害《はくがい》の矢面《やおもて》に立って同志《どうし》を守り抜きました。そのため時光自身も、幕府《ばくふ》から不当《ふとう》な重税《じゅうぜい》を課《か》されるなどの迫害を受けますが、正義のために戦い抜きました。大聖人は本抄で時光のことを「上野賢人《うえのけんじん》」と呼ばれ、最大に称賛《しょうさん》されています。

中国に*竜門《りゅうもん》という滝《たき》があります。滝の高さは十丈《じょう》（＝約30メートル）もあり、水の落ちる速《はや》さは、強い兵士《へいし》が矢を射落《いお》とすよりも速いのです。

この滝《たき》に多くの鮒《ふな》が集まって登《のぼ》ろうとします。鮒という魚がこの滝を登りきれば竜《りゅう》になるのです。しかし、百に一つ、千に一つ、万に一つ、十年、二十年に一つも登りきることはありません。

その理由は、あるいは、水の速さに押し返され、あるいは鷲《わし》・鷹《たか》・鴟《とび》・梟《ふくろう》に食べられ、あるいは長さ十丁《ちょう》（＝約1090メートル）の滝《たき》の左右に漁師《りょうし》たちが並んでいて、ある者は網《あみ》をかけ、ある者はすくいとり、あるいは射《い》て捕《と》る者もいるからです。魚が竜《りゅう》となることは、このように難《むずか》しいのです。

日本の国の武士の中に*源氏《げんじ》と平氏《へいし》といって、天皇の御所《ごしょ》で門番《もんばん》の犬の役割《やくわり》をしていた二つの氏族《しぞく》がありました。

この二つの氏族《しぞく》がともに天皇をお守り申し上げる姿《すがた》は、*山里に住む身分の低い人が、八月十五夜（＝中秋《ちゅうしゅう》）の美しい満月《まんげつ》が山の峰《みね》から出るのを見て、憧《あこが》れているようなものでした。また、(二つの氏族が)宮殿《きゅうでん》の男女が遊ぶ様子に見とれている姿は、まるで月と星とが光を合わせてきらめいているのを、木の上で猿《さる》がうっとりと眺《なが》めているようなものでした。

このような低い身分ではあるけれども、なんとかして自分たちも宮殿《きゅうでん》に出入りをしたいと願《ねが》っていたところ、平氏《へいし》の中で貞盛《さだもり》という人が、(朝敵《ちょうてき》となった)将門《まさかど》を討《う》つという手柄《てがら》を収《おさ》めました。けれども、宮殿に昇《のぼ》ることは許《ゆる》されませんでした。

その子孫の正盛《まさもり》も(手柄《てがら》を立てましたが)またかないません。その正盛の子の忠盛《ただもり》の時、初めて宮殿《きゅうでん》に昇《のぼ》ることを許《ゆる》されました。

その後、清盛《きよもり》・重盛《しげもり》らは宮殿《きゅうでん》で自由に振《ふ》る舞《ま》うだけでなく、月を生み(=自分の娘が天皇の后《きさき》になり皇太子を生んだこと)、日を抱《いだ》く身分(=自分の孫が天皇になったこと)となりました。

仏《ほとけ》になる道は、これに劣《おと》らず困難《こんなん》です。魚が竜門《りゅうもん》を登り、身分の低い者が宮殿《きゅうでん》に昇《のぼ》るようなものです。

*舎利弗《しゃりほつ》という人は、仏《ほとけ》になろうとして、六十劫《こう》という極《きわ》めて長い間、菩薩《ぼさつ》の修行を続けてきましたが、耐《た》え切れず、退転《たいてん》して二乗《にじょう》の道《みち》に陥《おちい》ってしまいました。

＊大通智勝仏《だいつうちしょうぶつ》の十六人の王子によって法華経《ほけきょう》と縁《えん》を結んだにもかかわらず、退転《たいてん》して三千＊塵点劫《じんてんごう》という長い間、生死《しょうじ》の苦しみに沈《しず》んだ者がいます。また、＊久遠実成《くおんじつじょう》の釈尊《しゃくそん》から仏《ほとけ》になる＊下種《げしゅ》を受けたにもかかわらず、退転して＊五百塵点劫という極《きわ》めて長い間、生死の苦しみに沈んだ者もいます。

これらの人々は、法華経《ほけきょう》を修行していた時に、＊第六天《だいろくてん》の魔王《まおう》が国主《こくしゅ》などの身に入って、あれこれと修行を妨《さまた》げたので、退転《たいてん》して法華経を捨てたために、極《きわ》めて長い間にわたって＊六道《ろくどう》を流転《るてん》してしまったのです。

それらのことは、他人の身の上のことにすぎないと見ていたけれども、今は私たちの身にかかっています。

願《ねが》わくは、わが弟子《でし》たちよ、大願《だいがん》を起こしなさい。去年（＝弘安元年〈1278年〉）および一昨年（＝建治3年〈1277年〉）に流行した疫病《えきびょう》で死んだ人々の数に入ることはなかったけれども、また今、蒙古《もうこ》が攻《せ》めてきたら死を免《まぬか》れるものとも思えません。いずれにしても、死は必ず訪《おとず》れることなのです。そのときの嘆《なげ》きは、現在の（法華経《ほけきょう》ゆえの大難《だいなん》で受けている）苦しみと同じでしょう。

同じく死ぬのであるなら、仮《かり》にも法華経《ほけきょう》のために命を捨てなさい。それは、あたかも露《つゆ》を大海《たいかい》に入れ、塵《ちり》を大地にうずめるようなものと思いなさい。

法華経《ほけきょう》の第三巻では、＊梵天王《ぼんてんのう》が語っています。

「願《ねが》わくは、この無量《むりょう》の功徳《くどく》を広く全《すべ》ての者に分け与えて、私たち（＝梵天王《ぼんてんのう》たち）と全《すべ》ての者とが皆、一緒《いっしょ》に仏《ほとけ》の覚《さと》りを成就《じょうじゅ》できますように」（化城喩品《けじょうゆほん》第７）と。謹《つつし》んで申し上げます。

十一月六日　　日蓮《にちれん》（花押《かおう》）

＊上野賢人殿御返事《うえのけんじんどのごへんじ》

これは熱原《あつはら》で起こったことが尊《とうと》く、有《あ》り難《がた》いことに対して記《しる》した御返事です。

【語句の解説】

竜門《りゅうもん》　中国の伝説の滝《たき》。黄河《こうが》の上流もしくは中流にあるとされ、これを登り切った魚は竜になることができると言い伝えられている。

源氏《げんじ》**と平氏**《へいし》　源氏と平氏は平安時代に登場した武士を代表する存在だったが、貴族全盛《ぜんせい》の世にあっては武士の位《くらい》は低く、宮殿《きゅうでん》に入ることは考えられなかった。

山里に住む身分の低い人　御書本文は「やま《山》がつ《人》」。猟師《りょうし》やきこりなど、山中に生活する身分の低い人。

舎利弗《しゃりほつ》　御書本文は「身子《しんじ》」。釈尊《しゃくそん》の十大弟子《じゅうだいでし》の一人で、智慧《ちえ》第一とされる。『大智度論《だいちどろん》』巻12には次のように記《しる》されている。昔、60劫《こう》もの間、菩薩《ぼさつ》の修行である布施行《ふせぎょう》をしていた時、バラモンがやってきて舎利弗に眼を布施することを求めたので、舎利弗は自《みずか》らの眼を与えたが、バラモンはその眼の臭《にお》いを嫌って唾《つば》を吐《は》きかけ地に捨てた上、足で踏《ふ》みつけた。これを見た舎利弗は、この輩《やから》はとても救《すく》い難《がた》い、自分さえ生死《しょうじ》を脱《だっ》すればよいと菩薩道を退転《たいてん》し、小乗《しょうじょう》（自ら覚《さと》りを得《え》ることだけに専念《せんねん》する声聞《しょうもん》・縁覚《えんがく》の二乗《にじょう》の教え）の考えに堕《だ》してしまったという。

大通智勝仏《だいつうちしょうぶつ》**の十六人の王子によって法華経**《ほけきょう》**と縁**《えん》**を結んだ**　御書本文は「大通結縁《けちえん》の者」。法華経化城喩品《けじょうゆほん》第7で、16人の王子が、それぞれ父・大通智勝仏が説《と》いた法華経を再説《さいせつ》して衆生《しゅじょう》に下種《げしゅ》をしたことで、人々が法華経との縁を結んだこと。なお同品には、16人の王子のうち16番目の王子が釈尊《しゃくそん》の過去世の姿《すがた》であることが説かれている。

三千塵点劫《じんてんごう》　※本書197ページ参照

久遠実成《くおんじつじょう》　インドに生まれ今世《こんぜ》で成仏《じょうぶつ》したと説《と》いてきた釈尊《しゃくそん》が、実は五百塵点劫《じんてんごう》という非常に遠い過去（久遠《くおん》）に成仏していたということ。法華経如来寿量品《ほけきょうにょらいじゅりょうほん》第16で説かれる。さらに釈尊は、自《みずか》らが久遠の昔から娑婆《しゃば》世界で多くの衆生《しゅじょう》を説法教化《せっぽうきょうけ》し、下種結縁《げしゅけちえん》してきたことを明かした。五百塵点劫の久遠における説法による下種結縁を久遠下種という。

下種《げしゅ》　「種を下《お》ろす」と読み下《くだ》す。仏《ほとけ》が衆生《しゅじょう》を成仏《じょうぶつ》に導《みちび》くさまを植物の種まき・育成・収穫《しゅうかく》にたとえた、種熟脱《しゅじゅくだつ》のうち最初の種《しゅ》。成仏の根本法である仏種《ぶっしゅ》を説《と》いて、人々に信じさせること。

五百塵点劫《じんてんごう》　※本書197ページ参照

第六天《だいろくてん》**の魔王**《まおう》　※本書113ページ参照

六道《ろくどう》　十界《じっかい》のうち、地獄《じごく》・餓鬼《がき》・畜生《ちくしょう》・修羅《しゅら》・人《にん》・天《てん》の六つの世界。凡夫《ぼんぷ》は迷《まよ》いに満ちた六道で生死《しょうじ》を繰《く》り返すとされる。

梵天王《ぼんてんのう》　※本書108ページ「梵天」参照

上野賢人《うえのけんじん》　熱原《あつはら》の法難《ほうなん》の渦中《かちゅう》、迫害《はくがい》の矢面《やおもて》に立って戦った南条時光《なんじょうときみつ》を賞讃《しょうさん》され、「上野賢人」との称号《しょうごう》を与えられた。

法《ほっ》華《け》証明抄《しょうみょうしょう》

（御書一五八六㌻～一五八七㌻）

本抄について

本抄《ほんしょう》は、弘安《こうあん》５年（1282年）2月28日、日蓮大聖人《にちれんだいしょうにん》が61歳《さい》の時に身延《みのぶ》（山梨県南巨摩郡《みなみこまぐん》）で認《したた》められ、駿河国《するがのくに》（静岡県中部）の門下《もんか》・南条時光《なんじょうときみつ》に送られたお手紙です。

この時、南条時光《なんじょうときみつ》は24歳《さい》。熱原《あつはら》の法難《ほうなん》で、同志《どうし》を守り、勇敢《ゆうかん》に戦い抜いた時光は、命に及《およ》ぶ大病《たいびょう》を患《わずら》います。

その報告を聞かれた大聖人《だいしょうにん》御自身も、当時、重い病《やまい》と戦われていましたが、時光《ときみつ》を心配し、2月25日、弟子に代筆《だいひつ》させた手紙を送られます。

さらに3日後、今度は大聖人自《だいしょうにんみずか》ら筆を執《と》られ、病をおして時光《ときみつ》への手紙を再《ふた》び認《したた》められ、日興上人《にっこうしょうにん》に託《たく》されました。そうして送られたのが本抄《ほんしょう》です。

法華経《ほけきょう》の行者《ぎょうじゃ》　日蓮《にちれん》（花押《かおう》）

*末法《まっぽう》の悪世《あくせ》において法華経《ほけきょう》を経文《きょうもん》の通りに信じている人を、法華経という鏡《かがみ》にはどのように映《うつ》し出されているのかと拝見《はいけん》したところ、「過去に十万億《おく》の仏《ほとけ》を供養《くよう》した人である」（法師品《ほっしほん》第10）と書かれていました。

これは、確かに釈尊《しゃくそん》の尊《とうと》い口から発《はっ》せられたことです。しかし、釈尊ただ一人が言ったことなので、末法《まっぽう》の凡夫《ぼんぷ》は疑《うたが》いを起こすだろうと思って、この世界より東方《とうほう》にはるかかなたの国を越《こ》えた先にある*宝浄《ほうじょう》世界に住む*多宝如来《たほうにょらい》が、わざわざお越しになって、釈尊に向かい合われて「（釈尊の説《と》いた）妙法華経《みょうほけきょう》は全《すべ》て真実である（妙法華経　皆是真実《かいぜしんじつ》）」（見宝塔品《けんほうとうほん》第11）と証明されたのです。この上は、何の疑《うたが》いが残るでしょうか。

しかし、それでもやはり「末法《まっぽう》の凡夫《ぼんぷ》は心配だ」と思われたのでしょうか。全宇宙の全《すべ》ての仏《ほとけ》を呼び集めて、その仏たちが*広長舌相《こうちょうぜっそう》といって、はるか昔からこれまで一度も偽《いつわ》りの言葉を述《の》べたことのない「広く長く大きい舌」を伸《の》ばし、法華経《ほけきょう》の正しさを証明しました。その舌は*須弥山《しゅみせん》がそびえ立つように大空に並べられ、ただならぬことでありました。

ですから、末法《まっぽう》の凡夫《ぼんぷ》の身として法華経《ほけきょう》の一字二字を信じていくなら、全宇宙の全《すべ》ての仏《ほとけ》の舌を持《たも》つ者といえるのです。どのような過去の*宿習《しゅくじゅう》によって、このような末法《まっぽう》の悪世《あくせ》に法華経を信じる身として生まれることができたのかと喜《よろこ》んでおります。

その上、法華経《ほけきょう》の経文《きょうもん》にはこう説《と》かれています。〝過去《かこ》に十万億《おく》の仏《ほとけ》にお会いし供養《くよう》をした者が、法華経だけを用《もち》いたわけではないが、仏への供養の功徳《くどく》が莫大《ばくだい》だったので、謗《ほう》法《ぼう》の罪《つみ》によって貧《まず》しく卑《いや》しい身には生まれたけれども、またこの法華経を信ずる人になることができたのである〟と。

このことについて、*天台《てんだい》の『法華文句《ほっけもんぐ》』を解釈《かいしゃく》した*妙楽《みょうらく》は、「人が地に倒《たお》れて、また再《ふたた》び、その地より起《た》つのと同様である」（『法華文句記《き》』）と言っています。地面に倒れた人は、かえって、その地面から起き上がるように、法華経《ほけきょう》への謗法《ほうぼう》を犯《おか》した人は、その罪《つみ》によって、地獄《じごく》・餓鬼《がき》・畜生《ちくしょう》の三悪道《さんあくどう》や、人界《にんかい》・天界《てんかい》の大地に倒れるけれども、逆縁《ぎゃくえん》で、かえって法華経の御手《みて》によって仏《ほとけ》になることができる、と明かされています。

ところで、この上野《うえの》の七郎次郎《しちろうじろう》（＝南条時光《なんじょうときみつ》）は末法《まっぽう》の凡夫《ぼんぷ》であり、（戦《いくさ》で人を殺さなければならない）武士の家に生まれたので、悪人と言わなければならないところですが、心は善《ぜん》人《にん》です。

その理由はこうです。日蓮《にちれん》の法門《ほうもん》を、上一人《かみいちにん》から下万民《しもばんみん》までが信じることがない上、たまたま信じる人がいれば、迫害《はくがい》によって所領《しょりょう》や田畑《たはた》などのことで苦しめられ、揚《あ》げ句《く》の果《は》てには、命に及《およ》ぶ人々もいます。これほど、この法門《ほうもん》は信じ難《がた》いのに、あなたの母や、亡《な》き父・上野殿《うえのどの》（＝南条兵衛七郎《なんじょうひょうえしちろう》）は、この法を信じていました。

そして、この者（＝南条時光《なんじょうときみつ》）は、上野殿《うえのどの》の跡継《あとつ》ぎとなって、誰から勧《すす》められたわけでもないのに、心から法華経《ほけきょう》を信じてきました。そして上からも下からもあらゆる人々から信心をやめるように諫《いさ》められたり、脅《おど》されたりしましたが、ついにこの信仰を捨てる心はありませんでした。それゆえに、もはや「仏《ほとけ》になることは間違《まちが》いない」と見えたからこそ、*天魔《てんま》や悪神《あくしん》が病《やまい》にさせて脅そうと試《こころ》みているのでしょう。人の命には限りがあります。ですから少しも驚《おどろ》いてはいけません。

また、*鬼神《きじん》どもよ！　この人（＝南条時光《なんじょうときみつ》）を悩《なや》ますとは、剣《つるぎ》を逆《さか》さまにのむのか！　自《みずか》ら大火《たいか》を抱《いだ》くのか！　過去世・現在世・未来世の全宇宙の仏《ほとけ》の大怨敵《だいおんてき》になるのか！　恐《おそ》れるべきである。恐れるべきである。

この人の病《やまい》をすぐに治《なお》して、反対に、この人の護《まも》りとなって、餓鬼道《がきどう》の大苦《だいく》から免《まぬか》れるべきではないか。そうでなければ、現世《げんぜ》には「*頭《こうべ》が七つに破《わ》れる」（陀羅尼品《だらにほん》第26）との罰《ばち》を受け、来世《らいせ》には*大無間地獄《だいむけんじごく》に堕《お》ちるであろう。このことをよくよく肝《きも》に銘《めい》じよ。日蓮《にちれん》の言葉を侮《あなど》るならば、必ず後悔《こうかい》するであろう。後悔するであろう。

弘安《こうあん》五年（＝1282年）二月二十八日

伯耆房《ほうきぼう》（＝*日興上人《にっこうしょうにん》）に与える

【語句の解説】

末法《まっぽう》　※本書59ページ参照

宝浄世界《ほうじょうせかい》　宝に満ちた清浄《せいじょう》な世界。多宝如来《たほうにょらい》の住む東方《とうほう》の仏国土《ぶっこくど》をいう。

多宝如来《たほうにょらい》　※本書149ページ参照

広長舌相《こうちょうぜっそう》　仏《ほとけ》の舌は柔軟《じゅうなん》で薄《うす》く、また額《ひたい》に届くほど長く広いとされる。教えがうそではなく真実であることを表《あらわ》す。

須弥山《しゅみせん》　古代インドの宇宙観で、一つの世界の中心にあると考えられている巨大な山。

宿習《しゅくじゅう》　※本書317ページ参照

天台《てんだい》　※本書20ページ参照

妙楽《みょうらく》　※本書20ページ参照

天魔《てんま》**や悪神**《あくしん》　御書本文は「天魔・外道《げどう》」。ともに仏道《ぶつどう》修行を妨《さまた》げる働《はたら》きのこと。

鬼神《きじん》　※本書107ページ「大鬼神」参照

頭《こうべ》**が七つに破**《わ》**れる**　※本書118ページ「頭破作七分」参照

大無間地獄《だいむけんじごく》　※本書40ページ「阿鼻地獄」参照

日興上人《にっこうしょうにん》　※本書322ページ参照

池田華陽会 御書 現代語訳

発行日　二〇一九年一月二十六日

監　修　池田大作

編　者　創価学会女子部教学室

発行者　松岡　資

発行所　聖教新聞社
〒一六〇-八〇七〇 東京都新宿区信濃町一八
電話 〇三-三三五三-六一一一（大代表）

印刷・製本　大日本印刷株式会社

＊

落丁・乱丁本はお取り替えいたします

定価は表紙に表示してあります
ISBN 978-4-412-01651-4